上海大學(1922—1927)与五卅运动外文史料选辑

王　敏　徐未晚　主编

张智慧　甘慧杰　周益佳
雷婷婷　田　蕾
编译

上海大学出版社
·上海·

图书在版编目(CIP)数据

上海大学(1922—1927)与五卅运动外文史料选辑/王敏，徐未晚主编．—上海：上海大学出版社，2021.6
(红色学府　百年传承)
ISBN 978-7-5671-4258-9

Ⅰ.①上… Ⅱ.①王… ②徐… Ⅲ.①五卅运动—史料—英文、日文②上海大学—校史—史料—1922-1927 Ⅳ.①K262.22 ②G649.28

中国版本图书馆CIP数据核字(2021)第105317号

责任编辑　徐雁华
封面设计　柯国富
技术编辑　金　鑫　钱宇坤

上海大学(1922—1927)与五卅运动
外文史料选辑
王　敏　徐未晚　主编
张智慧　甘慧杰　周益佳　雷婷婷　田　蕾　编译
上海大学出版社出版发行
(上海市上大路99号　邮政编码200444)
(http://www.shupress.cn　发行热线021-66135112)
出版人　戴骏豪
＊
南京展望文化发展有限公司排版
上海颛辉印刷厂有限公司印刷　各地新华书店经销
开本710 mm×1000 mm　1/16　印张24.25　字数361千
2021年6月第1版　2021年6月第1次印刷
ISBN 978-7-5671-4258-9/K·235　定价　82.00元

版权所有　侵权必究
如发现本书有印装质量问题请与印刷厂质量科联系
联系电话：021-57602918

"红色学府 百年传承"丛书编委会

主　　　任	成旦红　刘昌胜
常务副主任	段　勇
副　主　任	龚思怡　欧阳华　吴明红　聂　清
	汪小帆　茍燕楠　罗宏杰　忻　平
委　　　员	（按姓氏笔画为序）

王远弟　刘长林　刘绍学　许华虎
孙伟平　李　坚　李明斌　吴仲钢
何小青　沈　艺　张元隆　张文宏
张　洁　张勇安　陈志宏　竺　剑
金　波　胡大伟　胡申生　秦凯丰
徐有威　徐国明　陶飞亚　曹为民
曾文彪　褚贵忠　潘守永　戴骏豪

总序：传承红色基因，办好一流大学

成旦红　刘昌胜

1922年10月23日，在风雨如晦的年代，一所由中国共产党与国民党合作创办的高等学府"上海大学"横空出世。而就在前一年，中国共产党宣告成立，揭开了中国历史的新篇章。如今我们回顾历史，上海大学留下的史迹与中国共产党的发展紧密相连。

《诗经·小雅》有云："鹤鸣于九皋，声闻于野。"20世纪20年代的上海大学，发轫于闸北弄堂，迁播于租界僻巷，校舍简陋湫隘，办学经费拮据，又屡遭反动势力迫害，但在中国共产党和国民党左派以及进步人士的共同努力下，屡仆屡起，不屈不挠，上海大学声誉日隆，红色学府名声不胫而走，吸引四方热血青年奔赴求学。在艰难办学的五年时间里，为中国革命和建设培养出一大批杰出人才，在当时就赢得"文有上大、武有黄埔"之美誉。在波澜壮阔的五年时间里，老上海大学取得的成就值得我们永远记取，老上海大学的办学传统和办学精神值得我们永远继承和发扬光大。

1994年11月，学校党委常委会决定"上海大学成立日期确定为1922年5月27日"。1997年5月，钱伟长老校长在为上大学生作关于"自强不息"校训的报告时指出，"我们学校的历史上，1922年到1927年期间里有过一个上海大学，这是我们党最早建立的一个大学。"他又以李硕勋、何挺颖两位烈士为例讲道："没有他们的牺牲，没有那么多革命志士的奉献，我们上海大学提不出那么响亮的名字，这是我们上海大学的光荣。"

1983年合并组建原上海大学和1994年合并组建新上海大学之时，得到了老上海大学校友及其后代的热烈支持和响应，他们纷纷题词、致信，

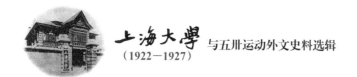

祝贺母校"复建""重光";党中央、国务院及上海市委、市政府也殷切希望新上海大学继承和发扬老上海大学的光荣革命传统,时任中共中央总书记的江泽民同志为新上海大学题写了校名,老上海大学校友、后任国家主席的杨尚昆同志题词"继承和发扬上海大学的光荣传统,为祖国的建设培养人才"。

新上海大学自合并组建以来,一直将这所红色学府的"红色基因"视作我们的办学优势之一,将收集、研究老上海大学的历史资料,学习、传承老上海大学的光荣传统作为自己的使命和责任。2014年,学校组织专家编撰出版了《20世纪20年代的上海大学》,这是迄今为止搜集老上海大学资料最为丰富、翔实的一部文献;同年在校园里建立的纪念老上海大学历史的"溯园",如今已成为上海市爱国主义教育基地。

为了更全面地收集老上海大学的档案资料,更深入地研究老上海大学的历史,更有效地继承和发扬老上海大学的光荣传统,我们推出了这套"红色学府 百年传承"丛书,既是为2021年中国共产党100周年光辉诞辰献上一份贺礼,也是对2022年老上海大学诞生100周年的最好纪念,并希望以此揭开新上海大学"双一流"建设的新篇章。

是为简序。

凡 例

一、本书以《五三十事件(第一卷)》(亚洲历史资料中心数据库,档案编号:5-1467),*The Nanking Road Tragedy*(中华书局1925年版),上海市档案馆编《五卅运动》第一辑、第二辑(上海人民出版社1991年版),上海社会科学院历史研究所编《五卅运动史料》第二卷、第三卷(上海人民出版社2005年版)为资料来源,围绕"上海大学(1922—1927)与五卅运动"这一主题,翻译、选编相关内容。

二、本书以资料原始出处、产生时间为排序依据,时间主要集中于1925年,尤其是五卅惨案前后,涵盖日本外务省档案,上海公共租界工部局警务处《警务日报》、捕房报告、警备委员会会议录,上海会审公廨审理五卅、六一惨案记录,《字林西报》有关报道等各个方面。

三、本书转录资料,尊重当时的翻译、行文、注释,除做必要订正外,其余一仍其旧。

四、本书注释中未标"编者注""译者注"的,均为原注。

五、本书每条资料均标注原始出处或转录来源。

目 录

一、**日本外务省档案选译** / 甘慧杰　张智慧　田　蕾　编译……………1

　日本驻沪总领事矢田七太郎致外务大臣币原喜重郎电报第六三号
　　（1925年2月13日发）……………………………………………1

　矢田致币原电报第六四号（1925年2月14日发）………………2

　矢田致币原电报第六七号（1925年2月16日发）………………2

　关于上海纺织工人"罢工"之件（1925年2月17日）……………3

　币原致矢田电报第一四号（1925年2月18日发）………………3

　币原致日本驻华公使芳泽谦吉电报第一○三号
　　（1925年2月18日发）……………………………………………4

　日本第一遣外舰队司令官致海军省军务局长电报
　　（1925年2月18日发）……………………………………………4

　矢田致币原电报第七○号（1925年2月19日发）………………5

　矢田致币原电报第七五号（1925年2月20日发）………………5

　矢田致币原电报第七六号（1925年2月20日发）………………6

　芳泽致币原电报第一七三号（1925年2月22日发）……………7

　矢田致币原电报第八三号（1925年2月24日发）………………7

　矢田致币原电报第八四号（1925年2月24日发）………………8

币原致芳泽电报第一一五号（1925年2月24日发）⋯⋯⋯⋯⋯⋯8

芳泽致币原电报第一八二号（1925年2月25日发）⋯⋯⋯⋯⋯⋯9

矢田致币原电报第八九号（1925年2月25日发）⋯⋯⋯⋯⋯⋯⋯9

矢田致币原电报第九四号（1925年2月26日发）⋯⋯⋯⋯⋯⋯⋯10

矢田致币原电报第九五号（绝密）（1925年2月26日发）⋯⋯⋯⋯11

矢田致币原电报第九七号（绝密）（1925年2月27日发）⋯⋯⋯⋯11

矢田致币原电报第一〇〇号（绝密）（1925年3月1日发）⋯⋯⋯12

俄语文件译文⋯⋯⋯⋯⋯⋯⋯⋯⋯⋯⋯⋯⋯⋯⋯⋯⋯⋯⋯⋯⋯13

币原致矢田电报第二三号（1925年3月3日发）⋯⋯⋯⋯⋯⋯⋯16

币原致芳泽电报第一四六号（1925年3月5日发）⋯⋯⋯⋯⋯⋯16

矢田致币原电报第一〇九号（绝密）（1925年3月7日发）⋯⋯⋯17

矢田致币原电报第一一〇号（1925年3月10日发）⋯⋯⋯⋯⋯17

矢田致币原电报第一一二号（1925年3月18日发）⋯⋯⋯⋯⋯17

矢田致币原电报第一一四号（1925年3月19日发）⋯⋯⋯⋯⋯18

矢田致币原机密信第四四号（1925年3月19日发）⋯⋯⋯⋯⋯18

芳泽致币原电报第二六六号（1925年3月21日发）⋯⋯⋯⋯⋯19

矢田致币原电报第一一八号（1925年3月21日发）⋯⋯⋯⋯⋯20

矢田致币原电报第一一九号（1925年3月23日发）⋯⋯⋯⋯⋯20

矢田致币原电报第一四五号（1925年4月30日发）⋯⋯⋯⋯⋯21

矢田致币原电报第一四六号（1925年4月30日发）⋯⋯⋯⋯⋯21

矢田致币原电报第一七二号（绝密）（1925年5月29日发）⋯⋯22

矢田致币原电报第一七三号（绝密）（1925年5月29日发）⋯⋯23

矢田致币原电报第一八四号（火急）（1925年6月3日发）⋯⋯⋯23

矢田致币原电报第一八五号（火急）（1925年6月3日发）⋯⋯⋯24

矢田致币原电报第一八六号（1925年6月3日发）……………………24

币原致矢田电报第五九号（1925年6月4日发）………………………25

芳泽致币原电报第四五九号（1925年6月4日发）……………………25

矢田致币原电报第一九三号（1925年6月5日发）……………………26

日本内务省驻北京事务官立田致外务省亚细亚局长机密信
（北秘第一八九号）（1925年6月5日发）……………………………27

立田致亚细亚局长机密信（北秘第一九一号）
（1925年6月6日发）……………………………………………………28

日本驻天津代理总领事冈本一策致币原电报第七六号
（绝密）（1925年6月8日发）……………………………………………29

冈本致币原电报第七七号（密）（1925年6月9日发）………………29

矢田致币原电报第二〇二号（1925年6月9日发）……………………30

内务省警保局长致外务省亚细亚局长第一九六号信
（1925年6月12日发）……………………………………………………31

矢田致币原电报第二六〇号（1925年6月24日发）…………………31

矢田致币原电报第二六四号（1925年6月25日发）…………………32

矢田致币原电报第二六七号（1925年6月27日发）…………………33

矢田致币原电报第二七一号（1925年6月29日发）…………………34

矢田致币原电报第二九一号（1925年7月8日发）……………………35

矢田致币原电报第三一四号（1925年7月18日发）…………………36

矢田致币原电报第三二三号（绝密）（1925年7月23日发）…………37

兵库县知事山县治郎致内务大臣若槻礼次郎、外务大臣币原喜
重郎及指定厅府县长官第四五四号信（1926年2月22日发）……38

3

　　日本警视总监太田政弘致内务大臣若槻礼次郎、外务大臣币原喜
　　重郎及指定厅府县长官第四九七号信（1926年3月5日发）……39

二、上海公共租界工部局警务处《警务日报》摘译 / 雷婷婷　选编……40

三、上海公共租界工部局捕房报告 / 雷婷婷　选编………………135
　　探目廷克勒报告关于中国学生演讲和散发排外传单的报告
　　（5月30日）……………………………………………………135
　　捕头爱活生关于老闸区开枪事件的报告（5月30日）…………137
　　探目泰布伦关于南京路骚乱事件的报告（9月23日）…………138

四、上海公共租界工部局警备委员会会议录 / 雷婷婷　选编………142
　　总巡麦高云之证词（1925年8月18日）………………………144
　　老闸捕房爱活生捕头之证词（1925年8月18日）………………151
　　刑事稽查处处长阿姆斯特朗之证词（1925年8月18日）………156

五、上海会审公廨审理五卅、六一惨案记录 / 周益佳　译…………158

六、《字林西报》有关上海大学与五卅运动的报道 / 田　蕾　编译……354
　　上海的布尔什维主义大学……………………………………354
　　学生在南京路暴动，几个中国人死亡………………………357
　　帝国主义逮捕刘华并引渡给军阀……………………………361
　　刘华被秘密杀害………………………………………………362

七、其他 / 田　蕾　雷婷婷　选编 …………………………………… 363
　　特派江苏驻沪交涉公署交涉员与上海领事团领袖领事
　　　往来函 …………………………………………………………… 363
　　美国驻沪总领事克银汉致国务卿凯洛格电
　　　（1925年6月10日上午11时，上海）………………………… 365
　　上海公共租界工部局董事会会议录（1925年6月4日）………… 366
　　上海法租界公董局警务处治安科情况简报（6月1日）………… 369

编后记 ……………………………………………………………………… 370

一、日本外务省档案选译

甘慧杰　张智慧　田　蕾　编译

> 日本外务省外交史料馆收藏大批关于五卅运动的档案，上海社会科学院历史研究所编《五卅运动史料（第三卷）》（上海人民出版社2005年版）选译了其中一部分（以五卅惨案发生之后为主）。本书选译的重点是五卅惨案发生之前，即自1925年2月至6月初这一时段与上海大学和五卅运动相关的档案（《五三十事件（第一卷）》，档案编号：5-1467，亚洲历史资料中心数据库），并选编了《五卅运动史料（第三卷）》"日本外务省档案选译"中与上海大学相关的内容，供学界参考、利用。

日本驻沪总领事矢田七太郎致外务大臣币原喜重郎电报第六三号

（1925年2月13日发）

上海内外棉株式会社纺织工厂的中国工人自本月8日以来开始罢工，总数两万人之工人有三分之二目前处于罢工状态中，其幕后似有共产党之煽动。私立大夏大学之学生等参加了这个运动，带有反帝国主义及排外性的色彩，在其散发的传单中写着"日本资本家把中国工人当作牛马奴隶来虐待，吸其血，剥其皮"，等等，很难认为是单纯的劳动争议，想

必其他日本企业也难保不被其波及。因此，我方正努力与公共租界当局及中国官宪协力镇压之，且调查其真相。

本电已另致驻华公使。

（档案号：5-1467，第0007页）

矢田致币原电报第六四号

（1925年2月14日发）

关于前电第六三号

罢工此后波及大日本纺织厂和日华纺织厂，工人方面的代表对日本会社未提出任何要求，只在工人中间散发传单，妨碍其出工，作煽动性的演讲等，这无疑是来自外部之策划。据本领事馆迄今为止探得之消息，此运动之中心是社会主义青年团和中国共产党，这两个团体之首领为陈独秀，此人同时又是共产国际之中央执行委员，直接与莫斯科总部保持联络。1月20日之前陈独秀一直在上海，策划罢工运动，形迹昭彰。另外，前电所提及之大夏大学（据说是依靠共产国际之补助金而成立的）之教授李璜等人亦奔走于幕后。因具有如前所述之同盟罢工性质，尽管官宪予以取缔，仍难保不由上海传播到青岛、天津等地。

本电已另致北京、青岛、天津。

（档案号：5-1467，第0008页）

矢田致币原电报第六七号

（1925年2月16日发）

关于前电第六五号

16日，受害纺织会社代表等向本官请愿道："事件已超出了罢工的程度，变成了暴动，而工部局以及中国警察之取缔又不充分，很难预料这不会惹起某种事变，因此，请派遣帝国军舰之武装水兵登陆，配置于工厂。"对此，本官回答道："丰田纺织社员之被害很是可怜，不过，调查实情后得知：工人一开始并不以杀害日本职员为目的，从事情发生的原因及整个过程来看，毋宁说，这种罢工无疑是带有同情性质的罢工，因此，如果现在派遣武装水兵登陆，就是表明对工部局和中国警察的不信任。同时，在某种程度上使我方负担起取缔的责任，并且，如果将少量水兵配置于大量之工厂，不仅达不到弹压之目的，恐怕还可能反而使形势恶化，因此，除非将来形势急转直下，变成排日性质的暴动，否则很难考虑单独派遣我国陆战队登陆。"本官确信，目前排日性质的色彩正在褪却，最近散发给内外棉会社工人的传单上，已把"东洋资本家"的"东"字抹掉，变成了外国资本家的意思。

本电已另致驻华公使。

（档案号：5-1467，第0012—0013页）

关于上海纺织工人"罢工"之件

（1925年2月17日）

1925年2月17日，日本棉花东京支店长中井荣三郎拜访了外务省亚细亚局木村局长，中井问道："针对上海纺织工人罢工之事，能不能考虑派遣陆战队出动？"局长先告之以矢田总领事多次来电之大意，然后说道："此次罢工是某某主义者煽动而引起的运动，不是特别以排日为目的的，没有什么强硬的组织，中国工人不需要我方各种干涉，自然而然就会平静下来。如果现在把陆战队等配置于工厂，反而可能使形势恶化，假如将来形势变化，变成排日性质的暴动，政府必将相机而动，采取措施，这是毫无疑问的，目前让我们暂且观察事态之发展变化。"中井对此表示谅解后告退。

（档案号：5-1467，第0020页）

币原致矢田电报第一四号

（1925年2月18日发）

关于贵电第六七号

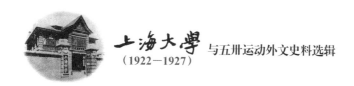

对于罢工之事，本大臣十分赞同贵官的措施，不过，近来上海日本纺织业甚是繁荣，至少有一成之红利，而英国和中国之同业却几乎没有红利可言，是不是因为他们觊觎日本企业的繁荣而煽动这次罢工呢？尚需观察，因此，请贵官秘密打探那里的情况并迅速回电。另外，今后为了以防万一，本大臣同海军方面协商后，命野村司令官于20日左右归航上海。敬请谅解。

请将本电转致北京。

（档案号：5-1467，第0021—0022页）

币原致日本驻华公使芳泽谦吉电报第一〇三号

（1925年2月18日发）

对于上海罢工之事，矢田总领事努力与工部局及中国警察协力镇压、安抚之。据该总领事屡次电报中所述，罢工者似乎对日本人之生命财产施加侵害，情况甚为危险，想必贵官已知晓。正如上海发给本大臣之第六八号电报中所述，此次罢工是从租界外煽动起来的，因此必须提醒中国当局注意，责成当地中国官宪进一步致力于取缔行动。请贵官处理此事。

请将本电转致上海以作参考。

（档案号：5-1467，第0023—0024页）

日本第一遣外舰队司令官致海军省军务局长电报

（1925年2月18日发）

据"嵯峨号"（驻上海）报告，驻上海日本人经营之诸多工厂罢工已呈蔓延之势，并且情况正在恶化，暴徒甚至扬言袭击内外棉、丰田及日华纺织厂。本舰（"对马号"）于本日出发驶往上海。保护受罢工连累之租界内和租界外日本人的生命财产，应当是工部局和中国官宪之责任，只有到万不得已时方可起用陆战队，一旦轻举妄动，恐怕会像以前之"六一事件"那样，为将来埋下祸根。已于前天向"嵯峨号"下达训令，表达了上述意思。

(档案号：5-1467，第0027页)

矢田致币原电报第七〇号

（1925年2月19日发）

关于前电第六九号

很难说中国官宪之取缔措施是充分的，不过，最近张宗昌之副官长调任上海警察厅长，虽未熟悉地方情况，却表示出了相当之诚意。17日，他见罢工团与警察队发生冲突，双方各有负伤者，便逮捕了约30人。中国官宪采取什么样的取缔措施，对解决本事件影响甚大，因此，本官继续提出严厉取缔之要求。租界巡捕一直致力于取缔，目前正采取措施，逮捕13名煽动者头目。另外，东华纺织厂自19日起进入怠工状态。

本电已另致驻华公使。

(档案号：5-1467，第0034页)

矢田致币原电报第七五号

（1925年2月20日发）

关于前电第七〇号

（一）中国和租界双方之警察于19日午后逮捕了早已被盯上的罢工领袖蔡之华（据说是学校教师），把他关押在就近的中国警察署内，此时正在附近集会的七百余人罢工团闻讯后群情激愤，在煽动分子的率领下袭击该警察署，试图抢走犯人、破坏外墙，等等，极为狂暴。警察恐吓性地

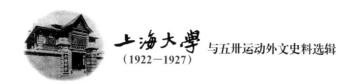

开枪后,人群四处逃散。此时,警察从人群中抓捕了已发出逮捕令的五名头目,随后又逮捕了三名胁迫工人分子,从他们所携带的文件来看,可以确定全部是头目分子。

(二)据沈卓吾的报告称:《民国日报》的邵力子(目前保释中)知道罢工问题得不到社会上的同情,欲把它转化为排日问题,起草了排日色彩的宣传文,投给各报纸。不过,此文即便不是出自工人方面,而是第三方之宣传,各报纸也都暂不刊登。

本电已另致驻华公使。

(档案号:5-1467,第0054页)

矢田致币原电报第七六号

(1925年2月20日发)

关于前电第七五号

20日,崔士杰(王正廷之部下)代表中国纺织联合会造访了本官,私下里谈话如下:

中国纺织业者越来越感到自己工厂之不安,同时受到煽动者之胁迫:让他们酿出三万名罢工工人的救济资金,否则将工人按比例分配给各家企业做工。因此,他们希望无论如何都要解决此事,摆脱此等困境,认真着手调停运动。据中国方面之调查,煽动者最初是上海大学(《民国日报》主笔邵力子为其校长)及南方大学教授和学生等陈独秀系之赤化分子,此后,来自广东一带的支援队陆续加入进来(似与大夏大学没有关系),一旦他们脱掉学生服装,扮成工人模样,就连中国警察也难以辨别他们是否真罢工者。中国纺织业者目前把精力集中于区分此等激进分子与真工人上,如果此举成功,问题之解决自然将变得容易。

本电已另致驻华公使。

(档案号:5-1467,第0055页)

芳泽致币原电报第一七三号

（1925年2月22日发）

本官致上海总领事电报第一七号

从贵电第六一号之第一条来看，此次罢工，一方面必须进行劳资协调，另一方面必须依靠上海官宪对煽动分子进行有效镇压。就前者而言，我会社方面当然会努力去做，办得有条有理。至于后者，从贵电第六一号之末段来看，不得不要求中国方面采取措施。从发给外务大臣之贵电第六八号和第七〇号来看，目前对方之取缔措施尚不能令人满意。我方与中国外交部交涉后，也因对方命令系统之混乱以及地方上之权力关系等，感觉不甚踏实。不过，从贵电第七〇号来看，新任警察厅长是张宗昌的部下，因此让张宗昌严令该厅长进行镇压，想必是妥当的。张宗昌目前行踪不明，而委托张作霖直接给该厅长或张宗昌下命令，想必是上策，只要此方法与上海的情况不产生矛盾即可，关于这一点，请贵官电告奉天总领事。依本公使之见，如欲平息本次事态，需要相当强有力之镇压，如能利用奉军，则无须动用我海军之武力，此举既能镇压地方，又使世人只见到奉军出没，可使我免于蒙受直接的非难，想必是值得一试的有效方法。

本电已另致外务大臣、奉天总领事。

（档案号：5-1467，第0068—0069页）

矢田致币原电报第八三号

（1925年2月24日发）

关于前电第七九号

2月21日午后对《民国日报》的房屋进行了搜查，目前正在检查没收的文件。至今日为止，正如租界当局预料的那样，未发现跟共产党有关的

重要证据。

本电已另致驻华公使。

（档案号：5-1467，第0074页）

矢田致币原电报第八四号

（1925年2月24日发）

本官致驻华公使电报第六六号

关于贵电第一七号

贵公使在电报中建议：让张作霖直接或间接电令上海警察厅长，是为一策。早在罢工突发之际，本官已向张宗昌提出要求，得其欣然承诺。当然，中国警察之取缔措施，我会社方面不太满意，但依本官之见，在不熟悉情况之新厅长指挥下，还算差强人意。不仅如此，普遍罢工之形势亦逐渐平息下来，这一点，贵公使可从本官屡次电报中推断出。因此，本官认为，只要不爆发特别之情况，按照目前之做法即可。

另外，在贵电末段中，虽然贵公使之意见十分合乎道理，不过，让奉军撤出邻接租界之区域，是上海领事团奉外交团之训令要求张宗昌与孙传芳签署和平协定之结果。而为镇压罢工，再次将奉军引入租界边境附近，对各方面来说，恐怕会惹起甚为敏感之问题，因此，本官仍然认为依靠警察之力是正确的。

本电已另致外务大臣。

（档案号：5-1467，第0075—0076页）

币原致芳泽电报第一一五号

（1925年2月24日发）

关于贵电第一七三号

依靠贵公使当机立断之措施及驻上海总领事之努力，可以看到，罢工大体上熄火了。不过,倘若此时利用奉系,则恐怕为早已甚嚣尘上的我方"援助段、张排斥国民党"之说增添力量,恰好陷入一部分煽动家之术中,反而使形势恶化。贵公使的这个建议,我方从未考虑过,并且特别担忧这一点,因此决定放弃该措施。敬请谅解。目前暂且静观事件之发展为宜。

本电请转致上海及奉天。

（档案号：5-1467,第0077—0078页）

芳泽致币原电报第一八二号

（1925年2月25日发）

本官致上海电报第二〇号

孙文追随者对此次罢工出力甚多,其原因是此事件是殴打中国工人事件,引起了国民党过激分子们的愤慨,不断从广东来到上海,因此,是否有必要拉拢一下国民党呢？本官对此次殴打事件之真相及孙文追随者方面的观察,妥当与否,请将贵见电告本官。

本电已另致外务大臣。（奉天中转,2月25日午后5时10分）

（档案号：5-1467,第0082页）

矢田致币原电报第八九号

（1925年2月25日发）

本官致驻华公使电报第六九号

关于贵电第二〇号

日本监工殴打中国工人之事,向来是被各工厂默许的现象,虽然"内外棉"不赞成这种做法,但在罢工之际,仍有日本人被报复性地殴打。正如贵电所说,此次事件可称为"殴打中国工人事件",而非特殊事件,所以本官认为,"为不止这一次殴打之事实所愤慨,赤化分子屡屡从广东来支援",这句话才是让人不能接受的。另外,《民国日报》、上海大学一派的激进分子不断煽动罢工是事实,而另一个事实是:《民国日报》以国民党上海支部之名义向本官和各报社发表声明:已经同国民党断绝关系,还说为压制他们一派,国民党希冀邵主笔被驱逐出租界。因此,拉拢在北京的国民党党员,想必对解决此事起不到帮助效果。

本电已另致外务大臣。

（档案号：5-1467,第0098页）

矢田致币原电报第九四号

（1925年2月26日发）

关于本次罢工,本官认为,唤起外国人方面的舆论,使我方处于幕后,是很紧要的。连日来,本官一直授意诺丁汉姆起草社论,而此时,报社收到了律师亚瑟送来的一份函告,内容是:"《星期日泰晤士报》在其社论中说: so-called students from the soidisant Shanghai Univercity, a hot-bed of bolshevism, made it their business to fan flames of resentment（所谓的学生来自所谓的上海大学,一张布尔什维主义的温床,以煽动仇恨的火焰为其能事）,等等,诽谤上海大学,如果不在《上海泰晤士报》和《星期日泰晤士报》两报的醒目位置刊登诚恳的道歉文,将诉诸法庭。"于是,诺丁汉姆就应付办法来征求本官的指示,本官令他先同我商业会议所所长和正金银行支店长等商量诉讼费之事,让他们答应给予经济上之援助,然后无论如何都要奉陪到底。

这个办法不仅能使上海大学原形毕露,而且从该报纸的经营策略上来看,当问题成为问题时,恰好是给报纸做广告。另外,即使受到律师的请问,也不用担心会触碰到敏感点。敬请谅解。

本电已另致公使。

（档案号：5-1467,第0102页）

矢田致币原电报第九五号（绝密）

（1925年2月26日发）

关于驻华公使致本官电报第七号

对于此次罢工，本官在幕后采取的措施需要极度保密，因此在效果、程度不明确的情况下最好暂缓报告，结果未能充分反映我方的情况，反而给事务带来了麻烦，对此本官感到遗憾，兹将（一）（二）两个重点事项电报如下：

（一）为了对抗在罢工爆发时活跃的国民党系赤化分子，让同党中的反对派搞起运动，不错失一切能让煽动罢工的宣传熄火的机会，以反共产主义同盟之名义印刷了三万张传单并散发出去，内容大意是："被煽动家的花言巧语所蛊惑，白白成为他们的牺牲品，其结果将至于亡家亡国，所以，如有不平，可直接向资本家提出要求"，并且还刊登在各报纸上，以引起世人之注意，因此对工人之效果不错。此事让连署长严守秘密，故无人知其从何而出。不用说我会社方面，就连《东方通信》等也向本官报告称：出现了有利的宣传。

（二）在罢工煽动分子中发现了两三个日本人之形迹，另外，最近已查明多名日本人出入苏联领事馆之事实，对此，连署长正采取间接的方法秘密侦探中。

本电已另致驻华公使。

（档案号：5-1467，第0103—0104页）

矢田致币原电报第九七号（绝密）

（1925年2月27日发）

关于前电第九五号之第（一）条，正如26日《东方通信》发来的报告中所说，罢工工人几乎无条件复工，罢工至此熄火。于是，27日，本官命

人印刷并散发了三万张传单,内容是讲述本次罢工之沿革,又说:"日本资本家的态度是很可恶的,但比起同胞中那些隐藏在'爱国福民'的美名底下出卖中国的人,其毒害之罪较轻,我等爱国之辈必须首先排斥此等徒辈",等等,以此打消对方之宣传。

关于前电之第(二)条,26日夜,本官获取了重磅的俄语文件,从这个文件中可以确信:本次罢工中,驻上海苏联领事馆内之宣传主任就罢工之事,① 跟北京大使馆有机密信件往来,② 从其手中支出资金,③ 甚至还会见了日本人,等等。此事尚在研究中。

本电已转致公使。

(档案号:5-1467,第0106页)

矢田致币原电报第一〇〇号(绝密)

(1925年3月1日发)

关于前电第九七号

以前曾在海参崴工作的原内务省非正式职员冈本君现居上海,连署长担保他是个很可靠的人物,因此请他翻译了这份文件(打印稿六页)。这份文件是苏联驻上海的宣传主任切尔卡索夫就本次罢工回答驻北京苏联大使馆询问之报告的一部分,根据这份文件所述,罢工计划是遵照莫斯科政治局之训令有预谋地进行的,该主任先指挥国民党系政客、报社记者、学生等,让他们组织同盟罢工委员会,自己躲在幕后指挥一切,曲折经过都有详细记载,而文件中零星提到了相关日本人的姓名、住址等(均符合实际情况)一鳞半爪,其中记录得最确凿的是《大阪每日新闻》特派员,此外还记录了向我政界某知名人士经营的一家会社支付补助金之理由。本官命领事馆警察立即着手调查,获得了充分的线索,由此担心此事扩大到有关方面,不仅变成国际问题,而且变成我内政上之重大事件。这是本官的个人想法,目前无法下达命令和采取措施,并且根据这份文件所述,苏联政府把上海作为远东赤化宣传的策源地,设置了强有力的机关,联络日中两国人士,这是毋庸置疑的。果真如此的话,不仅我企业将不断暴露于危险之中(据这份文件所述,本次罢工是在中国的首次尝试,选择日本工厂作为对象是方便法门),我本土也将受到来自上海之宣传(两地联络频繁,他们会利用这一点),这也是显而易见之道理。日本与苏联恢复邦交后,这种可能性会变得越来越大,这一点,本官记得贵电(总第三四号)中所说:"在《苏日协定》签订之同时,我政府早已树立了方针。"因此,为了今后取缔居留民之赤化以及防止苏联方面之宣传,请立即给本官下达训令传达方针,使本官做到心中有数。如有机会回国,本官将亲自报告上海之情况,仔细聆听关于今后措施的方针政策,目前还请火速回电。

另外,这份文件不是伪作,理由是:(一)获取这份文件的人,是长期以来为我警察效劳的苏联人和中国人,已通过测试。(二)获取之过程和步骤都是遵照我方指示的方针进行的。(三)记载的事项不论用什么样的怀疑眼光来看,都是确实存在的,且与外部已发生的事情完全吻合,因此毋庸置疑。

(档案号:5-1467,第0132—0134页)

俄语文件译文

对于您询问的关于中国工人同盟罢工之经过及结果问题,特此回答其概要如下:

此事属于特种阴谋,因我的职务和身份之关系,不能万事皆由我直接指挥,因此让克里文科同志来执行此事,实属万不得已。过些时日,我将和某同志一起向您提交关于煽动事务经过的报告,本报告则尽量记述煽动事务之发端及中期情况,而煽动之结果就是同盟罢工。

遵照政治局的训令和指令,我们计划在中国人的工会中有秩序地设置同盟罢工委员会,而这个计划的确被我们实现了。煽动特派员着手组织同盟罢工委员会,首先筹集小额的基本金,使煽动有秩序地持续进行,要在中国工人的脑海里留下这样一种印象:当发生普遍性同盟罢工时,他们能如愿以偿地得到援助,特别是要让他们感觉到同盟罢工委员会能够给予他们金钱上的援助。

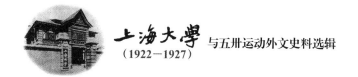

一开始中国人对罢工委员会抱有怀疑态度,但最终让他们信服了,煽动员的事务进展得极为迅速,并且取得了巨大成功。他们组织了十人组,在十人组中任命组长,各组长的义务是监视自己组成员的动向等。

这样一来,就确定了技术性方面的事务,而这些事务都属于老生常谈,在此就不向您报告了,我们要做的,只是等待时机以及观察工人们的意愿罢了。后来,我收到一份报告,说日本人开办的工厂里的工人开始有躁动的迹象,他们屡次表达了罢工之愿望,并且希望煽动员给予他们援助。

工人方面已经明确地向同盟罢工委员会提出了罢工愿望,而各种团体也表达了全力支援工人罢工的愿望,于是,我认为已经没有必要等待时机了,并且我认为再拖延下去的话,中国工人会感到我们言而无信,会给他们留下坏印象。于是,我在最近一次地方委员会会议上提议讨论这个问题,讨论的结果得到了全会的一致通过。该会议的议事录已寄给了您,您应该已经收到。

会议的翌日,同盟罢工委员会接到了可以开始罢工的命令,但是各工厂不是同时进行的,而是按照顺序加入罢工,这是个不得已而为之的办法。

罢工第一天,因中国工人准备得很充分,同盟罢工获得成功,特别是同盟罢工委员会在晚上给罢工工人发放了补助金,这件事给他们留下了深刻的印象。到了第二天和第三天,剩下的工厂也参加罢工。

未成立同盟罢工委员会的工厂派遣代表人员来,希望我们能支援他们。根据党的纲领,只要他们中间没有组织起委员会,就不采取任何措施。于是,我断然拒绝了他们,因为无组织无计划反而会给整个事业带来危害,这是更加要紧的事情。

同盟罢工第二天,一部分带有民族主义意气的学生来宣传民族主义,因此,罢工所不需要的狂热分子(站在民族主义的立场上)加入了进来,给整个罢工计划带来了很坏的影响,使罢工超出了常规,结果引起了外国警察和中国警察的干涉。

为了扭转局面,我立即发出新的命令,以转移当局者的视线,即罢工不但提出经济上的要求,并且把日本监工和日本经理与妇女问题牵扯起来,攻击非难他们滥用职权。为此,我搜集了各种情报,当然搜集得很充分。

警察逮捕了工人中的煽动人员和我方的煽动人员若干名,这是家常便饭,不可避免。不过,此事对中国人来说,恰好证明了他们完全是虚弱无力的,他们只有尽快地投入我们的行动,才能尽快地当家做主。

需要注意的是:学生团体给予罢工的援助是巨大的,他们自己派出煽动人员,同我们取得联系,他们出力,我们则给予援助。他们中间的若干人现在开始从事民族主义的宣传,对此,我在这里就不记述了,总之,这是违反党的纲领的,我想,在不久的将来一定会把它排除掉。

我交付了三千元以作委员会的基金之用,同盟罢工委员会的基金目前已所剩无几,因此这个措施是必须的,他们又向我申请了五千元,此事必须征求波诺马连科同志的意见。

以上是同盟罢工运动之发端和中期情况。关于煽动之事,想必您已从报纸上看到相关报道和评论,在此我就不赘述了,不过,在日本报纸上,刊登的都是我们所需要的报道,这是因为我们一直以来对日本报纸采取了手段。我们跟住在赫司克而路十七号的村田君进行了商量,他承诺帮助我们,对本次罢工的报道作适当的处理,我们则动用支部经费向他支付了报酬。另外,在对被逮捕人员进行审判这件事上,我们也疏通了中国方面的审判官(助手),希望能高抬贵手,总之,万事都跟金钱有关。

日本电报通信社和报社派代表来采访我,我向他们保证:我们完全跟本次罢工运动无关,并赠送他们礼物,他们也向我保证在报纸上刊登妥当的报道。至于中国报纸,我们尚未就此事跟他们交谈过。

就这样,我们目前的根基甚为牢固,我们在中国打下了团体性工人运动的基础。

对于您询问的"为何首先从日本人经营的工厂搞起运动?"我的回答是:"首先是因为在日本人经营的工厂搞罢工比较方便,其次虽然也计划在其他外国人的工厂搞罢工,但他们对工人看管得很严,煽动人员很难在那里开展活动。"当然,这属于将来要做的事。

罢工的目的是要让工厂主们作出让步,我们则在幕后确认结果,也就是说,要让中国人知道:只有靠他们自己团结起来,才能争取到自己想要的一切。为了使若干个工厂主让步,我们将采取某种手段。就本次罢工

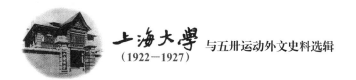

而言,我们正在同第三方谈判,让他们介入调停,如有必要,将向他们支付金钱。

对于您询问的"为何要给上海报界支付巨额资金?"我的回答是:"在上海报界,有许多日本人是我党的密探,我们通过伊藤君向他们支付补助金,他们则为我们提供日本的'秘密'情报。"

以上是我向您报告的全部内容,想必您已明白我目前的所做所想。至于将来的发展变化,我会及时向您通报。最后,记得在上海的某个中国工人曾说:"必要的时候,我们要盲目地服从领导的命令。"我们对他说:"我们将建议上级同志,给你们派一位领导过来。"

(档案号:5-1467,第0161—0170页)

币原致矢田电报第二三号

(1925年3月3日发)

关于贵电第一〇〇号(绝密)

请将这份文件的俄文原稿和译文邮寄过来。另外,倘若贵官认为在途中有遗失等风险,请派一名书记生将其携带回国。

(档案号:5-1467,第0137页)

币原致芳泽电报第一四六号

(1925年3月5日发)

3日,《东方通信》从莫斯科发来报道说:莫斯科赤色工会第三国际总部给上海纺织罢工团汇去了三万卢布的援助资金,并通电训令世界各国赤色工会道:"为了把中国工人从日、英、中三国资本家的手里解放出来,开始募集捐款吧!"请贵官提醒加拉罕注意这个事实,同时回电报告对方的应答情况。

(档案号:5-1467,第0145页)

矢田致币原电报第一〇九号（绝密）

（1925年3月7日发）

关于前电第一〇〇号

本官同连署长就这份文件的获取经过及其内容进行商量后，请该署长暂缓向内务省报告此事。敬请阁下谅解。顾虑到该署长身为内务省事务官之处境，慎重起见，特此禀告。

（档案号：5-1467，第0146页）

矢田致币原电报第一一〇号

（1925年3月10日发）

本官致驻华公使电报第八二号
关于贵电第二二号

对于前一阵上海发生的纺织工人罢工中的煽动分子，不仅本领事馆，而且工部局巡捕也在辛苦调查，据迄今为止探得的情况显示，煽动分子等不断从苏联政府驻上海宣传部接受资金供给，这似乎是事实。目前，田岛副领事参与会审的会审衙门正在审讯本案被告（七十余人），想必此事将日益明朗化。

本电已另致外务大臣。

（档案号：5-1467，第0147页）

矢田致币原电报第一一二号

（1925年3月18日发）

3月18日，《上海每日新闻》在"煽动纺织罢工之赤化团原形毕露"

的醒目标题下刊登了驻上海苏联领事馆收到的来自苏联政府的训令文,接着是一篇据此而写的详细报道。这篇训令文的内容与不久前有人卖给日华纺织会社田边董事的俄文文件大致相同,因此本官询问了田边,得到的回答是:这篇报道是该报社长根据从中国人手里买到的英文材料而起草的。田边未提供相关材料。从上述情况可以得知:这篇训令文无疑已流传甚广,与前电第一〇〇号之文件毫无关系。另外,这篇报道露骨地攻击了驻上海苏联领事馆,因此难保不会惹起问题。兹将这篇报道的剪报寄送阁下。

(档案号:5-1467,第0181页)

矢田致币原电报第一一四号

(1925年3月19日发)

关于前电第一一二号(《上海每日新闻》对于苏联煽动罢工之报道)

本官调查了文件的获取途径后得知:记载了苏联政府之训令文及罢工经过的文件,出自我西伯利亚派遣军原先之间谍巴拉诺夫斯基,此人曾经想把它卖给我领事馆,遭到拒绝后,想必把它卖给了田边等人。另外,后者(指"罢工"经过——编者注)是他把从苏联领事馆人员那里探听到的谈话作为材料写成的,两者价值都不大。兹将文件寄送阁下。

(档案号:5-1467,第0182页)

矢田致币原机密信第四四号

(1925年3月19日发)

上海纺织工人罢工相关文件寄送之件

关于今日本官致阁下电报第一一四号,兹向阁下寄送驻上海苏联领事馆收到的苏联政府训令文之日译文(见附录甲号)(日华纺织株式会社常务董事田边辉雄从德国制机器类进口商株式会社礼丰洋行常务董事富田为五郎手中获取的俄文文件,由连署长翻译)以及记载了罢工经过的英文文件(见附录乙号)(同样由田边通过相同途径获取),供阁下查阅。另外,昨18日公信第二〇五号已经寄呈,本官认为,《上海每日新闻》报道中提及的这两种文件是通过其他渠道获取并译出的。敬具。

译文概要

一、同盟罢工委员会应当控制在我们手中,又,所需金额的支办,应当与同盟罢工委员会向中国工人征收的资金无关,随时报告所需金额,并报告支出金额。

二、关于同盟罢工,最重要的在于集合中国工人,换言之,同盟罢工委员会应当拿出证据,证明已经把中国工人集合到了何种程度,要有这个思想准备。

另外,关于同盟罢工,您的报告中应当附录一张同盟罢工计划图表。

三、关于同盟罢工之经费,需要报告一个总数,然后上报财政部,再由财政部直接拨款给您。

复件

莫斯科东方宣传部发　1924年12月26日

上海宣传部收

1925年1月6日(返还)

（档案号：5-1467,第0205页）

芳泽致币原电报第二六六号

（1925年3月21日发）

本公使致驻上海总领事电报第二八号

据20日上海《东方通信》发来之电报称:前一阵纺织业罢工中苏联方面在幕后的活动被日文报纸曝光后,苏联领事馆有多名人员被免职。另外,21日北京的报纸上报道了贵电第八二号提到的田岛副领事参与会审之案件,称会审后已对罢工煽动分子分别作了宣判。因此,请将宣判之

后的情况立即电告本公使。

本电已另致外务大臣。

(档案号:5-1467,第0189页)

矢田致币原电报第一一八号

(1925年3月21日发)

关于19日《东方通信》致本官电报第一二四号

对于罢工内情曝光的同时,在上海的苏联领事馆人事更迭一事,社会上有各种各样的流言,但都不是事实,本领事馆探得的真相如下:

(一)副领事诺斯察科夫1月底因被怀疑消费公款且与白俄有联系,最终被护送到海参崴,此人不是共产党员,在馆内人际关系很差,也是一个原因。

(二)去年以来,副领事依勒德虽然当上了代理领事,但加拉罕对其作为苏联代表的资格以及能力和业绩感到不满意,因此于去年12月派遣了自己的亲信波诺马连科来上海,而这次正式任命海参崴的奥萨尔宁为上海总领事,并于3月12日左右发电报给驻上海苏联领事馆,通知奥萨尔宁来任之事。

(三)副领事依勒德因不是共产党员,为苏联政府及第三国际的一帮人所不信任,而此人似乎也对其地位感到不满足,声称希望就职于中东铁路,想趁此次奥萨尔宁到任的机会辞职,谋求新的职业。

本电已密送公使。

(档案号:5-1467,第0190—0191页)

矢田致币原电报第一一九号

(1925年3月23日发)

本官致驻华公使电报第八七号

关于贵电第二八号之前半段，本官已发公信和电报作了解释，关于贵电之后半段提到的会审衙门审理的罢工与苏联方面之关系问题，尚未发现确凿证据，尽管大部分被告是贫困工人，当他们被判定有罪后，都立即缴纳了五元乃至二百元之罚金，这些资金的出处尚不清楚。另外，本官致外务大臣之前电第七九号中提及的《民国日报》主笔邵力子的公判将于3月25日举行。

本电已另致外务大臣。

（档案号：5-1467，第0192页）

矢田致币原电报第一四五号

（1925年4月30日发）

上海纺织业罢工熄火后，赤化分子依然继续活动，劳动界风潮之险恶程度毋宁说正在不断加重。前方青岛罢工之成就更增添了他们的气势，据本官得到的情报，他们正在计划于5月1日举行一次大规模的宣传运动，怪不得驻上海苏联领事馆从28日开始在该馆楼上最醒目的场所挂起了意为"五月一日万岁"的俄文大彩灯，因此，可以预料，尽管这一天官宪将采取取缔行动，但赤化分子仍将举行示威游行。

本电已另致驻华公使及青岛。

（档案号：5-1467，第0215页）

矢田致币原电报第一四六号

（1925年4月30日发）

本官致青岛电报第一号

关于本官致大臣之前电第一四五号，据本领事馆之调查，中国共产党分为三派：李大钊（北京派）、陈独秀（华南派）、沈定一（华中派），胶济铁路职员工会属于北京派，今年2月初开始了罢工风潮，此次青岛罢工的主

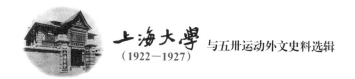

谋者为李振瀛，台上活跃的是杨德甫（两三年前京汉铁路大罢工的主谋者，今年1月底出狱，与李振瀛同为共产党员）。上海的报纸（4月30日）上说："目前在上海之陈独秀为指挥青岛之罢工团，率数名部下赴青岛。"据查，此说并非事实。

本电已另致大臣、北京。

（档案号：5-1467，第0216页）

矢田致币原电报第一七二号（绝密）

（1925年5月29日发）

直接煽动上海和青岛之同盟罢工的，是国民党系左倾分子和被共产党感化的青年等，据本领事馆警察获取之谍报显示，他们的幕后是苏联有组织的援助，以此为前提，报告各种各样的活动情况。鉴于问题的性质，本官认为，不仅要对此保持跟踪，而且倘若草率地处理此事，恐将影响到我之内政，因此，迄今为止一直暂缓向阁下报告。从最近青岛、汉口等情况来看，本官认为，在某种程度上，这些谍报中所记载的计划已经实现。兹将昨日以来获取之谍报致电阁下，以供些许参考。

（一）大约两周前于广东召开的中国共产党中央执行委员会上决议了三项内容：① 为挽回上海和青岛之同盟罢工的失败，在中国实行普遍性的同盟罢工。② 为达到这一目的，组织特别委员会，制定实施方案。③ 实施此方案所需的资金，已得到加拉罕的许诺，因此派代表赴北京。决议后，代表已出发赴北京。

（二）上海地方委员会会长克里文科最近收到了加拉罕发来的训令，要点如下：① 应当使同盟罢工团干部刘华、刘贯之等控制在切尔卡索夫（宣传部长）手里。② 应当由克里文科监视同盟罢工团将干部的命令执行到何种程度。③ 克里文科应当努力使共产党员紧密联系日本人经营之各纺织工厂的中国工人。

（三）作为加拉罕的密使，3月上旬从北京来沪的贝尔克曼继续逗留上海,5月22日,苏联总领事奥萨尔宁从华比银行提取两千元现金交给贝尔克曼。23日,贝尔克曼赴闸北工人会总部,将此交入干部手中。

本电已另致驻华公使。

(档案号:5-1467,第0252—0254页)

矢田致币原电报第一七三号(绝密)

(1925年5月29日发)

本官致驻华公使电报第一一九号

关于本官致大臣电报第一七二号,5月29日,本官获取了加拉罕就上海同盟罢工之事于5月11日发给上海地方委员会会长克里文科的训令文件,本官一看,此文件上有加拉罕的亲笔签名及苏联大使馆的馆印。在适当的时候,本官将此文件的照片托人送交阁下,并请判定其真伪。

本电已另致大臣。

(档案号:5-1467,第0255页)

矢田致币原电报第一八四号(火急)

(1925年6月3日发)

2日午后6时,在南京路西端,中国暴徒攻击了正在警备的义勇队,义勇队随即应战,扳动机关枪,打死打伤多人。我居留民住宅分散于各处,大多与中国人聚落邻接,因警备人员集中在南京路一带之故,2日以来,多家日本人住宅被成群结队的中国暴徒袭击和掠夺,此外,道路上行走的日本人被袭击,受伤者频出。至3日早晨,形势更加恶化,恐怕将继续发生同类事件。本官接到报告称三名日本人被杀害,但尚未证实。另外,针对普通工人和职员的罢工煽动也在进行着。意大利、美国于2日午后已派陆战队登陆,我陆战队(来自三艘炮舰,共五十九名)按照各国海军指

挥官之间的协定,已于2日午后9时登陆。

本电已另致北京、奉天、汉口、天津、福州、广东、青岛、九江、芜湖、南京,并请汉口转致长沙、重庆、宜昌、沙市,请福州转致厦门,请广东转致汕头,请青岛转致济南。

（档案号：5-1467,第0303页）

矢田致币原电报第一八五号（火急）

（1925年6月3日发）

正如前电第一八四号所述,形势时时刻刻有恶化之兆,一艘意大利巡洋舰于2日入港,3日,英国总领事说：一艘英国巡洋舰预定于3日入港,另一艘预定于4日入港。又,美国方面说：尽可能把海军力量集中于上海。英国总领事希望日本派遣更多陆战队,《字林西报》主笔格林亦表述了相同愿望。另外,我居留民因警察之保护不充分,主张组织自卫团。镇压、安抚措施无效,难以预料日中两国人之间会惹起何种冲突,恐怕事态将变得严重,况且英美已集结其海军力量,虽然此时我武力之使用无疑需要慎重,但是,以居留民团为首,方方面面都来请愿,因此,希望阁下根据前电第一八四号所述的情况,酌情派遣陆战队。

本电已另致北京、汉口。

（档案号：5-1467,第0304页）

矢田致币原电报第一八六号

（1925年6月3日发）

关于前电第一八四号中日本人被杀害之报告,经工部局及其所辖巡捕房查证,此非事实。

本电之转致地与第一八四号相同。

（档案号：5-1467,第0305页）

一、日本外务省档案选译

币原致矢田电报第五九号

（1925年6月4日发）

关于贵电第一八五号，永野司令官已于4日驶回南京，他已得知贵电之内容，想必现已抵达上海，将增派一百名陆战队员登陆，另外特地集结两百名陆战队员乘坐"龙田号"火速派往上海。倘若需要派遣更多陆战队时，请同永野协商后致电本大臣，一切同海军商议后再作准备。

请将本电转致北京。

（档案号：5-1467，第0309页）

芳泽致币原电报第四五九号

（1925年6月4日发）

关于前电第四五一号

学生团访问了执政府外交部（据说在外交部里，总长亲自引见了代表，告诉他们正在采取严密措施），沿途散发了大量传单（传单的内容是：打倒帝国主义，打倒军阀，抵制日英商品，收回领事裁判权，判处上海行凶者死刑，要求日英两国政府谢罪以及保证将来永不再犯，召回日英总领事，等等，其中还附记了青岛被逮捕的工人已被张宗昌军队枪杀等内容），随后他们欲进入公使馆区域，被中国巡警和外国守备队阻止而未果，便在公使馆区域外周围的大道上游行，随处进行激烈的演说，直到晚上才逐渐散去。而今天（4日）又全部是示威游行继续进行之报告，各校学生几乎被网罗殆尽，组织起帝国主义惨杀同胞雪耻会，另外，报纸上到处是"以公理为盾，避免暴动，充实组织，监视鞭挞当局，则运动之成效可期"等激切议论，由此可以看出，运动逐渐带有连续性。另外，据方梦超从北京大学某干部处打听到的绝密消息：最近各地爆发的运动之组织者和陈独秀一派从第三国际那里收到了五十万元，于是暗中更加猖獗，将运动的矛头

集中于日英，北京大学当局正为至少不让事态牵扯到日本而伤透脑筋。特此添禀。

本电已另致上海、汉口、青岛、奉天，并密送电津。

（档案号：5-1467，第0317页）

矢田致币原电报第一九三号

（1925年6月5日发）

普通情报

6月4日之情况如下：

一、午后，约三十名学生模样之暴徒闯入浦东日华纺织厂，破坏器具什物，致使工厂停工，此暴行之目的似乎是为了实现普遍性的罢工。在强迫和煽动下，英美烟公司等各类工厂相继停工，各国纺织工厂中尚在运转的，仅钟纺、丰田、东洋、日本纺等工厂以及中国人经营的申新工厂而已。

二、除日华纺织厂之外，未接到日本人工厂受害之报。

三、中国人商店依然停业，但有些商店暗中营业，故日用品获取并不很困难。

四、中国之主要银行惧怕危险，3日以来一直停业。

五、电车、电话虽不够用，但尚能通车通话，自来水、电灯、煤气正常使用，大北、大东两电报局的邮差人手不足，但收发能力并无变化。

六、英文各大报纸皆将版面减半，中国报纸则发行如常。

七、事件发生以来，几名举动可疑之苏联人，或被逮捕，或被驱逐。巡捕搜查了早就被视为共产党系之上海大学，没收了大量传单，该大学之校舍今后将归警备队使用。

八、警备公共租界之陆战队目前之人数为：英国四百五十名、意大利二百一十名、美国二百名、日本五十九名。

本电已另致北京、奉天、天津、济南、青岛及华南各领事。

（档案号：5-1467，第0321—0323页）

日本内务省驻北京事务官立田致外务省亚细亚局长机密信(北秘第一八九号)

(1925年6月5日发)

关于学生运动之续报

"学生运动幕后有苏联大使馆之煽动",这一捕风捉影式的情报从四面八方传来。根据谍报人员之报告,加拉罕于3日为此次事件支出了二十五万元,其中十万元交付给上海代表,十万元交付给北京代表,五万元交付给汉口代表,此事之真伪尚不明了,虽然倾注全力查探其真相,但具体情况仍未查明。

加拉罕于3日写了一封慰问信,呈交外交总长(书信之要领见下文)。又,昨日(4日)以回请我芳泽公使之招宴(已报告)为名,送来了为我公使馆员举行招待会之请柬,但是,当日突然以事务繁忙为理由,说要延期举行。其幕后活动之消息传出后,苏联大使馆面临着本次事件以来特别紧急的情况。

关于上月五七纪念日冯玉祥军队之态度,本官已作了报告。此后,冯军为了将北京近郊之兵营移交给奉军,于上月20日左右陆续向张家口方面转移,表面上对此次事件没有动作,而幕后却不停煽动学生,证据确凿。据谍报人员报告,潜伏于苏联大使馆内的李大钊带着某种使命,于3日悄悄出发赴张家口,据说,其使命是就上海事件及其他诸事与苏联政府联络。

又,美国公使馆亦在幕后活动,3日,美国公使馆员外出拍摄了学生示威游行的照片等等,表面上相当活跃,而本官另一封报告中提及的美系教会学校之学生参加运动,无疑是美国人在幕后煽动的。

加拉罕致沈外交总长书信之要领

总长阁下:

我对上海多名贵国工人和学生被伤害事件深表衷心的同情和悲痛,

苏联全国人民也抱有和我同样的感受,希望阁下向受害者的家属转告我的哀悼之意,借此机会,向阁下表示敬意!

五月三日

加拉罕

沈外交总长收

通报至:警保局长、警视总监、亚细亚局长、朝鲜、关东、台湾各警务局长,上海、哈尔滨驻在员

(档案号:5-1467,第0398—0400页)

立田致亚细亚局长机密信(北秘第一九一号)

(1925年6月6日发)

上海事件与苏联大使馆

关于苏联大使馆对上海事件之态度,上一封信中已作了报告。此后,加拉罕接到了上海教育界发来的电报(大意见后文),于昨天(5日)将此电报通告给公使团。又以罗斯塔通信社的名义发出了一篇檄文(要领见后文),煽动逐渐变得露骨起来。

上海教育界致加拉罕电报之大意

阁下作为外交团之主席,我们希望通过您向各国公使发出劝告:尊重中国人的生命并且收回租界警察权!

罗斯塔通信社之檄文

莫斯科万国职工联盟中央委员会致中国工人

万国职工联盟中央委员会以最亲切的心情宣告:对于中国工人以及为摆脱外国资本家的束缚而斗争的人们,苏联工人表示深切关注,勉励兄弟们勇敢斗争,并祝成功!对掠夺成性的资本主义,兄弟们勇敢地奋起斗

争,勇士之血不会白流,我们确信,最后的胜利属于你们!此战兄弟们不是单独行动,全世界工人以及所有受帝国主义虐待的人们都站在你们一边!兄弟们的斗争证明了一个事实:必须联合受帝国主义压迫的人们!并且促进了万国职工联盟运动的世界大联合!

通报至:警保局长、亚细亚局长、朝鲜、关东、台湾各警务局长,上海、哈尔滨驻在员

(档案号:5-1467,第0401—0402页)

日本驻天津代理总领事冈本一策致币原电报第七六号(绝密)

(1925年6月8日发)

关于前电第七五号

张作霖得到了"上海、汉口等华中华南一带有日益恶化之征兆,事态不容易控制"之情报,于是急派江苏省长郑谦赶赴上海,担当善后调停之任,据说张学良亦将以视察现状之名义,与松井、阪东顾问等赴上海,努力设法将攻击的矛头指向英国。派遣张学良等之事毋庸说属于绝密,敬请保密。

本电已另致驻华公使、上海、汉口、奉天、青岛。

(档案号:5-1467,第0344页)

冈本致币原电报第七七号(密)

(1925年6月9日发)

关于前电第七六号

张学良将率领亲兵约一千人于后日(11日)出发赴上海,松井、阪东两顾问将于明日(10日)出发,经由大连赴上海。张学良是奉天少年团团长,兼任青年团指导,平素与上海学生团有联络,因此亲赴上海谈判,另

外,命其亲兵与警察协力,迅速谋求镇压之策。

本电已另致驻华公使、上海、汉口、青岛。

（档案号：5-1467,第0345页）

矢田致币原电报第二〇二号

（1925年6月9日发）

关于此次事件,工部局露骨表明坚决以武力弹压。断不饶赦之态度（如封锁被认为煽动根据地之上海大学及其他二校,充作陆战队之宿舍,即其一例）,故煽动者感到在公共租界内活动颇为危险,遂退至华界市街。因此租界内除华商关闭商店外,几已完全恢复原状。但总罢工因陆续有新参加者,表面上似在扩大。另一方面,复工者亦不少。结果成为罢工者之新陈代谢,大势有保持现状之观。

据曾宗鉴谈,认为因中国商人之关店所受之损害,每日达数百万两之多,尤以银行、钱庄之关闭,金融完全杜绝,不堪长此忍受痛苦云。中华汇业之章总理亦有同样观感。华商虽希望开店,但以恐遭威胁,无人敢率先实行。工部局或总商会若能给予彼等以开店之借口,则据推测可以即时恢复常态。

又,一般外国人,尤其英国人,团结侨民七千人,进行活动,以保卫公共租界之安全。因此本职对日本人正在努力劝其分担一部分责任。六月二日日本侨民之激动达于极点,恐怖之余,将事实极度夸张,或来报告毫无根据之暴行等（前电第一八六号之事件即其一例）。仿佛震灾①时之东京情况,但以后渐次趋向平静。

要之,大势有如上述,同时中国政府派遣之曾、蔡两人亦已到达,开始与各方面接洽,且总商会之态度渐趋冷静。各地学生之同情示威运动,毋宁可称之为意外之冷清。以上事实,本职认为足以成为促使本事件更趋镇定之诱因。

---

① 指1923年日本东京大地震。

本电已另致驻华公使。①

——选自上海社会科学院历史研究所编《五卅运动史料（第三卷）》，第1199—1200页。

内务省警保局长致外务省亚细亚局长第一九六号信

（1925年6月12日发）

关于至中国各地视察罢工情况的人员之件

日本劳动总同盟（炮兵工厂职工组织的劳动团体）干部安达和以及八幡同志会（福冈县八幡制铁所职工组织的劳动团体）干部芹田善吉两人，以视察中国各地的罢工情况为目的，本月8日乘坐从门司港启航的"近江丸"赴上海，因此，烦请特别注意观察这两人抵达中国后的动静。

又，这两人的相貌以及出港时所穿衣服、携带物品等如下所记：

芹田善吉（三十五岁），身高五尺，额角宽阔，骨骼发达，头发二分，其他普通。身穿深蓝色哗叽西服，携带小型"行李箱"。

安达和（三十一岁），身高五尺五寸，眼睛锐利，眉毛粗，其他普通。身穿深蓝色西服，携带大型"行李箱"。

（档案号：5-1467，第0403页）

矢田致币原电报第二六〇号

（1925年6月24日发）

关于前电第二五八号

因虞洽卿之斡旋，二十三日日本方面由三菱之秋山、正金之桥爪、日清之米里三分行行长与中国方面之上海总工会委员长李立三、各路商会

---

① 选自日本外务省档案显微胶卷 Tel·163卷"1925—1926年上海来电"45—48页。

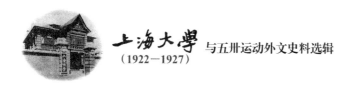

联合会①代表邬志豪、王汉良,民国学生联合会总会②代表林钧,上海学生联合会代表刘钟鸣等会见,交换意见。中国方面主要由李立三发言,关于内外棉之工人待遇,彼指责:(一)工资较其他工厂为低,威胁工人之生活;(二)该厂日本工人与中国工人之间待遇差别甚大;(三)动辄殴打中国人;(四)中国工人之意志无法通达至职员。又谓:此次再度发生骚扰,系由于二月中罢工时所规定之调停条件,公司方面丝毫不予实行之故。更谓:承认工会之事希望务必实现。所说虽大体妥当,但李立三等之内部,确予人以有赤化国民党存在之印象。

本电已另致北京。③

——选自上海社会科学院历史研究所编《五卅运动史料(第三卷)》,第1235—1236页。

矢田致币原电报第二六四号

(1925年6月25日发)

关于前电第二五八号

我国纺织联合会决议坚决不承认工会(见前电第一五三号),因之宣称纵令关闭工厂达数月之久亦在所不辞(内中亦有由于棉纱跌价之经济上之理由)。大阪方面之纺织业者亦固执此一方针云。本职暗中认为颇有疑问:(一)不论公司方面好恶与否,工会实际上已经存在,且势力日益增强,此种事实果能否认乎?(二)如公司否认此种事实,则不承认工会之方针究有持续至何年之可能乎?(三)公司恐惧工会,是否由于已彻底了解工会真面目之忧虑?(四)公司在决定方针前,是否有必要与工会干部接触并确定能否操纵工会?

本职与纺织业者争论结果,认为工会若非以破坏产业为目的之共产主义,则不妨承认之。嗣后即在此方针下采取措施。如前电第二六〇号

---

① 应作"各路商界总联合会"。
② 应作"中华全国学生总会"。
③ 选自日本外务省档案显微胶卷第564卷910—912页。

所述,与工会中心人物李立三间接接触之结果,益形了解其完全属于赤色。本职深感有于此设立明确界限之必要,因此通知有关方面反对承认以共产主义为基础之工会,对中国方面亦作同样声明(中国之有势力者亦渐次感觉共产主义之威胁,据二十四日虞洽卿向内外棉冈田透露之消息:前虞氏决定十三条要求条件时,因删去承认工会一项,受彼等之中伤与威胁;炸弹事件系彼等所为云)。对二十五日来访之邢戒严总司令明白告以下述旨趣:国家之急务在于对以爱国心乃至向上心为基础之学生运动与共产主义运动,应截然加以区别。对于前者,本职不吝予以同情;对于后者,则不得不断然反对。邢答曰完全同意,谓目前正在维持秩序,同时又煞费苦心取缔后者。因此,已向彼提供无关重要之我方情报。

本电已另致驻华公使。①

——选自上海社会科学院历史研究所编《五卅运动史料(第三卷)》,第1239—1240页。

矢田致币原电报第二六七号

(1925年6月27日发)

致木村局长②:

关于贵电第七〇号:正如来示所述,中国方面之主张不仅随交涉之进展而渐次扩大其范围,且将其焦点置于承认工会问题上。另一方面,我商会中之有势力者之间,亦有意见认为内外棉交涉迁延不决之结果,在我对华贸易上已造成极大之损失而形成严重问题,应使内外棉对交涉难关之承认工会问题谋求有以解决之道。于是开始进行调解,不无有混战之观。本职以为有使其明确立场之必要,遂与纺织业者会见,如前电第二六四号末段所述,告以平日认为疑问之点,并听取其解释,结果本职深信与其坚持高唱不承认工会,不如肯定声明"在原则上可承认工会,但在

---

① 选自日本外务省档案显微胶卷第564卷956—959页。
② 外务省亚细亚局局长。

中国公布工厂法并在完全施行以前,保留意见",其结果并无何等差异,但在给予中国之印象上远为良好。我国纺织业者经本职此一指示后,表示赞同,现正在就上述旨趣拟就声明书,等待时机发表。

此外:(一)全国商会①中人亦与中国方面之有势力者进行接触;李立三派之色彩益形显露,因此断然与之摆脱关系。(二)中国资本家方面正在试图自行对李派进行操纵(例如中国报纸上所登载之兴业兴记烟草公司增资扩大之广告中,在其发起人□□②方椒伯等巨头中,即列有李立三、林钧等)。(三)在更进一步达成协议上,深感主要应不为李派之策谋所陷;此外如前电第二五八号所述,应支付抚恤金而使交涉告一结束。

因此,今后对方即使有任何提议(内外棉已声明须经由交涉员),须确定对方足以信赖之后,再决定我方之态度。总之,各种议论均属内部问题,除支付抚恤金外,对中国任何方面,确无任何委托之举。又,贵电所称承认工会问题与丰田纺织厂问题一同研究云云,本职对此尚不能理解,但对不宜深入一点则至为同感。

本电已另致北京。③

——选自上海社会科学院历史研究所编《五卅运动史料(第三卷)》,第1242—1243页。

矢田致币原电报第二七一号

(1925年6月29日发)

本职致驻华公使电第二一六号

关于贵电第九六号:以李立三为代表、刘华为副代表之工会系以共产主义为基础:(一)如本职致外务大臣电第二六〇号所述,与李立三会见时,李说明指挥工会之方针:各工厂设立工会,统辖于地方工会(如上海总工会)之下,各地方工会更统一于广东之中央总工会。即全国之工

---

① 指日本之全国商会。
② 原件此二字不明。
③ 选自日本外务省档案显微胶卷第564卷1012—1015页。

会成一整体,服从广东中央执行委员会之指挥。对于与赤俄关系之询问,彼不敢否定此一事实。(二)上述工会本部(在闸北)最近与当地俄国总领事馆之频繁联络,由工部局巡捕予以证实(工部局向日英美三国总领事提出之机密文件另行邮寄)。(三)刘华等之机关杂志《中国工人》之论调,例如五月一日发行之五一纪念特刊中,载有刘华论文,号召在第三国际旗帜下,统一工人,掀起打倒资本主义之革命。该刊为露骨宣传共产主义之杂志。又如五月三日发行之《向导》第一百十三期卷首载有陈独秀之《五四纪念与民族革命运动》①论文一篇,显然系以共产主义者所组织之工会作为走向革命道路之一,并以破坏产业为目的。

又,关于承认工会问题:已有重光书记官对当地纺织业者予以说服指示,另一方面与纺织业无直接关系而受罢工影响之我商会之有势力者,不仅同称了解公使之意图,且认为不能默认因求纺织业者之利益而使全体蒙受损失。对于交涉之难关承认工会问题,亦有主张从大局之利益出发,应使内棉承认工会,而与支持解散工会之纺织业者之说发生冲突。另一方面又有柏田议员之运动。总商会之有势力者又在催促迅速解决,种种情形互相错杂。经研究考虑之结果,如本职致外务大臣电第二六四号所述,认为对李立三派之工会绝无妥协之余地。

本电已另致外务大臣。②

——选自上海社会科学院历史研究所编《五卅运动史料(第三卷)》,第1247—1248页。

矢田致币原电报第二九一号

(1925年7月8日发)

七月七日本职往访嵇③戒严司令时,彼曰:本人意见认为英国方面暂不置论,希望日本方面之工厂首先开工(对李立三由本人施加压力),工

---

① 该篇署名"双林"(瞿秋白笔名),非陈独秀所作。
② 选自日本外务省档案显微胶卷第564卷1047—1052页。
③ 原件作"嵇",当系"邢"字之误。

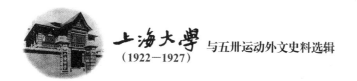

厂方面如能考虑多少增加工资并发放罢工期间工资之一部分,则实现复工当无特别困难;并拟为此目的而发出劝导工人复工并对妨害者加以严罚之布告,现已在印刷中。

本职认为上述复工纵令有实现之可能,但我纺织工厂中有动力设备者,不过一二家,因此,以电力不足为理由致工厂停工之今日,单独使日本工厂获得电力之事,恐难有希望,亦惟有等待发电厂及其他与英国有关之工厂情况改善再行开工而已。

本电已另致驻华公使。①

——选自上海社会科学院历史研究所编《五卅运动史料(第三卷)》,第1270—1271页。

矢田致币原电报第三一四号

(1925年7月18日发)

关于前电第三○三号

工人方面主张在其他要求条件未解决前,不领取抚恤金,交涉员因而迫不得已提出该电所载之条件。对方既已表示相当诚意,我方如一味拒绝,亦属不妥。我方虽曾声明等待北京关于一般方针之协定,然目前北京尚未开始交涉,而二十万罢工者生活又渐感困难,在此情况下,似不能使此间负责者心服也。纵令交涉能急遽成立协定,北京政府之约束力或声明,对此间究有多大效力亦属疑问。因此,我方似宜保持不即不离之态度,俟有解决希望时,即承认工会之难题一旦达到前电第二六七号之程度时,再进一步商谈较为适当(若在此期间北京对一般方针能达成协定,则属更妙)。

十六日交涉员来访本职于私邸,请求详谈复工问题(会谈记录邮寄),当时交涉员不通过各种自愿调停者而直接将工人之条件秘密告知本职;并请本职转知纺织联合会,如有交涉之可能时,则由双方推荐适当代表进行交涉云云(当时交涉员指名虞洽卿为中国方面代表。本职谓日本

---

① 选自日本外务省档案显微胶卷Tel·163卷"1925—1926年上海来电"182—183页。

方面认为虞之诚意颇有疑问。交涉员承认中国方面对虞亦有同样之非难，因此提名虞洽卿之议作罢）。总之，根据最近得自中国人方面之情报，驱逐李立三运动正在策划中；同时，由于停止供电，纵令成立协定，亦不能开始工作，故无急于解决之必要。虽然如此，我方亦应始终表明有希望解决之诚意为宜也。

本电已另致北京。①

——选自上海社会科学院历史研究所编《五卅运动史料（第三卷）》，第1292—1293页。

矢田致币原电报第三二三号（绝密）

（1925年7月23日发）

以前认为未到时机，故迄未报告。近数日来拟对李立三等总工会之骨干试行自内部加以操纵，通过连某，使之自俄国方面进行某种指使，以后获得反应（如自二十三日起码头工人复工十日之报纸广告，即其一例）。由于取得确实信心，遂更进一步就纺织业罢工问题，怂恿该方面向中国方面接洽，经过数次曲折后，七月二十二日下午俄国方面召集各工人团体骨干举行协商会，议决大体有如下列之最后让步方案，并付印，使工人团体全体知晓。

（一）撤回警备各工厂之巡捕及陆战队；

（二）复工后增加工资（百分之五）；

（三）复工后工厂应优待工人。

显然此类事情随时均有遭受某种妨害而成为画饼之可能，不仅难以逆料，且鉴于我方之从事该业者利害不同，其步调亦不一致，故关于本件之进行，仅本职一人知晓，表面上仍以前电第三一四号之旨趣，与交涉员进行交涉。关于此方面之情况，阁下了解以后，尚希对贵地之从事该业者保守秘密。

---

① 选自日本外务省档案显微胶卷第566卷2064—2068页。

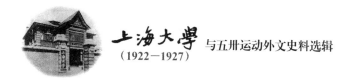

本电已另致北京。①

——选自上海社会科学院历史研究所编《五卅运动史料(第三卷)》，第1298页。

兵库县知事山县治郎致内务大臣若槻礼次郎、外务大臣币原喜重郎及指定厅府县长官第四五四号信

(1926年2月22日发)

新建上海大学资金募集之件

本月17日，东京牛込区山吹町留日华侨联合会中央秘书处郝兆先给神户市北长狭通三丁目洋服商（华侨洋服商工组合理事）顾瑞宝寄来了几本印刷小册子（内容见附录），委托顾募集上海大学校舍建筑资金。郝兆先受该大学嘱托，担任日本之募捐委员，而顾瑞宝因商务之事目前已回上海，不久将回日本，可能会从事募捐活动。

特此通报。

附录：上海大学校舍建筑经费募集

本大学因提倡爱国运动之故，在此次五卅惨案之际，非但学生被异族强权者蒭屠，校舍亦被其掠夺，如今已陷入流离颠沛、栖止无所之穷境！夫学术之独立、思想之自由，固为当世文明各国所高唱，本大学自创立以来，窃黾勉以进此理想，期为我民族之先驱。而以文明国自任之彼等洋鬼，憎恨吾人，彼寄寓我中华者，肆其淫威，逞其暴行，摧残学术之独立，干涉思想之自由，甚至嫉视吾人爱国者而戮辱之，其酷毒横恣竟至于此！盖彼帝国主义者之敌视本大学，非始于今日，或密探，或搜查，或无端苛罚，去年以来胁迫本大学之事，无所不至！

本大学因国权尚未伸张，姑忍受之，拟转移校舍，以免遭彼等之毒手，

---

① 选自日本外务省档案显微胶卷Tel·163卷"1925—1926年上海来电"201—203页。

而醵金起工，殊非易事，虽得宋园董子诸君之允诺，决定以宋公教仁墓地之空地为本校之校园，然终未实现经营。今则横逆突如而至，祸变交乘，非但数百学子中断勉学，且无所归，焉得不亟为之谋求安顿乎！于是继续前议，即日组织建筑委员会及募捐委员会，拟于最短期间内募集建筑费十二万元，于上海市外宝山县江湾镇之宋园内先建筑小规模之校舍。嗟夫！凶横之恶行，普天下所共愤，学子之失所，举国所共悯！

本大学同人等诸君子之寄我同情者，请务必捐款，并请知晓为本大学捐款之用途，若使此举成功，则他日将再无占领校舍之事，学子将再无受辱之虞，得以完成"学术之独立、思想之自由"之夙愿，此全拜捐资者各位所赐也，幸甚幸甚！

募捐办法（省略）

（日本外务省档案H-0873，第0177—0179页）

日本警视总监太田政弘致内务大臣若槻礼次郎、外务大臣币原喜重郎及指定厅府县长官第四九七号信

（1926年3月5日发）

关于新建上海大学资金募集之件

关于标题所说之事，兵库县知事已在2月22日之"兵外发秘第四五四号"信中作了通报。去年9月，该大学校长写信给郝兆先，委托其办理此事，当时，郝正奔忙于国民党东京支部与华侨联合会之内讧，无暇从事资金募集，故未发布此事，将其搁置一边，到了今年才决定着手募集，寄发"资金募集倡议书"，委托兵库县之友人募集。此外，据说郝在东京提议汪公使捐款一百日元，一等秘书官江某捐款二十日元。目前郝正病卧于床，痊愈后还将提议和劝说住在京滨地区之中国人捐款。

特此通报。

（档案号：H-0873，第0180页）

二、上海公共租界工部局警务处《警务日报》摘译

雷婷婷　选编

> 《警务日报》为上海公共租界工部局警务处汇集各巡捕房上报的治安等情况，并由警务处处长签署后逐日向工部局董事会呈报的一种机密文件，其中包括大量与五卅运动相关的内容。本书主要节选与上海大学有关内容。如未特别标注，所选内容均源自上海市档案馆所编《五卅运动（第二辑）》（上海人民出版社1991年版），并且按日期排列，交代具体出处。

2月14日①

普渡路区和戈登路区的内外棉所属各厂均已关闭。尽管如此，厂方对来厂上工的工人都已录下姓名，发给他们百分之三十工资。二月十三日，各厂的八千五百十八名日班工人中的三千三百七十六人和六千八百五十三名夜班工人中的三千一百十一人曾举行游行示威要求干活，厂方对这些工人发给了此类津贴。目前各厂附近依然一片寂静，但罢工煽动分子继续在大多数工人居住的苏州河北岸华界地区进行活动。沪西工会除了组织工人持旗游行示威外，还在闸北各个地点设置十人一组的纠察。他们检查来往工人，凡是内外棉各厂工人的工折，一律撕毁，或强迫他们回家。纠察人员拿的旗子上写着"内外棉纱厂工人联合会"等字样。

---

① 以下日期所属年份均为1925年。——编者注

二月十三日下午二时,内外棉各纱厂的大约六百名罢工工人,在闸北大丰纱厂附近的三德里一号沪西工友俱乐部开会,由著名国民党煽动分子李成①主持。李号召全体工人共同合作,将罢工坚持到日本资本家被迫承认他们的要求为止,接着他宣布要求如下:

一、不许日本人殴打中国工人;

二、增加工资百分之十;

三、八厂开除的工人均应复职,目前被拘留的罢工工人应立即释放;

四、工人工资每两周发放一次;

五、随时退还被拖欠的工资;

六、不得无故开除工人;

七、罢工期间工资照发。

接着,会议决定各厂推选首席代表一人,以便管理罢工工人。出席会议的有:孙良惠,他是一九二二年邮电工人罢工发起人李启汉的杰出同事;上海大学杨之华、王一知等三名女学生;全国学生总会著名成员刘清扬。会议于下午四时结束。有消息说,另二次会议将于二月十三日分别在南洋大学和海格路②复旦大学预科部召开,但经查证不确。

——选自上海市档案馆编《五卅运动(第二辑)》,第7—8页。

2月16日

为了筹款支援内外棉各厂罢工工人,本埠各学校于二月十五日下午三时在西门勤业女中举行会议,并通过决议如下:

一、成立"上海东洋纱厂罢工工人后援会";

二、后援会会所设在华界斜桥附近的林荫路正兴里二十三号;

三、向公司总经理提交一份文件,正式请他同意罢工工人所提要求。该文件加盖了下列团体的公章:上海学生联合会、中华海员工会(上海支部)、沪西四路商界联合会、市民对日外交大会和国民会议促进会;

四、致函各中国报馆,要求他们支援罢工;

---

① 即李立三。

② 今华山路。

五、请学生们为罢工工人公开募捐,募捐时佩戴徽章,捐款应投入密封的竹筒。

会议由西摩路①一三二号上海大学学生刘一清主持,有各学校的四十五名代表参加。

——选自上海市档案馆编《五卅运动(第二辑)》,第11—12页。

2月23日

租界捕房于二月二十一日搜查了山东路一六三号《民国日报》事务所,因该报曾于二月二十日就有关当前罢工事件刊登了一篇攻击日商纱厂厂主的长篇文章,进行这次搜查的目的是要设法证明该报与工潮有关。当时在搜查中没有发现与工潮直接有联系的证据,但搜出的一些文件表明:《民国日报》高级职员邵力子在上海大学、大夏大学和南方大学等校的董事会担任重要职务。上面提到的前两所大学,其学生过去经常在槟榔路的一所学校里教书,而这所学校却明显是个向工人进行宣传的基地。

* *

上海日商纱厂罢工工人代表团于二月二十二日下午二时在西门勤业女中举行茶话会招待本埠记者,人约有三十人参加,由丰田纱厂工人刘贯之主持。刘在会上介绍了工人劳动和生活的困苦情况,并表示希望记者们能帮助罢工工人实现他们的目的,将全部事实公之于世,以期引起公众的注意,力促业主们接受工人们的要求。与会者中除刘以外,尚有《时事新报》编辑张东荪、《民国日报》邵力子等人。茶话会于下午四时结束。

现在有越来越多的迹象表明,煽动分子们已意识到罢工将要失败,因而他们力图将运动赋以政治色彩。一些具有反日偏见的和控诉据说是工部局捕房侵犯主权的传单,已于二月二十二日在靠近杨树浦地区的华界散发。这些传单还咒骂第一批回厂上工的工人是汉奸。

——选自上海市档案馆编《五卅运动(第二辑)》,第21—22页。

2月26日

目前有越来越多的迹象使人相信,各日商纱厂均能于三月一日全部

---

① 今陕西北路。

复工,且能在开工后不久正常运转。这一次之所以能在没有向煽动分子作出任何让步而取得预期效果,毫无疑义是由于煽动分子和胁迫分子因工部局捕房进行逮捕而把他们的活动降低到静止状态。按工部局捕房已拘捕了他们中间的五十多人,还有必要再逮捕业已申请逮捕状但已溜之大吉的另外十七人。罢工之所以能发展到如此严重地步,主要是因为华界警察署采取了与己无关、袖手旁观的态度。风潮发生后的一个多星期,他们不仅未设法予以解决,且在实质上继续容忍胁迫活动和宣传运动在他们所辖地区内扩大化。工部局的屡次抗议和外国报纸的多次报道,实际上均被置之不理。直到事件显示出有成为国际性纠纷时,中国警察当局才从昏睡中清醒过来,并开始提供协助。然而,当罢工业已中止,某些中国官员和其他一些人士却沉湎于召开调解会议的滑稽剧中。显然,他们就是如此期望愚弄公众,使公众深信,事件之所以能有令人满意的转化,他们是作出了贡献的。这方面的例子就是二月二十五日下午在北河南路华总商会举行的一次会议,当时参加会议的除了若干日本人,中国官员和作为调解人的商界人士以外,还有纱厂主和罢工工人双方代表,但他们被分隔在两间房间里。据报道,雇主和雇员业已达成下列协议:

一、愿回厂干活的罢工工人可恢复原职;

二、总商会将设法使被捕罢工工人获释;

三、工人工作满五年或不久将满五年,如终止与公司的雇佣关系,则其名下的储蓄金应予发还;

四、工资每两星期发放一次;

五、以公正态度对待工人,如有虐待事件,在报告厂方后应予详细调查,所有错误应予以纠正①。

会议出席者的全部名单如下:

---

① 一九二五年二月二十六日《申报》曾刊登协议如下,现附录供参阅:
一、工人一律照常优待,如有虐待事情,准可禀告厂主,秉公办理;
二、工人能安分工作者,照旧工作;
三、被捕工人均可释放(由总商会设法);
四、储蓄奖金,满五年发还,未满五年而被开除,如平时在厂有成绩者,亦可发给;
五、工资每两星期发一次。

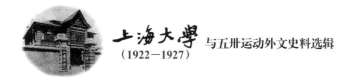

从日本来此研究罢工问题的武居先生，内外棉各纱厂代表冈田先生，以及冈田先生的秘书本木先生。

交涉员陈世光，交涉署一等秘书朱鹤臬，淞沪警察厅厅长常之英和司法科长赵松龄。

出席会议的商界代表为：

总商会副会长方椒伯，烟酒专卖所陈良玉，杂粮公会副会长叶惠钧，日清轮船公司买办王一亭，蓬路商界联合会会长潘冬林，广东路商界联合会会长王汉良，广东路商界联合会会董常玉清，以及内外棉雇员李鹄成。

在另一房间里的罢工工人代表为：

裕丰纱厂张佐臣，大康纱厂万金福，内外棉纱厂刘贯之，日华纱厂朱国平，同兴纱厂李瑞清，丰田纱厂张应龙。

会议在结束前宣布，各方代表将于二月二十六日下午三时再次会晤。另有一位英国律师克威先生（此人曾为上海大学校长就有关在该校搜出布尔什维克宣传品一案进行辩护）和他的译员徐维绘（此人是国民党人，在第一次世界大战期间是亲德的），他们两人显然是作为顾问参加的。按出席会议的罢工工人代表刘贯之，现为会审公廨所通缉。

——选自上海市档案馆编《五卅运动（第二辑）》，第26—28页。

2月27日

虽然大康（杨树浦腾越路二号）、裕丰（东杨树浦路九十六号）和同兴（戈登路一八一号）等纱厂的复工已明确说明罢工业已瓦解，但厂主和工人之间的会议仍在调解人、中国官员及商界人士的参与下，于二月二十六日下午在华商会继续举行，并最后达成了协议。此协议只不过是重申一下工人从事劳动的老条件而已。所谓的协议条款如下：

一、厂方照常优待工人，在接到虐待事件报告时，当详细进行调查；

二、罢工工人安分回厂工作时，当准其恢复原来职务；

三、工人工作满五年者，厂方将根据公司财务册发给其应得的储蓄金。如果他们工作不满五年离厂，倘其工作令人满意，在某种情况下亦可发给；

四、工资每两星期发放一次。

出席会议的主要人员如下：

内外棉及其他日商纱厂代表冈田先生,克威先生(他是昨日警务日报所提到的六名罢工工人代表的法定代理人),最近来此研究罢工局势的日本内外棉株式会社董事武居先生,淞沪警察厅厅长代表朱鹤臬,交涉员陈世光的代表戴联奎,日清轮船公司买办王一亭,杂粮公会副会长叶惠钧,烟酒专卖所陈良玉,蓬路商界联合会会长潘冬林,广东路商界联合会会长王汉良,《民国日报》编辑邵力子,内外棉雇员李鹄成。

除了正式的协议以外,参加会议的调解人还保证:华商会将运用其影响以促使淞沪警察厅释放被捕人员。克威先生答应要对被工部局捕房起诉的人员提供法律方面的协助。当会议正在进行之际,一个臭名昭著的煽动分子陈国梁和另外十个人来到商会要求参加谈判,但遭拒绝。陈国梁现为订书工会会长。

——选自上海市档案馆编《五卅运动(第二辑)》,第29—30页。

3月2日

大约有七百名工人群众于三月一日下午三时三十分在闸北潭子湾炳江茶楼前面的一块空地上举行集会,其中有妇女六十人。大会由一个叫刘华的学生主持,他号召工人们为自己的利益团结起来成立大型工会。刘在结束演讲时,要求与会者为最近罢工调解人欢呼三次。按这次罢工是以工人们取得胜利而结束的。刘的这一要求受到了大叫大嚷的响应。随后,各路商界总联会代表潘冬林扼要地报告了使罢工得以解决的谈判经过。声名狼藉的共党分子杨之华是瞿秋白的老婆,她在会上说,工人们必须谨慎行事,切勿使自己受任何派系利用。接着另外又有一些人发表了简短演说。会上又散发了各种传单,这些传单以民族主义立场对日本进行了攻击,并谴责东洋老板垄断中国工业和剥削工人。大会于下午四时三十分结束。

在大会进行之际,自始至终有一名警官、四名警察和六名士兵维持秩序,但他们未曾试图制止这次集会。

——选自上海市档案馆编《五卅运动(第二辑)》,第33页。

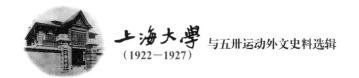

3月5日

约有二十名日商纱厂工人代表于三月四日下午七时在闸北潭子湾炳江茶楼举行非正式会议,继续进行工会的筹组工作。具有共产主义倾向的煽动分子刘华也在其中,他们希望在十六家纱厂的工人中能吸收三万八千名会员。每一会员每月捐款一角,所得款项将主要用作为应急基金。这些发起人又打算组织一合作社。现入会表格业已分发给未来的会员们了。

——选自上海市档案馆编《五卅运动(第二辑)》,第35页。

3月9日

包括三名妇女和若干煽动分子在内的大约一百名日商纱厂工人代表,于三月八日下午二时在三德里三十九号工友俱乐部开会,由学生共党分子刘华主持。刘在会上说,领导上有志于组织一个包括全体纱厂工人在内的大型工会,一俟这工会在健全的基础上成立后,就将为病家建立医院,为希望接受教育的人设立学校,为促进勤俭节约而设立储蓄机构。在这种制度下,工人们将受益匪浅。下一个演讲人是刘贯之,他宣布,被淞沪警察厅拘留的人犯中,已有一人获释,但仍有二人在监。出狱者所获得的自由是经历了重重困难而取得的,目前正在继续努力,务使另二人获释。这时,那个被释放的邓忠对人们为他所进行的工作致以谢意,他说,同志们为了他而显示的献身精神和自我牺牲,将永远铭记在他的心中。本着这种精神,工人们必将在今后取得伟大胜利,并最终战胜日本资本家。接着,一共党分子李元龙(Lee Yuan Loong)向全体与会者分发了铅印的新工会会员登记表,并号召他们用"团结就是力量"的口号来争取更多的会员。

正当会议进行之际,全国铁路工会于一九二五年二月二十三日出版的第九十八期《工人周报》在会上免费送阅,这期周报刊登了由四十五名铁路工会代表二月七日至十日在河南郑州开会的会议记录。和其他共党宣传品一样,这份报纸主要也是反对军阀主义和帝国主义的。

——选自上海市档案馆编《五卅运动(第二辑)》,第36—37页。

二、上海公共租界工部局警务处《警务日报》摘译

3月14日

三月十三日上午九时,沪西工会会员刘华同另外四个人在闸北三德里四十号开会。刘在会上指出,日华纱厂还未答复他三月十二日的信。会议决定再发一信。正在这时,大约有二十人前去该处,其中四人是纱厂工人,他们是:杨志庆(Yang Tsz Ching)、李金生、罗俊卿和姜文宣。他们问刘华,为什么被闸北警察署拘留的孙良惠至今还未释放。刘华当即将此事提请在座的进行讨论。经过一番商量后,决定派十名代表去华商会要求释放孙良惠。代表们上午十一时出发,中午返回,他们从商会带来消息说,孙将于三月十四日星期六获释。

——选自上海市档案馆编《五卅运动(第二辑)》,第38—39页。

3月16日

大约有三十人于三月十四日上午八时聚集在闸北三德里四十号门外,其中大多数是纱厂工人。那个与上海大学有关系的沪西工会会员刘华给他们每人发了二角钱,并要他们到会审公廨去欢迎估计能在那天早晨获释的犯人。这些工人当即照办离去。

* *

曾于三月十日在三德里四十号举行的一次会议上发表演说的刘贯之,于三月十四日下午五时,偕同另外十人前往普渡路捕房。他们向该捕房缴了罚金以保释九名犯人,罚款金额自十元至五十元不等。这些犯人和前去欢迎的人一同乘摆渡船过河去闸北大丰纱厂附近,人们在这里放炮仗以庆祝此事,随后即去三德里四十号。被释人员都刮了脸,洗了澡。群众旋即散去。

为了向被释人员表示祝贺,沪西工会于当晚八时至九时在三德里四十号举行了欢迎会,大约有三十人参加,但只有刘华一人在会上讲了话。刘叙述了那些为了罢工而遭逮捕的人所忍受的痛苦,并说举行此欢迎会是祝贺他们获得了自由。接着,人们放起了炮仗,欢迎会即告结束。

* *

三月十五日上午九时,内外棉纱厂派了包括翻译许小四子在内的五

名华籍雇员前去三德里四十号,他们要找沪西工会主席,说是该厂经理希望能在厂里或经理自己家里和他谈谈。当时负责人刘华回答说,工会主席不在,待他回来时告诉他。于是这五个人就回厂去了。

*　　*

刘华于三月十五日下午三时至四时五十分在三德里四十号召开了纱厂工人代表大会,大约有一百人参加。刘在会上说,在座的代表了除丰田纱厂以外的所有在沪日商纱厂工人,他要求与会者把一些表格分发给那些希望参加工会的工人。表格填好后,再通过在座代表送回工会(这些表格是为了记录入会会员们的姓名、性别、籍贯、住址、工资金额、有无文化,以及他们所属工厂厂名)。入会会员,每月工资二十元的需缴会费二角;每月工资十五元的缴一角;每月工资十元的缴八分。会费将于下星期收取。会员们有权免费接受教育和享受医药治疗。如年老体弱,沪西工会将向他们提供食品。

——选自上海市档案馆编《五卅运动(第二辑)》,第40—41页。

3月17日

戈登路捕房于三月十六日上午九时三十分又释放二名犯人。这二名犯人摆渡过河后即去闸北三德里沪西工会。工会负责人刘华买了两块钱的炮仗燃放以示庆祝,可这一下引来了大约二十五名江北人,他们同二名被释者在工会事务所一起喝茶,不久即散去。

——选自上海市档案馆编《五卅运动(第二辑)》,第41页。

3月18日

曾因引翔港骚乱事件被会审公廨处以二百元罚款或六个月监禁的杨树浦工会主席蔡子和,于三月十七日下午一时偕同另外九人去闸北三德里四十号,其中有三名妇女。蔡等声称,他们是代表杨树浦地区大康、同兴和东洋等厂工人的,他们希望和三德里工会真诚合作,并愿执行沪西工会的一切决议。刘华回答说,下星期天将在闸北潭子湾召开大会以选举工会职员,杨树浦区各纱厂代表应该参加。蔡子和及其他代表于下午三时离去。

——选自上海市档案馆编《五卅运动(第二辑)》,第42页。

3月19日

三月十八日下午七时,刘华在闸北三德里四十号召开会议,大约有三十名男工和七名女工参加,其中有内外棉纱厂工人代表李金生,日华纱厂工人代表李瑞清,以及同兴纱厂工人代表关明轩。

纺织工会会员刘贯之说,他曾于三月十八日下午一时去县警察厅,要求该厅释放因与最近罢工事件有关而被逮捕的犯人戴器吉。警方通知他说,此人已被判监禁二十五天。

会上当即筹款二十五元,此款将送交县警察厅,希望该厅接受此款,释放上述人犯。

*　　　　*

闸北潭子湾工友俱乐部已任命以下职员:

秘　　　书:刘华,共党分子。
会　　　计:孙良惠,最近释放的罢工领袖。
社会福利:刘贯之。
助理秘书:郭尘侠,内外棉九厂工头。
组　　　织:杨志庆,同兴纱厂工人。
　　　　　李剑如,内外棉纱厂工人。
　　　　　陶静轩,内外棉纱厂工人。

——选自上海市档案馆编《五卅运动(第二辑)》,第42—43页。

3月20日

三月十九日下午四时,内外棉五厂工头顾汝舫去闸北潭子湾工友俱乐部报告,该厂经理未提出任何理由而开除包括他本人在内的三名工头。过后不久,俱乐部秘书刘华派二名代表调查此人申诉。

——选自上海市档案馆编《五卅运动(第二辑)》,第43页。

3月21日

三月二十日上午八时,日华纱厂翻译张某带了二十七名女工和五名男工前去闸北三德里四十号沪西工会,当时纱厂工人代表为吸收工会会

员之事正在那里开会。刘华在演讲中强调工人之间加强团结互助的必要性,他说,只有这样,才能使工人不受外人侮辱。

——选自上海市档案馆编《五卅运动(第二辑)》,第44页。

3月23日

大约有五十名男工和二十名女工于三月二十二日下午三时在闸北潭子湾工友俱乐部开会,其中有劣迹昭彰的共党分子瞿秋白的老婆杨之华。会议由最近经中国警察当局准许交保释放的罢工领导人孙良惠主持。他在宣布开会后说,工友俱乐部现应首先考虑开办学校和医院的问题。近来外间谣传工友俱乐部正准备再次发动罢工,这不仅不确,相反,这个组织的发起人现打算将其全部精力贡献于建设性事业,要努力把工人组织起来,使他们能充分利用已经掌握的物力。散布重新发动罢工的谣言,其目的是要破坏工会的名誉,因此必须小心谨慎,不予理会。目前工友俱乐部除了进行谈判,使三月十八日被地方检察厅判处监禁二十五天的罢工领导人戴三获释以外,它与上次罢工风潮没有关系,而且还有意识地回避那些导致骚乱的论争。会议于下午六时结束。会上决定下次会议于三月二十九日举行。

——选自上海市档案馆编《五卅运动(第二辑)》,第44—45页。

3月27日

三月二十六日上午十一时半,闸北潭子湾警察署的一名警官前去该地区的工友俱乐部。俱乐部秘书刘华向他提交了一份俱乐部章程和俱乐部会员名单。如果警察署对这些文件进行审查的结果表明成立俱乐部的目的是要扩大共产主义宣传,则中国警察当局很可能予以查封。

——选自上海市档案馆编《五卅运动(第二辑)》,第46页。

3月30日

大约有二十名男工和八十名女工以及几个工友俱乐部发起人于三月二十九日下午二时在闸北潭子湾事务所开会,臭名昭著的共党分子瞿秋白的老婆杨之华参加了会议,她向群众介绍了拟议中的沪西工会章程。

会议于下午五时结束。

——选自上海市档案馆编《五卅运动（第二辑）》，第47页。

4月3日

四月二日上午六时，内外棉所属各厂有八十名男工和二十名女工前去闸北三德里三十七号和三十八号，他们将一百份已由工人填妥的入会申请表交给刘华。刘华要求在场的人转告那些尚未把表格交来的人立刻交来，因为工会早开始向会员收取会费了，目的是为了给纱厂工人和他们的子女开设义务学校。

——选自上海市档案馆编《五卅运动（第二辑）》，第49页。

4月6日

包括刘贯之、孙良惠和郭尘侠在内的大约男女各五十名日商纱厂工人，于四月五日上午十时在闸北潭子湾工友俱乐部开会，由共党分子刘华主持。刘说，吸收新会员的工作正在迅速进行。那个被中国警察当局不按常规释放的罢工领导人孙良惠在会上说，凡事应首先考虑工会今后的利益，否则不予办理。俱乐部秘书长刘贯之说，戈登路一八一号同兴纱厂一姓郭的工人在从事反对工会的活动，会员们应提高警惕。当时郭碰巧也参加此会，他斥责这种说法是对他的诽谤，是毫无道理的。在郭提出抗议后，会议陷入极度混乱而散，没有对任何事情作出处理。参加这次会议的都是同兴纱厂和日华纱厂工人。据估计，这两家纱厂大约已有五千名工人被筹备中的工会吸收为会员。

* *

四月四日下午三时，大约有三十人在闸北潭子湾三德里四十号开会讨论一条消息，说是工友俱乐部成员诸国炳（Tsu Ko Bing）已被内外棉纱厂收买为密探。刘贯之在揭发诸时说，他曾尾随后者多日，发觉此人每天下午三时进入三厂。接着诸国炳被召唤到会，开始时他否认这一说法，但当会员中有人以死相威胁时他就垮了，承认向纱厂经理汇报了沪西工会每天发生的情况，纱厂经理则每月给他三十六块钱。这时，在座者均极为激动，郭尘侠建议处死这叛徒，其他一些人则威胁要飨以老拳。但刘华不

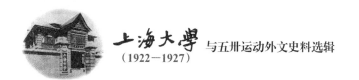

同意采取极端措施，他决定将此人扣在这幢房屋里当苦力使用，让他擦洗地板。

＊　　　　　＊

四月五日下午二时，大约有一百七十名纱厂工人在三德里三十七号和三十八号开会，其中大多数来自内外棉纱厂。刘华向他们讲话，并提出：如果发现厂方有虐待工人的情况，要立即报告工会。

当时闸北警察署侦探李海丰（Li Hai Foong）也在座，他说，不论哪个工人如试图妨碍三德里沪西工会的发展，就将予以拘捕并押往闸北警察署监禁。会议结束时摄影留念。

——选自上海市档案馆编《五卅运动（第二辑）》，第49—50页。

4月7日

四月六日晚八时，刘华在闸北三德里四十号召集了若干纱厂工人代表，他对他们强调说，为了维持沪西工会，现迫切需要向纱厂工人募捐。接着他指派刘劳（Liu Lau）去内外棉三厂，戴得志（Ta Tuh Tsz）去九厂，陶静轩去十五厂，刘贯之去同兴纱厂，李瑞清和张应龙去日华纱厂。这些人将指导工头们从事收款工作，款项须于四月十二日前送交工会事务所，届时将召开工人大会。

——选自上海市档案馆编《五卅运动（第二辑）》，第51页。

4月9日

大约有六十名在工友俱乐部任职的工头和工人，于四月八日晚八时在闸北潭子湾工友俱乐部开会，由俱乐部秘书、共党分子刘华主持。刘说，俱乐部全体发起人都应在纱厂工人中间加快吸收会员的工作，对已经入会的要收取会费。俱乐部秘书长刘贯之抱怨说，日华纱厂五名被开除的工人还没有领到公司发给的每人八元的赔偿金。会议于晚九时结束。

下午五时半，内外棉三厂工头王吉成去俱乐部报告说，有一个姓毛的工头说了敌视俱乐部的话，被工人们揍了一顿。

——选自上海市档案馆编《五卅运动（第二辑）》，第51页。

二、上海公共租界工部局警务处《警务日报》摘译

4月15日

大约有四百名本埠各棉纺厂的童工于四月十四日下午六时十分在闸北工友俱乐部集会,会议由俱乐部会计孙良惠主持。孙报告说,工部局已提出一套保护童工的法规,但他怀疑纱厂主是否会按此办理。接着,俱乐部秘书刘华解释说,根据新的法规:

一、任何纱厂不得雇用十二岁以下的儿童;

二、童工每日劳动时间不得超过十小时;

三、十六岁以下的童工不做夜工;

四、给所有童工发足工资;

五、准许童工每日学习二小时以增长他们的知识。

刘华继续说,每逢星期日俱乐部举办演讲会,他希望所有童工都来听讲。

——选自上海市档案馆编《五卅运动(第二辑)》,第52页。

4月16日

四月十五日上午七时,大约有三百名内外棉和同兴纱厂的男女工人在闸北三德里开会。刘华在会上说,工部局现打算实施某项童工法,根据此法,十四岁以下的儿童将不准在纱厂工作。刘指出,此法不适本埠情况。如果此法通过,则数千儿童将遭失业,并将成为他们父母的沉重负担。接着他建议:童工劳动时间应从每日十二小时减为十小时;同时为了使他们能在沪西工会学校里接受教育,不让他们作夜工。

刘华又建议,女工的劳动时间也应从每日十二小时减为十小时。

上述两项建议均经会议通过,并将提交纱厂主考虑。

——选自上海市档案馆编《五卅运动(第二辑)》,第52—53页。

4月17日

大约有四十名内外棉纱厂和同兴纱厂的工人代表于四月十六日上午八时在闸北潭子湾开会。会议由刘华主持,他说,已经有四位代表于十四日去广州,已知其中二位代表为赵金福(Tsau Ching Foo)和李金生。这

四位代表到广州后将向广州劳工联合会（Canton Labour Association）递交本埠已参加工会的全体会员名册，以及上海工会成立以来工作进展的报告。

刘又说，他已于四月十五日派工会会员刘贯之和陶静轩二人去工部局送交有关童工问题的请愿书。

——选自上海市档案馆编《五卅运动（第二辑）》，第53—54页。

4月18日

四月十七日晚七时，内外棉十四厂有六名工头前去闸北潭子湾工友俱乐部并参加了工会。在登记姓名入会以前，他们曾会见了刘贯之和刘华。

——选自上海市档案馆编《五卅运动（第二辑）》，第54页。

4月20日

大约有五百名日商纱厂工人（其中一半是女工）于四月十九日上午九时在闸北潭子湾工友俱乐部开会，由同兴纱厂工头袁仲英（Yuan Zoong Ying）主持。他说沪西工会发起人须继续努力把工会组织好。接着他要求听众们选举前往广州参加五月一日举行的劳动大会的代表。工友俱乐部秘书长刘贯之说，代表们应向劳动大会汇报上海工人所遭受的虐待和最近罢工事件的详细情况。

接着会议选举了下列人员：刘贯之代表同兴纱厂工人，陶静轩代表内外棉株式会社各纱厂工人，朱国平代表内外棉纱厂工人，孔燕南代表日华纱厂工人，孙良惠代表工友俱乐部。俱乐部秘书刘华在会上详细叙述了美国大罢工的历史，他说由于那次大罢工，才使八小时劳动、八小时娱乐、八小时休息的原则获得承认。大罢工所取得的胜利，已使五月一日成为不朽的劳动节。这位演讲人极力主张中国工人也应努力劝他们的雇主把劳动时间减为八小时。共党分子向警予说，她希望所有工人团结起来，为促进全体人民的利益而劳动。会议从上午十一时至下午一时休息，下午五时结束。

*　　　　*

上海获悉，青岛有几家日商纱厂的工人已罢工。据此，大约有四十名纱厂工人于四月十八日上午七时在三德里三十七号至四十号沪西工会开会，由刘华主持。刘在会上宣布，为了支援青岛罢工工人，并向他们表示同情，他已于四月十七日派沪西工会会员江银卿去该港口。

——选自上海市档案馆编《五卅运动（第二辑）》，第54—55页。

4月23日

俱乐部秘书刘华于四月二十三日早晨致函内外棉十五厂，揭发该厂工头秦某行为不端，并建议予以开除。

* *

四月二十二日下午五时半，大约有三十人在闸北潭子湾三德里开会，会议由刘华主持。刘在会上宣布，他已收到本月十七日派往青岛的工会代表江银卿来信（请参阅四月二十日警务日报）。来信声称，青岛罢工工人由于没有会场，他们一直在露天开会。有些会议已遭警方干扰，有些工人已被逮捕。刘华说他正在给江复信，要他尽一切力量帮助罢工工人，劝他们保持坚定立场，并向他们保证，上海和广州将提供经济和其他方面的支援。

——选自上海市档案馆编《五卅运动（第二辑）》，第57—58页。

4月25日

为抗议厂方将工人孙杰三从夜班调为日班，内外棉十二厂精纺车间大约有二百名工人从四月二十三日夜十时至深夜十二时停工。厂方怕纠纷扩大，当向工人保证要恢复孙原来的工作。工友俱乐部秘书长刘贯之为此于四月二十四日下午三时去内外棉三厂，向厂方提出抗议，并取得了对上述保证的确认。

大约有三十名内外棉十二厂工人于四月二十四日下午六时去工友俱乐部报告说，厂方每天配给工人的纱锭数将减少五只，他们的工资亦将按比例减少。工人们又说，目前工人是根据操作熟练程度配给四十至五十只纱锭的。俱乐部秘书刘华答应为他们向厂方进行调解。刘又说，厂方希望工人能在五一劳动节照常上班，这一愿望可予以考虑，但刘希望夜班工人能去俱乐部庆祝节日。这些工人于下午七时离去。

＊　　　　＊

昨天下午五时,来自日华、同兴和内外棉等纱厂的五十名工人在闸北潭子湾三德里开会。刘华在会上说,有二位青岛纱厂罢工工人代表已在那天上午九时来上海,向本埠工人呼吁支援。青岛罢工工人也向汉口、镇江和杭州等地派出了代表。

刘华建议,如果青岛罢工事件不在五一前解决,则本埠工人应罢工一天以表示对青岛罢工工人的同情。当时青岛代表虽然也在会场,但刘并未将他们介绍给与会者。会上散发了一份据称系来自青岛大康纱厂五千名罢工工人的传单。该传单谴责纱厂主虐待工人犹如牛马,当工人们要求增加工资时,他们就抄工人的家,并唆使中国官方拘捕工人代表。工人们唤纱厂主为"日本鬼子"。传单呼吁本埠各团体给予同情性的支援,并在结束语中说:"弟兄们,你们是否忍心看着你们的五千名可怜的弟兄们在日本人手下遭受压迫和死亡?"

会议于下午七时结束。

——选自上海市档案馆编《五卅运动(第二辑)》,第59—60页。

4月27日

日华纱厂工人张金标(Tsang Ching Piao)于四月二十五日去闸北潭子湾工友俱乐部报告说,他曾于四月二十三日遭纱厂稽查冯志五殴打。张说,该稽查指责他拾了厂里某日本人遗失的五十块钱自行花用。俱乐部秘书刘华说,他将调查此事。

＊　　　　＊

内外棉七厂男女工人各一百名左右于四月二十六日下午六时半在俱乐部开会,由刘华主持。刘报告说,极司非而路二百号丰田纱厂又选出一名代表郭尘侠,他已于四月二十四日去广州参加劳动大会。刘华又说,青岛罢工工人在争取他们的目标方面正在取得令人满意的进展。一俟闸北工友俱乐部派往青岛的代表江银卿返回上海,当能得悉他们进展的详情。接着会议讨论了关于在极司非而镇设立工友俱乐部分部的计划,但未作出决定。会议于晚上十时结束。

——选自上海市档案馆编《五卅运动(第二辑)》,第60—61页。

4月30日

定于五月一日在北河南路天后宫举行劳动节庆祝大会的筹备工作已告结束。筹备工作系由一些自封的劳工领袖所进行的,其总部设在平济利路停云里四十一号。根据该团体建议,邀请工人阶级参加大会的请帖已于四月二十九日用传单形式分发给上海各处工人。估计在会上突出的将是几篇谴责资本家、军阀剥削工人阶级和鼓吹八小时劳动制度的演讲。庆祝大会上的显要人物可能是:电气工会会长李恒林,武昌路仁智里一五七号广州工会委员张惠川（Tsang Wsi Chuan）,上海纺织工会徐锡麟和上海屠宰工会陈广海。热心于筹备工作的团体有:

平济利路停云里四十一号工团联合会,平济利路停云里四十一号安徽驻沪劳工会,闸北中华新路福寿里六号上海纺织工会,韬朋路①惟兴里八九三号旅沪湖北工人联合会,敏体尼荫路②太和里二九二号中华劳动联合会,兆丰路③十七号湖南劳工会以及韬朋路惟兴里八九三号归国劳工联合会。

发起人已向县知事提出申请,要求准许召开此会,但截至四月二十九日下午,后者尚未作出明确答复。捕房将采取各项措施以制止召开此会。

按一九二四年十月十日,华人曾在天后宫召开大会,但大会是在参加会议的共产主义一派同其他人士之间的殴斗中宣告结束。在那次事件中,西摩路一三二号上海大学学生黄仁受伤,几天后因伤死亡。迄今所知,无人曾就此人之死受到惩办。

打算庆祝劳动节的,除了中国人以外,苏联领事馆为此节日也已用闪闪发光的红星和红底发亮的标语"欢呼五一节"装饰起来。苏联领事馆和所有同情布尔什维克的俄国商行均将这一天作为假日。

据报道,该领事馆庆祝五一的节目将有:

一、上午九时至十时,总领事奥兆宁同志接受其工作人员的祝贺;

二、上午十时至十二时,接见各工人组织和其他同情人士;

---

① 今通北路。

② 今西藏南路。

③ 今高阳路。

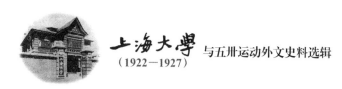

三、下午二时起,召开会议,发表演讲和举行宴会。

迄今未能证实俄国人和中国人在庆祝五一节时将举行游行的消息。

* *

大约有一百名内外棉五厂的童工于四月二十九日前去闸北潭子湾工友俱乐部,他们受到了俱乐部助理秘书刘华的接见。刘向他们报告说,二名由于散发青岛来信而被捕的俱乐部职员早已获释,此事纯属误会。接着刘向他们分发了该信抄件,同时嘱咐他们要认真工作,不要触犯法律。这些人于上午八时离去。

——选自上海市档案馆编《五卅运动(第二辑)》,第62—63页。

5月2日

大约有一百名内外棉各纱厂工人于五月一日下午六时半在闸北潭子湾工友俱乐部开会。秘书刘华报告说,俱乐部代表同内外棉株式会社厂方的谈判已告失败。刘又说,三厂、四厂、七厂、十二厂和十五厂的工人曾于五月一日上午十时半进行短时间停工,但租界巡捕的来到已成为他们实现计划的严重障碍。会议于晚八时结束。

* *

代表内外棉各纱厂、日华纱厂和同兴纱厂的大约二百名工人,于五月一日清晨五时半在闸北潭子湾工友俱乐部开会,由俱乐部秘书刘华主持。刘报告说,关于推迟发放工资一事,厂方拒绝作出解释。接着会议进行了长时间的讨论,并通过决议如下:

一、任命一个包括俱乐部成员石锦昆(Zuh King Kwang)在内的七人代表团,就推迟发放工资一事去内外棉厂部进行谈判;

二、工人工资应为每星期六发放;

三、工资应按大洋、角、分计算,不得以铜元计算;

四、今后五一劳动节,应给全体工人放假半天。

这位演讲人又强烈主张,如果厂方对这些要求的答复不能令人满意,则工人应于五月一日上午十一时放下工具,但人仍留在厂内直到达成协议为止。会议于下午七时结束。

——选自上海市档案馆编《五卅运动(第二辑)》,第64—65页。

二、上海公共租界工部局警务处《警务日报》摘译

5月4日

　　五月二日上午六时至八时,刘华在三德里沪西工会召开会议。刘在会上说,他和内外棉纱厂进行了谈判,结果后者同意工资每两星期发放一次,而不是像过去那样每三星期发放一次。当时大约有一百六十名工人参加了此会,会上刘又向他们散发了排外性极强的铅印传单。下面是该传单内容:

　　"我们工人本应该像世界上其他各地的工人一样,能在五月一日举行盛大游行。但眼下国内除了广东省以外,要进行这项活动并不容易,特别是在帝国主义分子控制下的上海。这港口有很多工人对五一节的意义一无所知。在五万名工人中,只有一二万人组织了工会。印捕和其他国籍的巡捕正遵循帝国主义分子和资本家之命办事,他们经常干涉和驱散我们的集会。由于上述情况,今年我们希望举行的游行未能成功。是不是我们应该无所作为呢?不,我们是能够把工人群众集合起来的,并用散发传单和发表演讲的方式向他们阐述五一节的意义和他们自己的责任。这样,他们就会像军队那样把自己组织起来。当下一个五一纪念日来到时,所有工人都将罢工,一个巨大的示威游行即将在马路上展开。如果西捕或戴着红头巾的印捕以及其他巡捕进行干涉,我们将不再那么文明了,而将向他们发起进攻。我们将驱逐所有黄头发的外国鬼子,收复上海,由我们自己来治理。一些愚昧无知的人也许会争辩说:'你这样说说倒是蛮不错的,但要实行起来可并不容易呀。'工人弟兄们,听听中国的格言吧,'有志者事竟成'。如果你们都有同样的决心,那末在这个世界上你们还有什么任务不能完成呢!"

　　〔上面提到的关于散发煽动性传单一事,我认为此事不应忽视。举行此会的地点是在闸北,中国警察厅官员们对此是一清二楚的。这是沪西工会会所,它对所发生的事应严格负责。如果不向中国警察厅施加最大的压力的话,他们是不会采取什么行动的。〕①

　　——选自上海市档案馆编《五卅运动(第二辑)》,第66—67页。

---

① 此系工部局总办鲁和的批注。

5月5日

大约有一千五百名内外棉八厂工人于五月四日上午六时举行罢工,以抗议厂方把他们的工资从每天五角五分减为四角六分。工潮发生后,厂方同意今后以原来的工资数发放。这样,除了细纱间的一百二十名女工以外,大多数工人均表满意,并于上午十一时四十五分复工。那一百二十名女工在五月四日停工一整天,但在五月五日早晨也复工了。

大约有二百名内外棉八厂女工于五月四日在闸北潭子湾工友俱乐部开会,会议由俱乐部助理秘书刘华主持,他劝女工们复工,并说俱乐部将就有关剥削工资之事为她们谋求满意的解决。会议于晚八时结束。

——选自上海市档案馆编《五卅运动(第二辑)》,第67页。

5月6日

大约有一百名内外棉八厂女工于五月五日上午六时在工友俱乐部开会,由俱乐部秘书刘华主持。刘劝这些女工不要用罢工而用其他手段来达到目的。停工之事,不论是对雇工和雇主,都会招致损失。办法是容易找到的,分歧也能用友好方式加以调整。会议于上午八时结束。

——选自上海市档案馆编《五卅运动(第二辑)》,第68页。

5月7日

大约有五十名同兴纺织株式会社的男工和同样人数的女工于五月六日下午六时半在闸北潭子湾工友俱乐部开会,由俱乐部秘书长刘华主持。①刘说,工人们应互相帮助,为促进他们的共同利益而团结起来。会议开到这里突然因二名工头刘某和秦某打架而告中断,这两个人相互指责对方对工人事业不忠。

——选自上海市档案馆编《五卅运动(第二辑)》,第69页。

---

① 俱乐部秘书长应为刘贯之。

5月9日

内外棉三厂和四厂继续在罢工,但属于该公司的其他纱厂仍正常开工。不过十三厂和十四厂恐会发生麻烦,因为这两家纱厂的工人对厂方不准他们撇开日本同事和管理部门而单独成立工会一事深感不满。迄今,这家公司的日本雇员和中国雇员均属同一工会。

目前,租界捕房仍在警卫举行罢工的纱厂,并于五月八日清晨协助厂方将那些心怀不满的工人逐出三厂和四厂。五月八日上午六时,有一小队巡捕在宜昌路救出正遭中国工人殴打的五厂工程师仲山先生。五月八日上午六时半左右五厂工程师尻先生和另一日本人也在宜昌路遭到袭击,但他们用手枪朝天开了几枪,驱散了袭击分子。这些日本人虽然伤势甚轻,但仍被留在澳门路一四五号内外棉医院。

大约有五百名内外棉三厂和四厂的男工和同样人数的女工,于五月八日上午七时在闸北潭子湾工友俱乐部开会,由俱乐部秘书刘华主持。刘报告说,五月八日早晨,罢工工人愿意复工,但被厂方关在门外。这位发言人又说,有几名罢工工人遭到殴打,有的甚至被日本人当作手枪靶子射击。此外,被打的有三人伤势甚重,还有一人被捕头的警犬咬伤。会议最后决定派谭其嘉(Tan Chi Kyahn)、盛松林、李瑞清和陈洪寿(Zung Hung Zeu)往访克威先生,请他为罢工工人向厂方提出要求。到会的有一些人主张,如果其他办法未能为受伤者申冤的话,则应采取法律诉讼手续。

——选自上海市档案馆编《五卅运动(第二辑)》,第70—71页。

5月14日

五月十三日下午五时,内外棉十五厂、日华纱厂和同兴纺织株式会社的大约一百名男工和五十名女工在闸北潭子湾工友俱乐部开会,由俱乐部秘节刘华主持。刘报告说,内外棉十五厂曾于五月十二日、十三日开除三名工人,厂方对此尚未作出解释。刘继续说,关于举行罢工的建议应暂缓考虑,以待去广州的代表回来后再说。他又声称,青岛的罢工事件已于五月十二日解决。从该地来的电报说,罢工纠纷中的五十名工人领导人

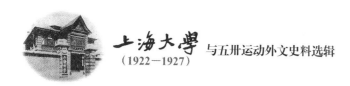

已由各纱厂发给相当于九个月工资的赔偿金,另外再加发五十元。俱乐部派往青岛的代表江银卿可能于五月十四日回来,届时将汇报该地解决罢工事件所达成的具体协议。会议于下午七时结束。

* *

五月十三日上午九时,大约有七百名内外棉十五厂工人停工十五分钟,以抗议厂方在那天早晨开除二名粗纱间工人。后有几名私人侦探来到现场,他们成功地说服工人复工。

上午十时,刘华在闸北三德里召开会议讨论上述事件,当时有几名会员建议去该厂破坏机器,刘华说他们应等到五月十五日,届时派往青岛和广州的代表们均将返回上海,那时就可询问他们是否可以先在日华纱厂发动罢工并捣毁该厂机器,以报复厂方开除二名现为沪西工会重要成员的翻译。

* *

昨日,二名同兴纱厂工人韩小五子和小和尚,代表刘华向该厂工人收取会费,共收得二角硬币一千三百十五枚和铜元二百枚,此款已于上午八时上交刘华。

——选自上海市档案馆编《五卅运动(第二辑)》,第72—73页。

5月16日

大约有二百五十名内外棉、日华和同兴等纱厂的男工和同样人数的女工,于五月十五日上午六时在闸北潭子湾工友俱乐部开会,由俱乐部秘书刘华主持。刘报告说,内外棉十二厂的罢工工人处境困难,大家应筹款支援他们,但与会者无人响应他的呼吁。会议于上午八时结束。

——选自上海市档案馆编《五卅运动(第二辑)》,第74页。

5月18日

大约有四百五十名沪西地区各日商纱厂的男工和同样人数的女工于五月十六日下午二时在闸北潭子湾工友俱乐部开会,讨论如何援助罢工工人,特别是受伤工人。会议由俱乐部秘书刘华主持。在刘讲话以后,会议经讨论通过以下决议：

一、将首先向工人开枪的二个日本人元木和川村予以撤职查办；

二、向死伤人员家属赔偿损失；

三、各纱厂的日本人和其他人员均不得携带武器；

四、所有被开除工人恢复原职；

五、承认工友俱乐部为代表工人的正式机构；

六、罢工期间工资照发；

七、常规赏金应全数发给；

八、工资和赏金一律按大洋或按大洋比例发给，不打折扣。

位于普渡路区的内外棉东五厂、西五厂、七厂、八厂和十二厂仍继续罢工，这些工厂现均有大队巡捕维持秩序。五月十六日各纱厂开除了五千九百零七名工人，但未发生什么麻烦。受伤者中有一个叫顾正红的因伤重死亡，其余仍在医院治疗。另有十人，其中有四人轻伤，已于五月十六日在会审公廨受审，庭谕还押一周。五月十七日上午十一时二十分左右，有八十名穿得像工人模样的人前去普渡路捕房，里面有男的也有女的。他们自称是杨树浦区纱厂工人，在询问了受伤工人的情况后，即前往闸北潭子湾工友俱乐部。这些人来时乘两辆卡车，一辆卡车的照牌是五四五〇，是杨树浦路一四八八号"森记（Sung Kee）卡车公司"的；另一辆卡车的照牌为五四六一，是施高塔路①十七号"小野"名下的。他们举着一面旗子，上面有"杨树浦访问团"字样。

* *

大约有六百名罢工工人于五月十七日下午在闸北潭子湾工友俱乐部开会，来自杨树浦方面的代表也参加了此会。会议由刘华主持，会上有数人发表了反日演讲，其中有文治大学学生李硕勋和袁庆超（Yuan Ching Tsao），湖南工人代表张仲凯（Chang Chung Kai），以及著名共党分子陈竹山。

——选自上海市档案馆编《五卅运动（第二辑）》，第77—78页。

---

① 今山阴路。

5月19日

  内外棉东五厂、西五厂、七厂、八厂和十二厂的罢工仍在继续进行。五月十八日上午,大约有二十名工友俱乐部职员前去验尸所,其中有俱乐部秘书长刘贯之,李瑞清和张应龙,他们把顾正红的尸体运往闸北。按顾正红系内外棉厂工人,在十五日的暴乱中受伤致死。五月十八日下午二时,在闸北潭子湾沪西工会外面举行了露天大会以哀悼顾正红之死,会场上聚集了大约二千人,并搭建了一间竹棚以安放棺材。刘华从沪西工会出来,他手持白旗一面,上有"日本人残杀中国人"等字样。接着,他站在椅子上挥舞旗子,指引男女工人分列两边。下午二时三十分,当安放顾正红尸体的棺材抬到会场时,刘华指挥群众高呼三声"打倒日本人",群众即跟着高喊。然后,他们把棺材抬进竹棚,据说,罢工事件不解决,棺材将不运走。

  ——选自上海市档案馆编《五卅运动(第二辑)》,第79页。

5月20日

  五月十九日上午,闸北潭子湾工友俱乐部向大约七百名罢工工人分发了编了号的证书,以备俱乐部职员们在发放罢工维持费时能识别他们。每张证书都盖有俱乐部印章。下午五时左右,俱乐部召开了大约有一百五十人参加的会议,由本埠国民党第四区代表张云主持,他在一篇充满激情的演讲中谴责日本人对无辜工人的凶杀是野蛮行为,理应受全世界的谴责。工人们只能以团结一致和加强纪律性来保卫他们自己。因此,目前不能马上采用报复手段,只有工人们培育了上述素质,并使他们的组织能卓有成效地进行工作时方可采用。这位演人接着又说,国民党将每天派人前去城里闸北和沪西地区对日本资本家们的罪恶行为进行公开谴责。但鉴于北京政府段执政所奉行的政策和他的那些亲日班子,反对日本资本家的斗争甚为艰巨。此外工部局和法律界人士都是日本人的朋友,工人们既不能指望从他们那里取得援助,也不能指望他们主持正义。工人们只有清除他们自己在这些问题上的错误看法,否则他们就无法取得进展。随后在会上发表反日演讲的有:山东同乡会李裕钊(Li Yu

Tsau),一个自称是孙逸仙信徒的俞某,以及上海大学的郭伯和和孟励吾。群众于下午七时散去。

* * *

大约有七百名内外棉纱厂工人(其中多数是十二厂工人)于五月十九日上午九时去闸北潭子湾三德里沪西工会。当他们递交入会申请书时,刘华就向他们发了会员证。该证持有人在罢工期间有权向沪西工会领取救济金。凡去过沪西工会的工人都拿到一张通知,上说顾正红追悼会将于五月二十四日(星期四)在潭子湾举行。下午一时,大约有一千人在上述工会外面集会,青岛工会两代表唐某和刘某向他们发表演讲说,罢工工人对外地的援助尽可以放心,因为全国各地团体都同情你们,并答应提供支援。下一个演讲人是浦东的一个姓杨的学生,他自称代表上海学生,他说他将向教育机关呼吁捐款和其他援助。著名煽动分子孙良惠(工部局仍对他持有逮捕状)也在会上讲了话。他说,如果日本人立刻同意八项要求,那算他们聪明,否则,其后果将极为严重。他宣称,上海自来水公司和工部局电气处的工人均已答应提供支援,如果日本人仍然无动于衷,则他们将采取措施停止向外人供应水电。他劝罢工工人放心,因为胜利是有把握的。此集会于下午五时结束。

[这是一个非常严重的威胁性号召,我建议由中国当局采取行动。]
[中国当局已拒绝协助拘捕此人。]①

——选自上海市档案馆编《五卅运动(第二辑)》,第80—82页。

5月21日

五月二十日下午四时,大约有二百五十名男工和五十名女工(均系罢工工人)在闸北潭子湾工友俱乐部附近的一块旷地上集会,由最近从青岛回来的工友俱乐部职员江银卿主持。会上,上海大学共党学生陶同杰向群众发表了夸夸其谈的长篇演讲,他号召全体工人团结成一个坚强整体,为提高他们的共同利益而忘我工作。他们必须认清斗争将不是轻而易举的,因为形势将迫使他们去制服现代帝国主义的反抗,以及帝国主

---

① 此系工部局警务处总巡麦高云的批注。

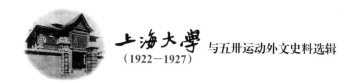

义的工具——外国巡捕和腐败的中国官吏。杨树浦工人联合会代表高荣（Kao Yung）在会上报告说，五月十九日，他们有个同志在发表露天演讲时被巡捕逮捕。几天前从广州回来的上海工人协会代表郭尘侠报告说，有二百七十名代表出席了在广州召开的劳动大会，他们代表了全国各地的一百七十个工会。在集会上发表反日演讲的还有：大夏大学学生蔡三（Tsai San）、上海大学学生高伯定和刘峻山。与会群众于下午六时散去。那口盛着顾正红遗体的棺材已经放入举行这次集会的旷地上的一间草棚里。

*　　　　*

大约有六百名内外棉纱厂工人于五月二十日上午十时至十一时半之间，在闸北潭子湾三德里沪西工会外面举行集会。演讲人中有个短发女生杨之华说，沪西工会已收到上海和全国各地十万人的来信，这些来信对顾正红之死表示哀悼，同时也对罢工工人表示慰问。她宣称，为了继续举行罢工，本埠学生不久将积极为罢工工人进行宣传和募捐。她又谴责段祺瑞亲日，并揭发段拒绝撤销集会禁令，和对北京学生游行示威采取高压手段，所有这些都成了他背叛祖国的铁证。当时在集会上还散发了传单，其中有一段是：

"我们的同志顾正红已被东洋鬼子残酷地枪杀了。他为了我们大家的威信和权利而牺牲自己。为了表示我们的哀悼，为了在日本人面前显示我们的坚强团结，大家必须参加将于五月二十四日举行的追悼大会。最近被巡捕抓去的那些工人正在为我们吃苦。我们决不能眼看同志们在受苦而偷偷复工。一句话，我们大家决不能三心二意，必须执行沪西工会的命令。"

"不要让日本鬼子来嘲笑你。"

——选自上海市档案馆编《五卅运动（第二辑）》，第82—84页。

5月22日

昨天和前天，大约有四百名男工在沪西工会外面进行操练。教练员姓刘，据说他以前是个军官。这些工人均未携带武器。操练将每日进行，以便将工人训练得像士兵一样。目前沪西工会门口设有警卫哨，生人入内须经检查。昨日下午二时,警卫人员捉到一个形迹可疑分子沈小老三,当即把他拖进事务所。当此人承认自己是纱厂主雇来监视罢工工人的密探时,就被揍了一顿,并被迫写了一份自白书,加盖指印后释放。此事发生后,刘华立即召开露天会议,他宣布了捕获密探之事,并宣称,今后如在沪西工会内部发现有人从事密探活动,要更严厉处理,那就是说用绳索捆绑起来,游街示众,并拍下照片,照片将在各纱厂工人中散发。刘华向工人讲话时还挥舞一面大约有三尺长的白旗,上面写有"国民党第四区党部第四区分部孙逸仙政策第五演讲队"等字样。[据此可以肯定,沪西工会与国民党之间是有联系的。]①

——选自上海市档案馆编《五卅运动(第二辑)》,第85—86页。

5月25日

大约有二百名女工于五月二十三日下午四时半在闸北潭子湾工友俱乐部开会,由瞿秋白的老婆杨之华主持。她说,全体无产阶级姐妹们必须协助开好五月二十四日举行的顾正红追悼会。接着,与会者高呼:"反对日本","报仇雪耻","全体工人团结起来"。会议于下午五时结束。

在工友俱乐部的领导下,罢工工人顾正红的追悼会于五月二十四日下午在闸北潭子湾俱乐部附近的一块旷地上举行。按顾正红是在五月十五日被内外棉纱厂的日籍工头为了自卫而向罢工人群开枪时打伤致死的。大约有五千人参加了追悼会,其中有一百名学生和几个妇女。淞沪警察厅的十二名警员和几名宪兵也在场,他们均全副武装。但由于追悼会自始至终秩序井然,因此警方无机会进行干预。追悼会会场布置有大约三百面不同的旗子和轴幛,另有六种不同内容的传单向手拿死者照片的到会群众散发,这些传单谴责了帝国主义、军阀主义和资本家的压迫。下面是轴幛上的典型词句:"打倒日本帝国主义和抵制日货","不许日本人在中国开设纱厂和其他工厂","他是一位模范的革命家","他是工人运动的先驱","全体工人联合起来,杀人者应予严惩"。追悼会于下午二

---

① 此系工部局警务处总巡麦高云的批注。

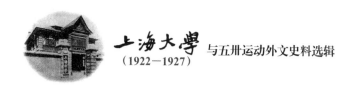

时五十分宣布开始,这时参加会议的乐队演奏了几支选曲。接着,人们在主持会议的煽动分子孙良惠的带领下,向安放在草棚内一只讲台上的死者照片致敬,然后由臭名昭著的共党煽动分子恽代英(此人现是上海大学教师)向群众发表演讲。恽说,他是和听众们一起来追悼被日本人卑鄙杀害的一名中国工人的。中国的腐败官吏是日本人所收买的走狗,他们不仅不将罪犯提交司法审判,反而派遣警察监视受害人的伙伴。因此,中国人民必须采取措施务使杀人犯缉拿归案。如果达不到目的,就应团结起来把日本人统统赶出中国。在追悼会上以类似语气同时在五个讲台上发表演讲的学生和工人领导人中有:臭名昭著的共党分子瞿秋白老婆杨之华;杨树浦工会代表张佐臣;大夏大学学生高伯定、刘峻山;以及自称是孙逸仙博士的信徒俞达。每个讲台上的演讲结束时,群众就齐声高呼:"反对日本","报仇雪耻","为了斗争,工人们联合起来,把自己的队伍紧密团结起来"。追悼会于下午四时结束。

* *

在上海学生联合会的领导下,各学校的二十名代表于五月二十三日下午二时在西门勤业女校举行联席会议,由上海大学教师① 刘一清主持。会议经讨论通过以下决议:

一、要求本埠各学校于六月三日福建学生罢课一周年纪念日举行游行;

二、向交涉公署和北京政府递交请愿书,要求对内外棉纱厂日本职员枪杀中国工人事件提出抗议;

三、请愿意援助纱厂工人的学生们为工人们募捐。

会议于下午三时三十分结束。

* *

五月二十四日下午,大约有四十人在戈登路列队游行,一面还散发反日传单,遭到普渡路捕房的巡捕拘捕。被捕人员中几个是西摩路一三二号上海大学学生。随后,除了四名学生以外,其余均被释放。那四名学生是:韩步先、江锦维、赵震寰和朱义权,他们将于五月二十五日递解会审

---

① 应为上海大学学生。

公廨审讯。

——选自上海市档案馆编《五卅运动（第二辑）》，第88—90页。

5月26日

五月二十五日下午三时，有十二名上海学生联合会会员在西门西大吉路养仁坊二十号该学联事务所举行委员会会议，并经讨论通过以下决议：

一、号召各学校学生进行募捐以支援内外棉纱厂罢工工人；

二、援助因与罢工事件有关而被工部局捕房拘捕的宜昌路一一五号文治大学和西摩路一三二号上海大学的学生；

三、致函本埠各学校，要求他们将会费上缴学联总部；

四、派本委员会成员张超出席新成立的"全国雪耻会"（National Honour Redemption Association）所召开的会议。该会会所设在西门林荫路正兴里二十三号。

——选自上海市档案馆编《五卅运动（第二辑）》，第91页。

5月27日

所谓的"全国雪耻会"的二十八名成员于五月二十六日下午三时在西门林荫路正兴里二十三号该会会所开会，讨论并通过了下列决议：

一、致电外交部，要求该部就内外棉纱厂中国工人被日本雇主枪杀一事向日本政府提出强烈抗议；

二、致函工部局警务处，要求释放宜昌路一一五号文治大学和西摩路一三二号上海大学的被捕学生。

会议由店员工会郭经盛主持，于下午五时结束。

*　　　　*

五月二十六日上午八时，大约有五十名男工在闸北潭子湾工友俱乐部开会，由俱乐部助理秘书刘华主持。刘说，刘贯之为了工人的利益作了努力，但结果现在自己进了监狱，须交保一百元方能重获自由。煽动分子孙良惠说，刘当然应该保释，但同样也应营救其他人。接着孙良惠建议，最好现在不要有所行动，以待五月三十日星期六审理此案时再说。所有

与会者均同意孙的建议。会议于上午十时结束。

——选自上海市档案馆编《五卅运动(第二辑)》,第91—92页。

5月28日

来自二十所学校的三十二名学生于五月二十七日下午四时半在麦根路二十二号同德医学院开会,讨论如何反对工部局新近提出的关于印刷附律和增加码头捐等提案。会议由上海大学教师共党分子恽代英主持,他在宣布开会后说,工部局正在想方设法制订令人反感的新附律,对此我们必须坚决反对。除此以外,这个行政机关的成员还有不公正的倾向,他们袒护压迫行为,这从捕房最近拘捕爱国学生一事就已说明问题,因为那些爱国学生是在大力支援在日商纱厂资本家暴行下遭受苦难的中国人。会议经讨论通过以下决议:

一、用散发传单和发表露天演讲的方式来向公众阐明罢工事件真相;

二、筹款救济因停工而面临困境的工人;

三、如目前那些被拘学生至五月三十日仍未被释,则应采取措施使其获释。

会议于下午六时结束。派代表参加此会议的学校有:小沙渡路二〇一号大夏大学,宜昌路一一五号文治大学,西摩路一三二号上海大学,劳勃生路群治大学和麦根路二十二号同德医学院。

*　　　　　*

昨天,闸北潭子湾三德里沪西工会收到现钞一千元和小额货币八百元,这笔款子是杨树浦各纱厂及其他工厂的代表所募得的。五月二十七日上午九时,刘华在三德里召开了大约有三百名工人参加的会议。刘在会上宣称,他得到消息,说是内外棉厂方为擦洗业已生锈的机器,正在设法诱劝某些罢工工人去五厂复工。刘华劝到会者说,即使日本人答应每天发一元五角工资,也切勿堕入他们的圈套。他又说,沪西工会已搞到足够款项,将于六月五日向罢工工人发放。

会上又散发了一幅漫画,上面画着几个巡捕正在殴打一名女工,同时还散发了呼吁捐款的传单。

——选自上海市档案馆编《五卅运动(第二辑)》,第93—94页。

二、上海公共租界工部局警务处《警务日报》摘译

5月29日

五月二十八日上午九时,十二厂大约有一百名男工和二百名女工在闸北潭子湾工友俱乐部开会,由俱乐部秘书刘华主持。刘告诉到会者说,他们务必警惕阴谋分子、密探和那些正想方设法诱劝他们复工的披着人皮的狗。他们应坚定地团结在一起,听从工友俱乐部的指导。如果日本纱厂主拒绝满足他们的要求,就要尽力劝导所有工厂的工人宣布同情罢工,还要努力争取所有公众团体的支援。不管日本人要弄什么花招,不管租界捕房采取什么高压政策,如果工人们能坚持到底,胜利必将属于他们。会议于上午十一时结束。

——选自上海市档案馆编《五卅运动(第二辑)》,第94页。

5月30日

五月二十八日晚,闸北警察四分署的一位姓宁的警官偕同三名宪兵前去闸北潭子湾工友俱乐部,他警告该组织秘书刘华说,警察署已接到指示,今后禁止集会和旨在拖延罢工的其他活动。

* *

五月二十九日上午九时,大约有四百名纱厂工人在闸北潭子湾三德里开会,刘华在会上宣读了广州国民党来电,大意是该党党员对日本人杀害顾正红一事极为愤慨,他们除了向日本当局提出抗议以外,还将汇款援助上海罢工工人。刘又宣布,本埠海员工会和其他工人联合会已答应支援罢工工人,如果日本人在一星期内不对工人的要求作出令人满意的答复,则他们将举行总罢工来支援纱厂工人。

——选自上海市档案馆编《五卅运动(第二辑)》,第95—96页。

5月31日

五月三十日晚十时半,有二名小沙渡路大夏大学学生来到老闸捕房,其中一人自称是张裕康(Chang Yu Kong),要求保释几名同学。由于他们只有三十块钱,因此只准保释六人。当张裕康站在监房附近指认他所希望保释的人时,他用广东话对囚犯们说:"我听说有四名学生被捕房打死

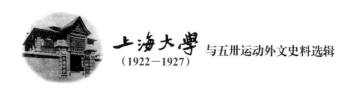

了,但《申报》说只打死三人。全国学生联合会已派代表去见交涉员、华商会和各马路商界联合会,向他们呼吁支援。学生联合会现正努力发动各大学学生罢课、店员罢市和工部局华捕罢岗。你们的案子将于星期一审理,届时我们都将到庭。"

当他向犯人们传达消息后,犯人中有数人是西摩路上海大学学生,他们要求张某与该校教授们联系一下,以便使他们能够获释。提出这一要求的学生中,有一人其鼻子特别扁塌,此人在巡捕去该大学搜查布尔什维克宣传品时,曾企图阻拦巡捕进入校内。除此以外,他还曾发表过演讲。从该大学搜出的三批照片中,其中有一批就有他的照片。

* *

昨日下午四时,刘华在闸北潭子湾三德里召开会议。刘向聚集在该处的大约一百名群众说,工人联合会将发动工人罢工以声援被捕房拘捕的学生。另一名煽动分子陶静轩声称,他刚听说有几名学生在游行示威时被巡捕枪杀,学生们为了工人的利益遭了难。他号召工人为学生们报仇。

* *

被控进行暴乱的四十六人中,有二十二人是西摩路上海大学学生,七人是麦根路同德医学院学生,十五人是小沙渡路大夏大学学生,二人是商务印书馆职工。

* *

一九二五年五月三十日下午二时二十五分至三时二十分,有七名学生在中央区被捕,原因是他们在街上向多批过路行人发表夸夸其谈的长篇演讲,散发用中文印制的排外性传单,以及在电线杆上和商店外面张贴套红印刷通告等等。这些人有五人手拿白布小旗,上写黑色中文。被捕学生中有四人系来自西摩路上海大学,都是受过一些教育的排外派学生。他们拒绝交代此类违法宣传品在何处印刷,何人在组织此次运动等问题,而只是说,这些印刷品是从街上其他学生那里取得的。紧接这些逮捕行动后,捕探们在全中央区的主要街道上进行巡逻,但未发现学生在进行大规模活动,广东路、福州路、山东路和北京路均贴有红色通告。当受伤人员从老闸捕房转移仁济医院后,有相当多群众仍呆在医院附近街上,但不时为巡捕所驱散。如果有学生仍呆在那里的话,也只是很少几个。

——选自上海市档案馆编《五卅运动(第二辑)》,第98—101页。

6月1日

五月三十一日下午,北河南路华商会召开了群众大会,商讨有关五月三十日在老闸区枪杀学生一事租界内中国居民应采取什么方针的问题。参加大会的大约有一千五百人,其中大多数是学生和工人,其余大约有一百个不太重要的团体的代表,诸如各马路商界联合会,若干激进派团体以及店员工会等。大会由上海学生联合会代表林钧主持。下午三时二十五分宣布开会后,上海学联代表曹必成(Zau Pih Zang)说,大伙来到这里集会,是要讨论上海历史上最严重的事件之一——巡捕枪杀学生。不管怎么说,贻误时机是无济于事的,因此,在上海的中国人应立即宣布总罢工。接着,曹匍伏在讲台上,他悲痛欲绝地呼吁听众们同意他的观点。他的这些手法取得了预期的效果,听众们用鼓掌来表示对演讲人的支持。接着,一个叫王肇成的指出,总罢工只能在工部局不改正错误的前提下宣布。王是新闸路商界联合会会员,他的建议遭到一不知名听众的谴责,此人争辩说,总罢工是产生效果的唯一可靠武器。一时,会场上充满了大吵大闹的叫喊声,但到福建路商界联合会会长邬志豪出现在讲台上时又恢复了秩序。邬先生的讲话使群众安静了下来,他说,华商会代表和纳税人会会员正在同一些法律顾问们商量,准备起草若干建议以提交大会通过。邬先生的讲话为广东路商界联合会代表王汉良所证实。接着,大会在通过由一不知名学生所提出的下列建议后休会十分钟:

一、立即停止缴纳工部局各项捐税;

二、宣布暂时中止与所有外国人往来;

三、号召中国人只用中国货。

随后,大会离开了正常议程。一个自称是闸北潭子湾工友俱乐部成员的人,号召上海所有商界企业和工界工人宣布总罢工。另一个自称与上述团体有关的煽动分子,信口开河地申斥本埠报刊在罢工问题上不刊登有利于工人的报道。金昌粉纸厂老板范大璋表示,鉴于后果严重,他不

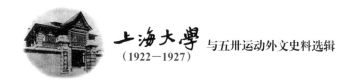

同意举行罢工。他讲到这里,被一批工人所打断,他们粗暴地将演讲人哄下了台。此时大会主席林钧插话,他列举了中国工人在日商纱厂遭受虐待的概况。他说,要使情况获得纠正,只有中国人民结成统一战线来对付外国人。由于后者控制了中国军阀,因此,人民不能指望从军阀那里得到任何援助。他这些话受到二名来自闸北潭子湾工友俱乐部的工人的赞同,他们使用了泼辣的辱骂性语言诅咒他们的日本人雇主。随后,大会恢复了正常议程,由华商会和纳税华人会的代表所起草的提案被提交大会审议并获通过,提案内容如下:"成立一专门委员会以处理大会所议各案。此专门委员会由参加大会的每一团体的二名代表组成。"决议通过以后,听众中的过激派要求将赞成举行总罢工的提案立即提请大会审议,并请华商会会长出来表态。接着,此项提案被提交了大会并被通过了。很明显,会上有相当多的人是不同意这个决议的,但由于害怕挨揍不敢表达他们的观点。随后,大会派了一个四人代表团去传唤华商会代理会长方椒伯先生。大约耽搁了一个小时以后,后者和袁履登一同到会。方在阳台上发表演讲,他以吞吞吐吐的语调说,华商会同意举行总罢工的提案。袁接着说:"我们必须根据我们的良心办事。"

接着,方同意:华商会将于六月一日向居民发布通告,其措词如下:"鉴于我国同胞被害,我们决定举行罢工。上海总商会。中华民国十四年五月三十一日。"此文件草稿上盖上了华商会公章,随即交给上海学生联合会。这项罢工决议也由到会的大多数公共租界马路商界联合会的代表签署。接着,一个自称是电气工人联合会代表的人提出保证说,全体电气工人将用参加罢工的方式来表达他们的同情,并把罢工扩大到外国人所雇用的全体雇员,包括洋行职员和住宅仆役。随后,听众们在一名煽动分子的带领下,一齐高呼:

一、打倒现代帝国主义!

二、取消一切不平等条约!

三、工商学各界团结起来,为共同目标而战斗!

除了早先提及的以外,大会还通过以下决议:

一、宣布抵制所有外国银行钞票;

二、中国人向所有外国银行提存;

三、工部局警务处领导权必须移交中国人；

四、命令外国兵舰驶离黄浦江；

五、立即释放所有被捕学生和工人；

六、杀害工人和学生的凶手必须提交司法审判，对所有受害者进行赔偿；

七、承认工人有组成工会和罢工的权利；

八、纱厂里不许殴打工人；

九、改善纱厂卫生条件；

十、禁止虐待女工和童工；

十一、纱厂门警不得使用外国（印度）巡捕；

十二、反对工部局关于监督印刷品，增加码头捐和证券交易所领取执照等附律的提案。

大会演讲人中有一个叫赵虎廷的是商务印书馆职员，他在演讲结束时突然晕厥，他被送到仁济医院，并死在那里。在大会进行之际，曾散发了三种反日传单。这次集会于上午①七时解散。当他们在离开会场时，大会主席报告说，开枪事件中的受伤者已有九人死亡。

——选自上海市档案馆编《五卅运动（第二辑）》，第101—104页。

6月2日

内外棉东五厂、西五厂、七厂、八厂和十二厂的工人在继续罢工。五月三十一日深夜十一时，大约有男女工人各一百名举行会议，由俱乐部秘书刘华主持。会议决定组成男女工人各六个小组，每组十人，以协助学生散发传单和通告。会议于深夜十二时结束。上述十二个小组于六月一日上午七时离开闸北潭子湾前去城里，整天协助学生工作。从目前的情况来看，显系刘华在指挥工友俱乐部的活动。

*　　　　*　　　　*

大约有二百名上海电车公司工人于六月一日下午七时去工友俱乐部，由刘华接待。刘号召他们参加罢工，这些工人答应要尽力而为，然后

---

① 当系下午之误。

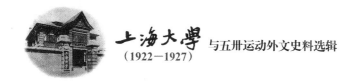

于晚上九时离去。

* *

大约有二千名纱厂工人于六月一日下午三时至深夜十一时去过闸北潭子湾三德里沪西工会事务所。据说有一个叫黄小庆(Hwang Siao Ching)的,是工部局电气处所属二百工人的代表,当时他也在那里。他说,要电气处举行罢工几乎难以办到,因为目前那些外国人正严密监视着工人;同时,他们还答应工人做一天的活发五天的工资。

上海自来水公司工人代表陈必福(Zung Bee Foh)也被邀请参加会议,他虽出席,但未发言。刘华请这两位代表回去设法说服两处工人于六月三日罢工。

大约有五十名下了班的电车公司开车和卖票也来参加会议,但很难摸清他们的态度。

* *

外国人雇用的三十名阿妈和男仆也应刘华邀请前来开会。他们都是江北人,刘华要求他们参加罢工。

刘华又宣布说,他将发动面粉厂和榨油厂的工人于六月二日或三日罢工。

会上散发了二种传单:一种号召工部局电气处和上海自来水厂的工人举行罢工;另一种劝告人们不向外国人供应食品和不使用外国钞票,并要求外国人的雇员同外国人断绝关系。

* *

六月一日下午一时,大约有二十名上海学生联合会会员在西门西大吉路养仁坊二十号该会会所开会,讨论以何种方式使罢工更有成效。会议由上海大学学生刘一清主持,并经讨论通过以下决议:

一、各学校派代表出去演讲,号召人们继续进行总罢工;

二、派代表去北京,强烈要求外交部就公共租界发生枪杀学生事件提出强烈抗议;

三、要求上海所有学校参加总罢课。

* *

复旦大学预科部、上海大学和勤业女中等本埠各大、中学校代表二百七十人,于六月一日晚八时半在西门附近西大吉路养仁坊二十号上海学生联合会事务所举行会议,由上海大学代表刘一清主持,并经讨论通过以下决议:

一、对那些以武力对待中国学生的警官,务须采取措施予以羞辱和进行恐吓;

二、采取措施撕毁或涂没工部局所张贴的布告等物;

三、派大批人员出去闹事;

四、设法堵塞交通;

五、以暴力阻拦向外侨投递信件或电报;

六、必须尽可能使那些反对学生的人和团体遭受财产损失;

七、采取措施中断或制止一切商业性集会;

八、采取措施切断工商业用粮和原料的供应;

九、在上海各住宅区制造事端;

十、严格拒用外国钞票。

综上所述,看来对当前动乱负有责任的上述各组织准备采取孤注一掷的手段来达到他们的目的,那就是以无政府主义和布尔什维克主义取代秩序井然的统治。

——选自上海市档案馆编《五卅运动(第二辑)》,第115—117页。

6月3日

六月二日下午二时,有三百名男女纱厂工人在闸北潭子湾三德里工友俱乐部开会,由刘华主持。刘提议全体工人联合起来,一致要求段祺瑞增派军队前来上海,把外国人赶出这个港口,收回公共租界,另有一人(目前尚未弄清此人姓名)建议致电广州政府,要求派工人军队前来上海。刘华对此表示反对,借口说最好先考验一下段祺瑞,如果他不行动,民众将打倒他。

——选自上海市档案馆编《五卅运动(第二辑)》,第121页。

6月4日

在有权威性的排外团体赞助下,一个规模巨大的示威运动于

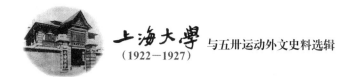

一九二五年六月三日下午在华界举行。这一运动以大游行方式进行，大约有七千人参加。参加者于下午一时半开始分批到达沪杭铁路南站附近的集会地点——沪军营亚东医科大学体育场。各队均拿有表明来自何校的三角旗和写有反英、反日字样的旗帜。下午二时，群众已增至七千人，接着他们就排成队伍。下午二时一刻，游行开始，队伍横贯城里各主要街道及四郊，至下午四时五十分在西门解散。游行者向所经街道两旁的居民和旁观者散发了各种传单，估计至少有三十五种。这些传单除了鼓吹坚持总罢工外，还号召民众普遍抵制英货和日货。其他方面的要求有：

一、释放被捕学生和工人；

二、外人雇用的和外商雇用的所有人员均应参加罢工。

除了传单上面的宣传内容以外，游行者所拿的许多小旗还写有各种字样，下面是其中一些典型的口号：

一、打倒现代帝国主义；

二、收回外国租界；

三、废除治外法权；

四、反对增加码头捐，反对印刷附律和交易所领照；

五、抵制日货。

另外，游行者除了散发传单以外，还一面走一面高呼："打倒现代帝国主义！""取消所有外国租界！""将总罢工进行到底！"参加游行的大多数是学生，他们分属下列学校：西摩路一三二号上海大学，小沙渡路二〇一号大夏大学，海格路七六〇号复旦大学预科部，海格路八六三号南洋中学，真如暨南学校，浦东中学。游行队伍中还有四百名女学生和一百名闸北工友俱乐部成员。

*　　　　*

大约有男女工人各一百五十名于六月三日上午八时在闸北潭子湾工友俱乐部开会，由臭名昭著的共党分子瞿秋白的老婆杨之华主持。杨谈到了当前煽动工作的进展情况，她说现在有大批工人用参加总罢工这一行动来表示他们的同情。她告诫大家要在斗争中坚定不移，坚持到底，胜利肯定会来到。会议于晚上十一时结束。

* *

大约有一百五十名日华纱厂男工和五十名女工于六月三日下午二时在潭子湾工友俱乐部附近的一块空地上集会,由俱乐部秘书刘华主持,他宣读了五月三十一日议订的七项要求,内容如下:

一、缉拿杀害工人和学生的凶手并提交审判,对受害人亲属进行充分赔偿;

二、承认工人有组织工会和举行罢工的权利;

三、不许殴打工人;

四、改善纱厂卫生设施;

五、严禁虐待童工和女工;

六、各纱厂不得雇用外国巡捕为警卫;

七、反对印刷附律。

刘华告诫与会工人要忠于工友俱乐部,并按照其指示行动。会议于下午四时结束。

* *

大约有四百名纱厂罢工工人于六月三日上午九时半在闸北潭子湾三德里开会。刘华在会上声称,昨晚他已用沪西工会名义致电张作霖和冯玉祥两位将军,要求他们派军队来上海攻打外国人。他又说,今天早晨已有二千名中国学生从北方各省到达上海,其中有些人是携带武器的。

* *

驻扎在潭子湾沪西工会附近某大楼的闸北商团(即人们所熟悉的保卫团),有二十名团员于六月三日上午十时往见刘华,他们对刘说,上午八时当他们沿苏州河北岸执行巡逻任务时,发现有数名日本人站在内外棉五厂屋顶上。商团团员就用步枪瞄准日本人,但来不及开枪,因日本人一个个都匆匆下去了。这些商团团员说,如果再见到他们就要开枪。

* *

中华海员工会代表李某于昨天六月三日去沪西工会,与刘华商谈有关本港海员罢工事宜。此事系由本埠国民党提出的。

——选自上海市档案馆编《五卅运动(第二辑)》,第129—135页。

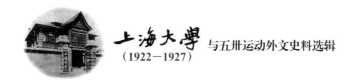

6月5日

在代理副总巡马丁上尉和助理总巡贝蒂先生的指挥下,工部局巡捕和后备特别巡捕于六月四日上午将大约一百名学生赶出了西摩路一三二号上海大学及属于该大学的其他大楼。捕头们在各大楼内查获了大批布尔什维克的和拥护罢工的印刷品,其中有呼吁工部局巡捕、自来水厂雇员、工部局电气处工人和汽车夫参加罢工的各种传单。其中有一份布尔什维克传单的英译文如下:

"我们是年轻人,时刻准备战斗;

运用我们全部力量向我们的老板进行斗争;

他们长得大而肥,但我们将使他们变瘦。

我们随时准备进行战斗;

不要停止,同志们,我们就是要战斗!

我们将顺利地战胜他们。

不要妄自菲薄;

我们将把他们统统逮住;

因为我们是年轻人,我们向往着光明。"

该大学有一个名叫刘一清的学生,现担任设在沪军营亚东医科大学的上海学生联合会会长。上海学联在领导总罢工工作中起着带头作用。回忆捕房于一九二四年十月九日在对上海大学进行搜查时,曾查获一百八十九种宣传社会主义的书籍,共八百零一册,其中有些是鼓吹布尔什维克主义和共产主义的。目前,从上海大学赶出来的学生都分散居住在小客栈里和法租界、华界他们朋友家里。

* *

六月四日往访学生领袖刘一清的人士中有三名中国人,其姓名为:俞秀松,陈其铭(Chen Gee Ming)和刘绍先,他们均自称是中国共产党领袖陈独秀的代表。

* *

来自本埠各学校的大约四十名代表,于六月三日晚八时在沪杭铁路南站附近沪军营亚东医科大学开会。会议由上海大学学生刘一清主持,经讨论通过以下决议：

一、派代表去北京、天津、镇江、芜湖、安庆、杭州、宁波、福建①、广州以及海峡殖民地，呼吁各地提供支援；

二、继续派演讲队去华界发表演讲，号召民众拒用外货。

会议于晚上十时半结束。

* * *

上海大学的学联委员会目前已在沪杭铁路南站附近的沪军营亚东医科大学设立临时事务所。这些房屋是上海学生联合会的会所，看来该会是受上海大学师生们所控制的。目前他们正设法在西门方浜桥勤业女中里面为上海大学学生提供膳宿。今天下午，他们将在该女中开会，以便为将于六月六日下午在中华路少年宣讲团举行的另一次会议作好准备。

* * *

大约有三百名日华第三、四两纱厂的男女工人于六月四日上午九时在工友俱乐部附近的一块旷地上集会。俱乐部秘书刘华在会上报告说，沪西地区罢工人数约为三万，目前准备把他们吸收为沪西工会会员。接着，他发表了一通攻击日本的夸夸其谈的老一套长篇演讲，并在结束时呼吁听众把罢工进行到底。此集会于上午十一时结束。

——选自上海市档案馆编《五卅运动（第二辑）》，第137—141页。

6月6日

六月五日下午二时，上海大学学生和其他学校的代表在西门方浜桥勤业女中开会，会议决定：

一、致函交涉员暨全国各团体，抗议英国武装军队将上海大学学生赶出校园；

二、向民众呼吁支援。

——选自上海市档案馆编《五卅运动（第二辑）》，第147页。

---

① 似是福州之误。

6月7日

大约有四百人于六月六日下午七时在闸北潭子湾开会,与会者大多是纱厂罢工工人。会议由刘华主持,他说,当前风潮应由英国人和日本人负责,只有他们才是中国人的敌人。为此,必须小心谨慎,切勿刺激其他国家侨民。但学生所散发的传单笼统地谴责了外国人,鼓吹抵制他们的货物,号召他们的雇员罢工。这位演讲人指出,这是最失策的。为了取得除上述两国以外侨民的同情,这一错误必须予以纠正。

* *

大约有九十名上海大学师生于六月六日下午二时在西门中华路少年宣讲团事务所开会。会议决定选举新的上海大学校务委员会。此会议由该大学教师韩觉民主持,于下午四时结束。

——选自上海市档案馆编《五卅运动(第二辑)》,第149—152页。

6月8日

大约有四十名上海大学学生于六月七日上午九时在小西门尚文路某校开会讨论如何推动罢工。会议由学生朱义权主持,并经讨论通过以下决议:

一、致函交涉员,请他转请捕房释放瞿景白等被捕人员;

二、出版双周刊《上海大学五卅》。

会议于下午十一时半①结束。

* *

溥益纱厂第二厂的二百名工人(其中有女工五十名)于六月七日下午三时在闸北潭子湾工友俱乐部开会。俱乐部秘书刘华是唯一的演讲人,他就南京路开枪事件作了歪曲和夸大其词的叙述,并在结束其演讲时要求与会者立刻参加总罢工。与会者保证最迟将于六月八日参加罢工,并且还答应要为贫困工人开展募捐活动。会议于下午五时结束。

---

① 疑为上午十一时半之误。

二、上海公共租界工部局警务处《警务日报》摘译

* *

六月七日,有人在法租界散发传单,该传单在对罢工工人的一般性要求表示赞同以后,即对中国共产党进行了全面的攻击。

〈略〉

下面是遭受谴责的共党分子名单:中国布尔什维克党领袖陈独秀,以及瞿秋白、恽代英、沈泽民、施存统、邓中夏、刘一清和韩觉民。

* *

六月七日下午四时,包括王志幹(Wong Tsg Kan)在内的杨树浦洞庭路杨树浦电气厂的三名代表访问了闸北潭子湾工友俱乐部,刘华接待了他们,并向他们建议立即着手在杨树浦组织工会。

* *

目前,大约有四十名上海大学、文治大学和同德医学院等校的学生住在闸北大统路闸北慈善团,该慈善团免费向他们提供膳宿。

* *

六月七日下午二时半,大约有五百人聚集在闸北潭子湾三德里。刘华对他们说,他已收到广州工会汇来的二千元,纱厂罢工工人可于六月十日来事务所领取救济金。刘又宣布,某些军官已答应为罢工工人提供援助。

* *

同日晚九时,刘华在同一地点向二百名工人发表演讲,他谈到了朝鲜人在日本人手下所受到的骇人听闻的苦难遭遇,其要点如下:

"在朝鲜,只有日本人才能在警察署担任警官,他们掌握着行政管理的最高权力。如朝鲜人要在路上一同行走,其人数不得超过三名。朝鲜人不准集会。任何人不得睡在床上。孕妇必须亲自向日本当局汇报。婴儿出生,如果是男的,其父母必须缴纳一百元,女的缴纳七十元,否则就将婴儿勒死。任何人不到四十岁不得结婚,违反后一条规定者枪决。如果中国此时不强烈抗议,则将成为另一个朝鲜。中国人不应向日本和英国购买或销售任何商品,也不应在这两国侨民开设的工厂或私人住宅里干活。只要实行了这一条,即使我们不强迫日本人和英国人离开上海,他们也会自动离去。"

散会后，刘华和沪西工会几位职员进行密谈。他说，为解决当前风潮，上海商学工各界组织已提出多项要求，内中有一项是：改善工部局警务处华籍警官的待遇，诸如提级、提职等。刘指出，提出这一要求，将对警务处华人探捕产生良好影响，特别是对那些早已参加罢岗的人，使他们今后对工人和学生组织，会理所当然地给予信任和同情。

——选自上海市档案馆编《五卅运动（第二辑）》，第156—161页。

6月9日

刘华顷收到日本工会和美国工会打来的对最近在上海暴乱中死难工人和学生的唁电。

——选自上海市档案馆编《五卅运动（第二辑）》，第164页。

6月10日

内外棉十三厂和十四厂的大约三百名男工和二百名女工于上午九时在闸北潭子湾工友俱乐部开会，由俱乐部秘书刘华主持。刘说，如果目前的风潮能使工人们认识到组织工会的好处，那它就不是徒劳无益的了。在成立工会的过程中，工人们要求加入工会的迫切心情表明，他们已经在教训中受益，这对今后来说，也是一个佳兆。工人们必须支持工会，反过来工会也应尽一切努力来提高其会员的福利。刘接着建议，每组工人可选出十名代表负责入会登记和收集会费等工作。随后，全体到会工人领取了铅印的工友俱乐部章程。会议于上午十一时结束。

* *

上海总工会已在闸北宝山路宝山里二号设立事务所。该组织的主要代表李成，别名李立三，是个臭名昭著的国民党煽动分子。

* *

六月九日晚八时，大约有四十人在闸北潭子湾开会，刘华在会上声称，他已接到来自北京大学的消息，大意是段祺瑞业已同意派军队来上海保护中国居民。

——选自上海市档案馆编《五卅运动（第二辑）》，第166—171页。

6月11日

六月十日下午三时,上海教职员救国同志会在西门附近黄家阙路立达中学开会,会议经讨论通过决议如下:

一、要求上海大学教师、共产党员韩觉民和陈望道往访蔡廷幹海军上将和曾宗鉴先生(此二人系中央政府为解决罢工问题而任命的代表),并摸清楚他们对南京路惨案的看法;

二、通报全国各教育机构,要求他们对租界捕房占据上海大学、南方大学、大夏大学和文治大学之事加以谴责;

三、请全体到会者参加将于六月十一日下午一时在西门公共体育场举行的群众大会。

会议由臭名昭著的国民党煽动分子李立三主持,于下午四时半结束。

* *

上海学生联合会总务委员会的某些委员,由于对委员会主任刘一清在罢工救济金的分配方式上深感不满,已于六月九日辞职。自那以后,这些委员已由倪叔铭(Nee Tsuh Mimg)、陈炳章(Zung Ping Tsung)、林钧以及另外三人接替。

——选自上海市档案馆编《五卅运动(第二辑)》,第173—174页。

6月12日

在本埠各排外性团体的主持下,大约有二万人于六月十一日下午在西门公共体育场举行群众大会,参加者均手持表明他们属于哪一学校的三角旗和写有反英反日字样的旗帜。大会由上海学生联合会代表林钧担任主席,他在下午二时一刻宣布开会后说,学联曾邀请中央政府为解决罢工纠纷而任命的两位代表——蔡廷幹海军上将和曾宗鉴先生——出席大会,但他们都没有来,这就说明他们是靠不住的。另一个不能信赖的是交涉员许沅,此人对别人向他提出的各项问题都没有作过明确的回答,他那闪烁其词的讲话令人感到他胆小如鼠,害怕洋人。随后在会上发表演讲的有:王茂卿、陈勇三、陈翊庭、范振华女士等人。他们都号召民众坚持罢工和断绝同英、日两国的一切关系。大会最后通过以

下决议:

一、从六月十二日起断绝同英国人和日本人的经济关系;

二、请交涉员于二十四小时内敦促外国当局同意中国人所提要求,不然就请他离职;

三、强烈要求中央政府就有关南京路开枪事件提出强烈抗议,从而从英国人和日本人那里取得令人满意的解决办法;

四、与此同时,如事件未能获得解决,则二周后全国宣布总罢工。

下午三时一刻,群众在上海学生联合会重要成员刘一清的带领下列队游行,途经方斜路、黄家阙路、尚文路、中华路、小南门、大东门、肇浜路(Shao Pang Road),于下午五时至西门解散。他们游行时,向居民们和看热闹的人散发了至少三十六种传单。除此以外,他们还使劲高呼:"打倒现代帝国主义!""废除治外法权!""收回公共租界!""抵制英货、日货!""将总罢工坚持到底!"在大会进行之际,有八个被怀疑是奸细的朝鲜人被警察和商团逮捕。

游行人员在大会进行时散发了三十六种传单,其中有二十一种为捕房过去所未掌握,所有这些传单不是仇视外国人,便是对工部局怀有敌意。发现的新传单中有十三种专门对英国人和日本人进行了谴责。

* *

大约有一千二百名男工和三百名女工于六月十一日上午八时在闸北潭子湾工友俱乐部分五批集合。一小时后,他们就前去斜桥附近的公共体育场参加群众大会。

另有一批内外棉九厂的工人(大约有三百名男工和二百名女工)于六月十一日上午九时在工友俱乐部开会,由俱乐部秘书刘华主持。刘对工人们前来开会表示高兴,并劝他们参加工友俱乐部。刘又要求他们推选十名代表积极参加组织大型工会。他又说,目前罢工仍处于危险之中,因此,全体人员必须锻炼自己,为工人事业而坚持到底。群众于上午十一时解散。

* *

闸北潭子湾大丰纱厂男女工人各一百名左右于六月十一日下午三时去工友俱乐部,表示希望参加该俱乐部。当时刘华接见了他们,对他们的巨大热忱表示钦佩。接着刘发表了演讲,号召他们为促进工人的共同利益而团结起来。下午五时半,与会者摄影留念后散会。

——选自上海市档案馆编《五卅运动(第二辑)》,第180—181页。

6月13日

上海学生联合会林钧,上海总工会李立三和各路商界总联合会严谔声于六月十二日下午去北河南路华总商会,他们催逼华总商会对该会制订的十三条要求立时作出解释。

* *

大约有五十名上海学生联合会会员于六月十二日下午二时半在沪杭铁路南站附近的沪军营亚东医科大学开会,由上海大学学生刘一清主持。刘在会上报告说,所有在五月三十日被捕的学生已由会审公廨开释。会议决定致函交涉员,强烈要求他在处理有关开枪事件时要坚决有力。此会议于下午三时半结束。

* *

大约有三百名男工和二百名女工于六月十二日上午九时在闸北潭子湾工友俱乐部开会,由俱乐部秘书刘华主持。刘报告说,大约有十万人参加了六月十一日在斜桥附近公共体育场举行的群众大会,在协商一个使各方均感满意的解决办法上未取得进展。但工人们仍将坚持罢工直至取得胜利。此会于上午十一时结束。

——选自上海市档案馆编《五卅运动(第二辑)》,第184—185页。

6月14日

日华纱厂和劳勃生路喜和纱厂的大约二百名男工和四百名女工于六月十三日下午一时在工友俱乐部开会,由俱乐部助理秘书刘华主持。刘对听众说,现代帝国主义国家已杀害了很多中国兄弟,中国人应团结起来抵制这些国家以示报复。他再次号召他们赶紧组织大型工会,并请出席此会议的喜和纱厂工人推选代表参与此项工作。会议于下午三时摄影留念后结束。

——选自上海市档案馆编《五卅运动(第二辑)》,第188页。

6月15日

六月十四日上午七时,男女工人各二百名左右在闸北潭子湾工友俱乐部开会,由俱乐部秘书刘华主持。刘在会上报告说,宝山路二号总工会目前正在为罢工工人争取良好条件而全力以赴,他们特别注意下列二条:不得无故开除工人;减少工人劳动时间。刘在会议结束时要求那些尚未领取罢工维持费的罢工工人在俱乐部登记姓名。此会议于上午九时结束。

* *

昨日上午十一时,刘华派蒋、陈两名代表去宝山路宝山里二号总工会领款三千元,用以发给浦东烂泥渡的罢工工人。据报道,他们已向二千五百名罢工工人发放了罢工维持费,每人一元。

——选自上海市档案馆编《五卅运动(第二辑)》,第193—195页。

6月16日

大约有四十名本埠各大专院校的学生代表于六月十四日下午六时在沪杭铁路南站附近的沪军营上海学生联合会开会,由上海大学学生刘一清主持。会议经讨论通过决议如下:

一、发一通知,要求各公众团体和各工会就汉口英国海军陆战队枪杀中国人之事提出抗议;

二、致函各院校校长,请他们不要处分那些参加当前运动的学生;

三、如各教会学校校长拒绝让那些目前尚在罢课的学生返回学校,则中国学校应为他们提供继续求学的机会;

四、要求各学校教师放弃例行暑假,让学生们补上罢课期间所耽误的功课;

五、要求上海学生联合会代表为成立新团体——"反英反日财政后援会"向各界进行动员。

此会议于晚八时半结束。

* *

六月十五日下午二时半,有人向潭子湾沪西工会告密,说是有三条船正在离工会事务所约一里之远的河道上航行。其中一条装有豆油,另二条装有面粉。据告密人说,这批货物将运交某日本人。刘华当即派一百名人员去上述地点,找到并扣留了那三条船,当即押回东京路对面的大丰码头。沪西工会将把此事通知宝山路总工会,并要求总工会就船只及所装之物的处理问题给予指示。

——选自上海市档案馆编《五卅运动(第二辑)》,第196—199页。

6月17日

西摩路一三二号上海大学校长于右任先生最近已从北京回来。六月十六日中午,他在沪杭铁路南站附近的半淞园宴请了本埠学联、各马路商界联合会和沪西工会的代表。他们在宴会上讨论如何收回上海大学校舍的问题,但未作出决定。

* *

六月十六日前去拜会二位特派员的宾客中有:工部局总裁索柯尔斯基,唐绍仪的公子,红十字会代表钟某,以及上海大学校务委员会委员殷志林(Ying Tsz Ling)。

——选自上海市档案馆编《五卅运动(第二辑)》,第203—205页。

6月19日

闸北潭子湾工友俱乐部原创始人孙良惠、刘贯之、郭尘侠和古月三等人现均在宝山路宝山里二号上海总工会工作。工友俱乐部目前由秘书刘华负责。

* *

工商学联合会于六月十八日下午二时在西门黄家阙路二十六号立达中学召开委员会会议,与会者共十八人,由上海学联代表林钧主持,并经讨论通过决议如下:

一、反对华总商会向外交使团提出的要求,因此类要求与原先各公众团体所提出的大相径庭;

二、要求对下列传说进行调查,即总商会会长虞洽卿先生曾受纳外国人贿赂六十万元,用以诱劝公共租界所有店主开市;

三、致电中央政府,抨击蔡廷幹和曾宗鉴这两位北京所任命的调查罢工事件的特派员,因他们工作并不令人满意,且与民众愿望相抵触。

此会议于下午四时半结束。

——选自上海市档案馆编《五卅运动(第二辑)》,第214页。

6月20日

六月十九日上午八时,有男女工人各约五百人在闸北潭子湾工友俱乐部开会,由俱乐部秘书刘华主持。刘报告说,目前工人方面的情况同斗争刚开始时一样令人满意,但为了保证胜利,仍需作出更大的牺牲。这位演讲人还许诺在六月二十日再次发放罢工维持费,并将租赁房屋以安置没有家的工人。会议于上午十一时结束。

——选自上海市档案馆编《五卅运动(第二辑)》,第220—221页。

6月21日

大约有二十名工商学联合会会员于六月二十日下午三时在西门黄家阙路二十六号立达中学开会,由广东路商界联合会会长王汉良主持。王报告说,华总商会业已决定动员租界所有店主于六月二十一日开市。他询问与会者是否同意这一决定。会议经讨论通过决议如下:

一、请上海学联林钧、上海总工会李立三和福建路商界联合会邬志豪往访总商会会长虞洽卿先生,强烈要求他撤销商店开市的决定;

二、派代表询问上海各团体外交后援会在支援纱厂罢工工人问题上有何打算。

此会议于下午五时半结束。

*　　　　*

大约有一千名学生和一百名工人于六月二十日下午二时十分在斜桥附近的公共体育场集会,此集会不仅仇视英国人和日本人,而且还敌视持温和观点的中国人。有三十名宪兵在会场上维持秩序。会场内散发了九种传单,有的谴责英国和日本,有的抨击北京特派员的软弱无能,还谴责了总商会对市民、学生和工人的背叛行径。大会由臭名昭著的煽动分子、上海大学学生刘一清主持,他向大会提出了下列建议,看来这些建议得到

了普遍的赞同:

一、采取措施以援助被英国人杀害的受害者;

二、反对被总商会篡改了的十三条要求;

三、通电全国各地,谴责总商会的背叛行径;

四、致电北京,强烈要求撤换办事不力的交涉员;

五、另致电北京,强烈要求剥夺总商会正、副会长的一切公民权利,没收并出售他们的财产,所得款项用以救济困难的罢工工人。

接着,上海学生联合会代表刘重民提出了下列建议:

一、向全国发表宣告,详述有关南京路开枪事件谈判的全部情况;

二、通电世界各国,吁请他们为此事件主持正义;

三、为显示民众决心,请全体商界人士及店主捐献一批英货、日货,集中起来当众加以焚毁。

提议通过后,群众排成队伍,在南市各主要街道游行。游行时他们高呼:"反对商会篡改条件","打倒现代帝国主义"。下午五时,队伍返回原出发地点后解散。

——选自上海市档案馆编《五卅运动(第二辑)》,第223—224页。

6月22日

下面是当前罢工运动中的几名最著名最活跃的华人领袖:

林　钧　浦东人,上海大学学生,上海学生联合会成员。曾多次担任重要群众大会主席,其中包括五月三十一日在华商会举行的决定总罢工的那次集会。

刘一清　安徽人,上海大学学生,上海学生联合会成员。曾担任六月二十日在西门公共体育场举行的群众大会主席,当时大会决定工人继续罢工和抵制日货、英货。共和路奉军司令部张学良将军曾数次接见此人。

李立三　闸北宝山路二号总工会委员长。该工会曾收受大笔捐款,又向罢工工人发款用以延长罢工。此人亦是闸北潭子湾三德里沪西工会组织人之一。

刘　华　潭子湾三德里沪西工会的组织人。按沪西工会是负责上海

日商纱厂工人罢工事宜的。据报道,此人亦和上海大学有联系。

刘贯之 闸北三德里沪西工会秘书长。此人最近由于散发传单被捕房逮捕,后保释,但审讯时未出庭。在上述沪西工会所举行的多次会议中,此人是个重要人物。

孙良惠 著名共党煽动分子。工部局警务处就有关内外棉纱厂工人罢工事件正在通缉此人。

最重要的组织是:

名 称	地 址
上海学生联合会	南市沪军营亚东医科大学内
上海总工会	闸北宝山路二号
工商学联合会	西门外黄家阙路二十六号
沪西工会	闸北潭子湾三德里三十七号至四十号

如将上述六名煽动分子以及那些协助支持他们的人拘捕起来,并迅速加以处理,同时查封与他们有关的那四个组织,则目前的运动不久即可结束。

* *

由于上海学生联合会同事之间发生了分歧意见,该联合会的社会部成员已于六月二十一日集体辞职。目前罢工委员会正努力平息这一纠纷,刘一清千方百计劝解那些心怀不满的人恢复原职。按刘是上海大学的代表,此人在煽动当前骚乱事件中起着重要作用。上海学联现设在上海南站沪军营亚东医科大学内。

* *

十四名上海各团体外交后援会会员于六月二十一日下午二时在虬江路附近龚家宅路香山同乡会开会,经讨论通过如下决议:

一、聘请中国律师江一平、蒋宝厘、何世桢、王贵声(Wong Kwei Sheng)、黄镇盘、梅华铨和郭卫等为后援会法律顾问;

二、反对总商会关于商店开市的策略;

三、派代表往访城里新舞台和闸北更新舞台的经理,要求他们为罢工基金捐献部分收入。

此会议由后援会宣传科科长马勋主持,于下午五时半结束。

＊　　　＊

　　昨日，大约有五十名外国人雇用的包车夫前去沪西工会，他们是应两名沪西工会会员的邀请前去的。刘华当时向他们发表了演讲，要求他们继续罢工，条件是：沪西工会将在罢工期间给他们发钱，数额和工资差不多。

　　刘华又宣布，他已收到国外共产党来电，答应给上海汇款一千五百万元以支援罢工工人。

　　——选自上海市档案馆编《五卅运动（第二辑）》，第227—230页。

6月24日

　　华总商会特别委员会和工商学联合会的代表们于六月二十三日下午在总商会举行联席会议，由商会会长虞洽卿主持，并作出决议如下：所有商店均于六月二十六日星期五开市，同时要作出努力务使工界罢工问题得以解决。会议亦同意：在商店开市后，居民们可悬挂半旗和佩戴黑纱，以纪念导致总罢工的南京路事件。会议之所以能作出上述决议，在某种程度上应归功于江苏省长郑谦关于赞成以温和态度处理问题的劝导。郑曾致函本埠各马路商界联合会，要求他们开市，并保证：中国政府将竭尽全力使争执获得令人满意的解决。出席此会议的大约有三十五人，其中有商会副会长方椒伯，前茂和公司买办劳敬修，煤炭公所会长谢蘅窗，杂粮公会会长叶惠钧，立达（Li Dah）和生达（Sun Dah）面粉厂代表顾馨一，日本邮船会社买办王一亭，以及邬志豪、李立三、林钧和工商学联合会代表刘钟鸣。

　　——选自上海市档案馆编《五卅运动（第二辑）》，第235页。

6月25日

　　六月二十四日下午二时半，各马路商界联合会、总商会、上海总工会、上海学生联合会的大约一百名代表和本埠几位重要官员在北河南路总商会二楼议事室举行联席会议，由杂粮公会会长叶惠钧主持。叶说，总罢工已持续了三个多星期了，它给商界人士带来的巨大损失为上海历史上所仅见。但罢工已全面而有力地表达了民众的义愤，并激起了全

世界各友好党派和国家的同情。真理和正义虽然一时蒙受蹂躏，但最后终将取得胜利。江苏省长代表、沪海道尹张寿镛说，二特派员业已返回北京，他们将汇报其调查结果和他们同外交代表团谈判陷入僵局的情况。他又说，工部局警务处逃不掉开枪责任。此案件如何解决，将由外交部办理，该部肯定会利用这一事件来提出修改一切不平等条约的问题的。张在结束时表示希望租界全体商界人士能早日开市。张的这些意见受到交涉员许沅的赞可。总商会会长虞洽卿说，虽然公共租界所有商店将于六月二十六日开市，但中国人将坚持对英、日两国的抵货运动，并将尽一切努力援助罢工工人。目前社会上有指责他有不正当行为的谣言，但他是根据良心办事的，不计较这些琐碎小事。下午四时，会议对商店二十六日开市的提案进行了表决，结果十八票赞成，七票反对，四票弃权。接着，广东路商界联合会王汉良和福建路商界联合会长邬志豪发表了简短演讲，他们都强烈要求严格进行抵货运动。会议于下午六时半结束。出席会议的还有工商学联合会代表林钧、李立三和刘钟鸣。

* *

刘华于六月二十四日下午二时在闸北潭子湾三德里召开会议，有四百人参加。刘在会上说，中外代表就有关上海事件的谈判业已陷入僵局，因此，中国人向外国人提出进一步要求已属徒劳，他们必将置之不理。该演讲人建议，如果全体中国人采取下列措施，则不需多久，外国人便会恳求中国解决目前纠纷，随便什么条件都行。刘的建议是：致电全国各地，要求商界人士切勿装运米、煤、炭、木柴和其他日用必需品前来上海。为保证此项建议得以有效实现，工商学各界团体应派代表去各地进行监督，若发现有船载运此类货物前来上海，当予扣留。

——选自上海市档案馆编《五卅运动（第二辑）》，第239—241页。

6月26日

六月二十五日上午九时半，大约有三十名上海学生联合会会员在上海南火车站附近的沪军营亚东医科大学开会，并经讨论通过决议如下：

一、通电全国各学联，号召他们建立军事组织，以便学习战术保卫祖国；

二、要求各地军事首领随时作好准备，一旦需要，即为祖国而战；

三、派一些经过专门挑选的人员向士兵们发表演讲，要求他们准备为祖国而战；

四、通电意、法、美等国政府，阐述中国对这些国家的侨民政策。

此会议由上海大学学生刘一清主持，于上午十一时半结束。

* *

六月二十五日上午八时，闸北潭子湾三德里沪西工会组织者之一李立三向在上述地点开会的大约三百群众发表演讲。李说，广州的学生军和工人军已在沙面同外国人开仗，后者败北投降，并同意和广州当局进行谈判。广州军政府已将上述情况电告沪西工会，并说他们将于一周内派工人军和学生军前来上海支援此间工人。

* *

总工会代表李立三，哈华托律师事务所律师谢荣生，华商会某代表，以及商会其他人员于六月二十五日下午二时在北河南路总商会大楼举行会议，以讨论解决日商纱厂的罢工问题。据说，日本人已同意雇用目前仍在罢工的十五万工人中的半数，并对在工潮中死伤者的家属赔款一万元，同时给自顾正红被害以来进行罢工的工人支付半薪。

——选自上海市档案馆编《五卅运动（第二辑）》，第242—244页。

6月27日

六月二十六日下午四时，本埠的十二名著名国民党人在法租界环龙路①四十四号开会，讨论六月二十三日英国人在沙面枪杀中国人的事件，并通过决议如下：

一、致电广州国民党领袖胡汉民，要求他就英国人枪杀中国人事件向英国提出强烈抗议，如无法用其他手段取得赔偿，那就宣战；

二、再致电北京外交部，强烈要求该部就开枪事件向外交使团提出强烈抗议。

---

① 今南昌路。

此会议由《国民日报》主编叶楚伧主持,于下午六时结束。

——选自上海市档案馆编《五卅运动(第二辑)》,第246页。

6月28日

六月二十六日下午二时,大约有十人在宝山路二号总工会事务所开会。李立三和一个姓吴的向到会者说,目前公共租界各商店均已开市,但工部局至今仍未领会中国民众的一番好意,而继续在采取一些严厉措施。如果开枪事件不在一星期左右解决,则他们就要重新发动公共租界各商店罢市。

* *

六月二十六日上午十时,有二名日本人访问了宝山路二号总工会事务所,他们同李立三会谈后于中午十二时离去。据说此二人是由日本的工会派来的代表。

* *

六月二十七日上午九时,广州工会的二名代表蒋某和梁某访问了宝山路二号总工会。他们会见了李立三,并对李说,由于严格的检查制度和沪穗之间通讯的困难,广州工会派他们来上海作为常驻代表,以便收发通过船员传递的信件。他们又声称,广州政府已向沙面英国人递交了最后通牒,限他们在二十四小时内撤离该地。他们又说,广州军方很可能炮轰沙面并收回外国租界。该两位代表于中午十二时离去,并说他们将再次来。

——选自上海市档案馆编《五卅运动(第二辑)》,第248—252页。

6月29日

六月二十八日下午三时半,有三百名男工在闸北潭子湾工友俱乐部开会,由俱乐部助理秘书刘华主持。刘说,俱乐部应派代表参加将于六月三十日在公共体育场为南京路事件死难者举行的追悼大会。他又说,英国各工会正在抗议他们政府的政策,并在努力筹款支援中国工人。日本工人也在筹款援助中国工友。因此,只要中国工人坚持下去,就能取得伟大胜利。这位演讲人期望,全世界工人联合起来反抗英、日现代帝国主义

二、上海公共租界工部局警务处《警务日报》摘译

的日子不会很远了。这伙暴徒于下午五时散会。

根据中国警察局命令,前几天一直挂在闸北潭子湾工友俱乐部外面的一块写着"工人日夜学校"的招牌已于六月二十八日上午八时取下。

* *

上海大学已在西门方斜路同安里(Tung An Lee)十八号设立临时事务所。该校现正计划在大场路①上的宋公园内建立新校。

* *

闸北潭子湾三德里沪西工会于六月二十八日上午十时派陶静轩等二十三名代表去宝山路二号参加会议。他们到了那里后不久即举行会议,由李立三主持。李说为纪念在最近风潮中的死难者的追悼大会将于六月三十日在公共体育场举行,为此,二十九日沪西工会需派员一百人携带袖章、横幅等物前去体育场,以便在会场内悬挂布置。

——选自上海市档案馆编《五卅运动(第二辑)》,第254—256页。

6月30日

上海学生联合会各部名称及其负责人的名单如下:

学联主席	刘一清
总务委员会	顾谷宜
总务部	倪叔铭
官厅科	祝 平
社会科	欧阳孚(Erh Yang Fu)
宣传部	刘峻山
调查部	李可权
检查部	傅壁青(Fu Pih Tsing)

* *

大约有四十名上海学生联合会会员于六月二十九日下午二时在上海南火车站附近的沪军营亚东医科大学开会,经讨论通过决议如下:

一、筹款一千一百五十元用以支付今夏进行演讲活动所需的各项

---

① 今崇明支路。

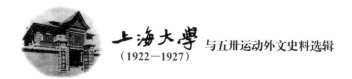

费用；

二、致函华总商会，要求该会每月提供四十万元，用以维持罢工工人生计；

三、请南、北政府就废除一切不平等条约问题向有关国家提出强烈要求；

四、派代表去北京，强烈要求北京政府就有关上海、汉口和沙面枪杀中国人事件立即和有关国家开展谈判。

此会议由上海大学学生刘一清主持，于下午五时三刻结束。

* *

自六月二十九日起，位于闸北潭子湾的工友俱乐部将改名为"上海总工会第四办事处"。目前，上海大学学生刘峻山和高伯定每日来此协助发放罢工维持费。六月二十九日他们给某日商洋烛厂和某制革厂的五百名工人发放罢工维持费，每人一元。

* *

六月二十九日下午二时，大约有二百名来自各纱厂的男工在潭子湾总工会事务所开会，由上海大学学生刘峻山主持。刘说，所有学生在此次爱国运动中都表现得英勇顽强，但虞洽卿却扮演了叛徒的角色。他为了报答所受巨款贿赂，竟诱劝公共租界各商店开市，这是最卑鄙的。但工界仍将继续罢工。全世界所有工人将联合起来向现代帝国主义及其仆从——资本主义进攻，工人们将取得最后胜利。会议于下午三时半结束。

* *

六月二十九日下午三时至四时，刘华等人在总工会潭子湾办事处举行的会议中讨论了成立工人军的问题，以便与上海学生联合会打算成立的学生军相互配合。由于武器难觅，会议未作出决定。会议主持人李立三声称，随着公共租界各商店开市，那些认为罢工应该结束的工人已经回到英国人和日本人那里工作去了。为此，必须予以警告。会议决定成立由五十人组成的情报委员会，用以对那些已经在外商那里复职的，特别是在英商那里复职的人提出忠告。如果他们对此置若罔闻，则应采取暴力措施对付之。李又宣布，全体委员均应参加业经邢将军批准的将于今日在公共体育场举行的大会。

——选自上海市档案馆编《五卅运动（第二辑）》，第257—259页。

7月1日

公开悼念南京路暴乱事件遇害华人的追悼大会已于六月三十日下午二时在斜桥附近的公共体育场举行。此会系由工商学联合会所组织，约有一百五十个团体的代表参加，其中有上海学生联合会，各路商界总联会，上海总工会，浦东总工会，华总商会，上海大学，同济医学院，大夏大学，南方大学和亚东医科大学。到会总人数约二万，其中有一半是学生和工人。会场秩序由奉军一个连、南市商团一个排和一队中国警察维持。场内挂有数百幅颂扬死者事迹的挽轴，又用散发十三种反英反日传单的方式来加强宣传。追悼大会由福建路商界联合会会长邬志豪主持，此人对推动当前的罢工起着重要作用。下午二时，邬在宣布开会后说，他们来此是为了悼念那些由于中国的羸弱而丧生的中国人。但如果牺牲能导致民众团结起来，使国家权益获得承认，则牺牲便不是徒然无益的事了。接着，杂粮公会会长叶惠钧带领与会者去一席棚，向死者遗像行三鞠躬礼，并宣读了悼词，然后群众再向遗像三鞠躬和静默了大约五分钟以示吊唁。接着，北京学生联合会代表杨善南在会上说，五卅将作为纪念爱国志士作出牺牲的日子。为了表示对死者不朽英名的崇敬，中国民众应沿着他们所指出的道路前进，把抵货运动坚持到底。在这些演讲以后，又有一些人用类似语调讲了话。随后，全体与会者三次高呼口号："民族运动万岁"，"五卅死难者永生"。大会于下午三时一刻安然解散。发起人原计划在会后举行游行，但由于中国警方反对作罢。

——选自上海市档案馆编《五卅运动（第二辑）》，第260页。

7月3日

七月二日上午十一时至下午四时，大约有五十人在北河南路华总商会开会，其中有华总商会会长虞洽卿，著名卷烟业联合会会长陈良玉，著名杂粮公会会长叶惠钧，以及两名著名煽动分子上海大学学生林钧和宝

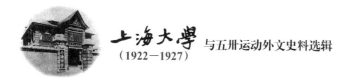

山路总工会创始人李立三。会议讨论了如何筹款以偿还为救济工人而向各华商银行商借的款项,并作出以下决议:

一、凡加入马路商界联合会的各商店和各行业中的华商企业,其职工每月捐献工资的百分之五;店主每月捐献其收入的百分之十;

二、各华商卷烟公司每出售卷烟一箱,捐献五元;

三、仍在华商纱厂工作的工人捐献一日工资;

四、中国房东每月捐献房租百分之三十,承受房产抵押者捐献百分之五。

由于一些新成立的工人团体前来申请救济,会议决定派员调查这些团体是否是真正的工人组织。

另一会议将于今日中午在商会举行。

* *

七月二日晚九时,青岛学生代表陈某向宝山路二号李立三移交青岛捐款三千元。

——选自上海市档案馆编《五卅运动(第二辑)》,第268—269页。

7月4日

七月三日下午三时左右,大约有二百人在闸北潭子湾开会。在总工会担任正式职务的学生吴宝辅(Woo Pau Foo)在会上报告说,昨日上午十一时,他和另外一些人没收了正被驱往租界的八十条牛,现扣留在宝山路二号。正在这个时候,刘华接到情报,说是劳勃生路溥益纱厂有批工人在复工。刘立即派一百名"纠察员"前去该厂监视。当他们于下午四时半来到东京路劳勃生路口时,看到白礼氏洋烛厂某外人雇用的一个姓刘的佣工正从溥益纱厂出来,五名"纠察员"当即上前将他扭住,并带往闸北三德里工会,其余的则继续在溥益纱厂大门外进行监视。

——选自上海市档案馆编《五卅运动(第二辑)》,第272页。

7月5日

七月四日下午四时,来自各纱厂的大约二百名男工在闸北潭子湾总工会办事处开会,由上海大学学生高伯定主持。高说,湖北督办萧耀南是英国人的"走狗",他最近在汉口帮帝国主义屠杀中国学生和工人,这仇一定要报。但如果中国人要在同贪官污吏和外国帝国主义的斗争中取胜,就只能同英、法、德、俄和日本等国的工人联合起来;如果他们希望获得解放,就必须沿着为工人事业奋斗的先烈们所指出的道路前进。此会议于下午五时半结束。

* * *

上海电车公司工头韩德喜(Hau Teh Hsi)和该公司的大约七十名罢工工人于七月四日下午三时在闸北三德里同刘华会商,讨论怎样对付该公司那些已经复了工的工人。会议决定派六十名"监督团"团员(其中八名带上手枪)去宝山路及其邻近地区,如在华界发现电车工人,当即予以拘捕并押送工会。

——选自上海市档案馆编《五卅运动(第二辑)》,第274—276页。

7月6日

上海自来水公司一个姓吴的工头于七月五日晚十一时偕同该公司二百名工人前往闸北三德里工会申请入会。刘华回答说,如果他们愿意继续罢工,则他准备接受他们的申请。

——选自上海市档案馆编《五卅运动(第二辑)》,第279页。

7月7日

七月六日下午二时至四时,大约有二十名总工会会员在闸北宝山路二号开会,由李立三主持。李说,有若干人目无总工会命令而擅自复工被拘,现被拘押在工会。李询问到会者是否可将这些人押送闸北各马路游街,结果此事因部分会员反对而作罢。现这些人犯仍被拘押在宝山路二号。

* * *

七月六日上午八时,真如暨南大学周鼎臣(Tsou Ting Cheng)将一万一千元送交宝山路二号李立三,此款系学生们所捐献。

——选自上海市档案馆编《五卅运动(第二辑)》,第284页。

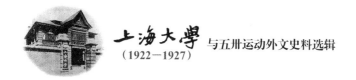

7月8日

七月七日上午十时至下午一时,大约有十名总工会成员在宝山路总工会开会。主持人李立三说,自总工会成立以来,工作人员在处理工人罢工问题上甚为热心,今后将每月给他们发薪,数额自十元至三十元不等。他又宣布,大约有一百名工人未经总工会许可而擅自复工,这些人已被扣留在三个地方,其中大约有十人已于昨日交铺保释放,铺保金额每名五十元。这些人如果再擅自复工,保人将负全责,保金由工会没收以偿付各项费用。李又说,由于各华商纱厂被切断电源,大约有五万工人失业,各纱厂厂名将于日内上报华商会。

——选自上海市档案馆编《五卅运动(第二辑)》,第287—288页。

7月9日

昨日上午九时,内外棉五厂被害工人顾正红的父亲顾宝书曾去工会会见刘华,并申诉如下:"我堂兄弟顾雪樵已与日商纱厂经理冈田秘密商量我儿子的抚恤金问题。商量结果,日商经理派其私人侦探吴汉章(Woo Han Chang)和顾雪樵前来见我,提出给我二万块钱以了结此事。但据我所知,日本人拿出了五万元,很明显这两人企图进行欺骗以侵吞三万元。"刘华立即派七八名"监督员"前去闸北恒丰路兰亭里捉拿顾雪樵,并把他押往三德里。此人现仍被拘留在该处。

——选自上海市档案馆编《五卅运动(第二辑)》,第291页。

7月10日

十二名工商学联合会会员于七月九日下午三时在西门黄家阙路庆安里二号开会,经讨论通过如下决议:

一、编制罢工基金收支报表;

二、尽速设法开办工厂,务使那些由于罢工而失业的工人得以谋生;

三、派代表往访各华商纱厂厂主,敦促他们设法自行发电以开动本厂机器,不依靠工部局电气处。

此会议由学联代表林钧主持,于下午五时结束。

——选自上海市档案馆编《五卅运动(第二辑)》,第293页。

二、上海公共租界工部局警务处《警务日报》摘译

7月11日

昨天上午十一时,闸北三德里工会的四名监督团团员向刘华报告,这天早晨,他们在戈登路靠近同兴纱厂大门处抓获一个姓刘的,并把他押到工会。当时此人正乘坐一辆人力车,身上带着很多纱厂工人工折。这姓刘的承认他是去上述纱厂的。他现在还押在三德里,只要他能找到保人,就予以释放。

*　　　*　　　*

昨日下午一时,奉军某王队长带领士兵八名去闸北潭子湾三德里工会会见刘华,要求刘出示向工人发款的账册和工会花名册。该队长又警告刘说,如发现工会会员有扰乱治安之情,将予严惩。

*　　　*　　　*

昨日上午十一时,洋务职工会、纱厂工人联合会和弃职华捕联合会的大约二十名代表在宝山路总工会开会。李立三向到会者说,公共租界当局业已停止供应电力,且将切断对闸北供应的自来水,因此中国人必须进一步发动罢工以示报复。总工会现已筹款二千元,如有人能动员更多洋行华员参加罢工,特别是英商、日商洋行华员,执行此项任务,务必高度保密,须牢记:此项行动可能招致逮捕和引起纠纷。

——选自上海市档案馆编《五卅运动(第二辑)》,第297—298页。

7月12日

七月十一日下午三时,马路商界联合会的代表在宝山路总工会开会。天潼路商界联合会代表王孚诚(Wong Foo Cheng)在会上说,天气炎热,租界居民用水要比冬天多,如果自来水出了什么何题,那就会使人感到很大不便。为此,他要求李立三命令自来水厂罢工工人复工。李对此表示反对,他说只要英国人不接受中国人的全部要求,此事就无法照办。

——选自上海市档案馆编《五卅运动(第二辑)》,第300页。

7月13日

七月十二日上午八时,有一名上尉带领十名士兵去闸北三德里工会,

他们责问刘华为何非法扣押人员和没收货物,就像官方那样行使职权。刘华解释说,有些工人被扣是因为他们无视工会命令。但一俟他们保证今后服从命令便予以释放。该上尉回答说:"你们无权这样干,今后你们必须将人员送往奉军司令部或其他警察署。"

* *

昨天下午三时,闸北三德里工会召开会议讨论上述事件,刘华缺席,表面上说是病了,但实质上是因为害怕。当时有十三人推选孙良惠主持会议,会上决定释放拘押在三德里三十七号至四十号和大丰里三十三号的大约十名"俘虏"。此项决议已于下午五时执行。

——选自上海市档案馆编《五卅运动(第二辑)》,第302页。

7月14日

七月十二日晚九时,共和路奉军司令部派十二名士兵去潭子湾总工会办事处逮捕主管该处的助理秘书刘华。但由于后者业已潜逃,士兵就将屋内张贴的所有罢工通知全部扯掉。七月十三日上午和下午,这队士兵又去工会,仍未找到该煽动分子,但在闸北潭子湾附近的一块空地上却发现有大约四十名罢工工人(他们是潭子湾总工会办事处成员)在那里进行操练,士兵们当即把他们驱散。

——选自上海市档案馆编《五卅运动(第二辑)》,第306页。

7月15日

昨日下午,工商学联合会在黄家阙路二十六号该会事务所开会,由林钧主持。会议讨论了如何对付刊登《诚言》报广告的《申报》和《新闻报》。林建议向该两报提出以下要求:

一、两报均须刊登道歉书;

二、两报均须向本会缴纳罚款五万元用以救济工人;

三、两报均须在各自专栏内刊登驳斥该广告的文章一篇;

四、两报均须刊登驳斥《诚言》报的学生来稿一篇;

五、两报均须为本会免费印刷传单一万张。

如该两报对所提要求置之不理,该会将派学生前去吴淞等地,并在邮政局外面等候报纸经营人前来,拦截他们,并将报纸没收。按学生们已于七月十三日在吴淞成功地采取了上述措施,没收了一大捆《申报》和《新闻报》。此举旨在向两报经理暗示,即所提要求必须接受。

* *

昨日下午四时,有一百多名自称是码头苦力的人前去宝山路总工会要求领取罢工津贴,但遭李立三拒绝。

——选自上海市档案馆编《五卅运动(第二辑)》,第311—312页。

7月18日

昨天下午二时左右,一个自称姓金的去闸北三德里要见刘华、孙良惠和刘贯之。工会会员怀疑他是密探,把他扣留到下午四时。当时此事引起了奉军士兵的注意,后来士兵将他带往闸北奉军司令部。

* *

昨日下午五时,约有十名因华商纱厂停工而失业的工人代表前去宝山路二号总工会,向李立三要救济金。李回答说,他去同纱厂主协商要钱来付给他们。

——选自上海市档案馆编《五卅运动(第二辑)》,第321页。

7月19日

全国学生总会的代表们七月十九日下午三时在法租界爱多亚路梧州旅社举行茶会招待广州学生会派来的三位代表何觉甫、兰辛堂和毕磊。会上,有一广东籍学生概述了沙面事件的情况。他最后为香港和广东的罢工工人呼吁捐款以购置生活必需品。

最后通过了如下决议:

一、致电外交部要求就外国人在沙面枪杀中国人一事采取特别措施;

二、取消所有侵犯中国主权的不平等条约。

会议由四川学生会代表李硕勋主持,于下午六时结束。与会者有上海总工会的李立三和工商学联合会的邬志豪。

* *

昨天下午二时至四时,商会成员约十人在北河南路商会大楼开会,由

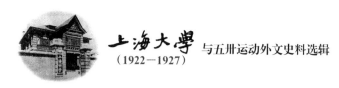

陈良玉主持。他说宝山路二号工会领导人李立三通过商会介绍，为解决劳资两方之争端曾与日本纱厂厂主磋商数次。陈继续说，商会作为居间人，将不干预解决的条件。商会提出的向租界各商店募捐的建议未得到各路商界总联会的响应，并准备就此事致函工商学联合会。

*　　　*

昨天下午二时，宝山路二号举行会议欢迎广州工会就有关罢工事宜派来援助本地煽动分子的代表李庆生（Lee Ching Sung）等人。这些代表现住爱多亚路梧州旅社六一八号。工会主席李立三说，英国不认错，不放弃领事裁判权和其他在华权利，罢工工人就不复工。他对广州代表们留在上海期间所提供的宝贵帮助表示感谢。由于代表们不久将离沪回广州，所以他希望他们回去后将上海罢工工人所经历的困难告知广州工人，使他们加深印象，并要求他们继续捐款以延长上海的罢工。

——选自上海市档案馆编《五卅运动（第二辑）》，第325—327页。

7月22日

七月二十一日上午十时半，工商学联合会的二十一名会员在沪南车站附近沪军营亚东医科大学上海学联开会，决定他们打算发表的一系列演讲的主题内容。会上所作的决议如下：

一、详细讲述"五卅"惨案；
二、强烈要求与英、日两国断绝一切经济关系；
三、力劝全体国人从汇丰银行提取存款。

会议由全国学生总会林钧主持，于上午十一时四十五分结束。

——选自上海市档案馆编《五卅运动（第二辑）》，第332—333页。

7月23日

七月二十二日下午三时半，工商学联合会的二十名会员在西门黄家阙路庆安里二号开会。会上讨论并通过了下列决议：

一、请福建路商界联合会会长邬志豪、广东路商界联合会会长王汉良、国民对英对日外交大会委员会委员周霁光、各路商界总联合会严谔声代表工商学联合会参加检查出货委员会。按检查出货委员会系由华商总会、上海总工会、工商学联合会、各路商界总联合会、全国学生总会、上海运输工会和上海码头栈务工会所组成；

二、请上海临时济安会公开发放罢工维持费。

会议由全国学生总会林钧主持，于下午五时结束。

* *

昨天早上六时，闸北宋教仁墓北面陆家宅举行会议，有闸北、南市、潭子湾、共和路的一些总工会办事处的约一百名代表出席，会议由李立三主持。李说："昨晚（七月二十一日）八时，我在北河南路华商会参加会议，有个自称是工人代表的常玉清与我争吵起来，其实此人是西藏路大观园浴室的股东老板，也是日商某纱厂的工头。他指责我私吞工人救济金，并要我使二万名闲着的工人回厂做工，因为他断定工人们是由于我的原因而遭受严重损失的。他还企图强迫我在纸上签字作为我的保证。我拒绝了。他说：'你不如辞职吧。'这时我的一个姓汪的朋友叫我们退席，我们就走了。五卅开枪事件后，我负责组织总工会，从那时起我把全部时间用于开展工会运动，这一点我现在毋须对你们诸位讲。哪位工人如果不要我留在工会，请勿作声。要是希望我留下的，请举手。"

到会者全体举手，并高呼三声："我们要驱逐常玉清。"群众在上午八时解散。

* *

昨天上午十一时，据说住在一品香饭店的留美学生代表桂崇基去共和路【和兴里】二十七号总工会约见李立三。他说在美华侨已筹集二十万美金周济工人，该款将于两周内汇来。

——选自上海市档案馆编《五卅运动（第二辑）》，第334—336页。

7月25日

七月二十四日上午十时半，十七名上海学联成员在沪南车站附近沪军营亚东医科大学举行紧急会议，由上海大学学生刘一清主持。会议决定派二名代表去会见戒严司令邢士廉，强烈要求他重新开放被他查封的三个组织。会议至晚上十二时一刻结束。

西门黄家阙路庆安里二号工商学联合会于七月二十三日查封后，该

组织发行的《工商学联合会日报》业已停刊。

＊　　　＊　　　＊

七月二十四日下午三时，约有九十名总工会会员在闸北宋教仁墓地集会。李立三主持会议，他说关于三个组织被查封之事已向北京政府发了数份电报。北京政府回电称，政府从未授权邢将军公布戒严令和查封那些组织。据李立三称，电报还令邢将军于七月二十四日撤去封条。

由于受到士兵的严密监视，李通知说，今后召集各组织开会应通过各代表传达，不要发书面通知。

——选自上海市档案馆编《五卅运动（第二辑）》，第340—342页。

7月26日

昨天下午三时，闸北潭子湾三德里约有七十人参加工会会议。工会成员万开元说，根据李立三寄来的一封信，工会要组织一个十人小组，专门对付那些使工会被查封的人。

——选自上海市档案馆编《五卅运动（第二辑）》，第345页。

7月27日

李立三、刘贯之和另外二人虽然已向奉军司令部提出抗议，要求启封黄家阙路庆安里二号工商学联合会和共和路镇安里二一五号洋务工会，但到昨天很晚时刻尚未见启封。昨天下午三至五时，约二十名洋务工会会员在虬江路二〇八号同乐春茶楼集会。会议主持人王阿毛说，刘贯之已见过邢士廉，他答应一二天内撤除他们工会的封条。王阿毛劝与会者保持平静，不要诉诸暴力。他又说，他已安排宝山路二号作为工会的联络地点，会员们可在那里听取消息。

——选自上海市档案馆编《五卅运动（第二辑）》，第347—348页。

7月28日

在虞洽卿的要求下，西门黄家阙路二号的工商学联合会将于今日下午启封。虞在昨天会见邢士廉时指出，华界某些马路商界联合会是工商学联合会的会员，若不启封，华界店员恐会举行罢工。该联合会的查封似乎是由于该会会员散发传单、指责北洋军阀勾结洋人所造成的。昨日下午四时，李立三、刘贯之、杨剑虹等人代表上述联合会被召至奉军司令部，被命令签署保证书，同意改组该联合会，并为会员们的危害社会治安的一切行为负责。

*　　*

昨日上午九时至十一时，闸北三德里工会举行会议，与会者约三百人。会议决定组织一支演讲队，从今日七月二十八日开始，每天去公共租界和华界纱厂罢工工人住所宣传，告诫他们没有工会命令不要复工。另又决定以同样目的组织一支妇女演讲队，由著名共党分子向警予女士领导。

*　　*

下面是一份在闸北散发的传单的译文①，内容是痛斥总工会和它的创始人李立三。有人建议由工部局新闻处大量翻印这份传单并广为散发。

《揭破上海总工会的黑幕》

工友们：在一种群众运动勃发的时候，参与该运动的各个体要想贯彻或完成该运动的使命，第一，对于运动的本身不可不有深切的认识；第二，运动的方式不能不加以慎择和确定；第三，方式的进行不能不有忠实的、不断的努力和奋斗。如是以来，运动的使命才能完成，运动的胜利才能获得。此次中国民族求解放的全民运动，固不能一概抹煞，说是完全未据上述条件，但其中不忠实于运动，不是为救国而加入运动的，也不能说没有。

当此一致对外努力扑灭强权的时际，我们本不愿将家丑向外揭扬，可是受良心的趋〔驱〕使，不说，如骨哽喉，且为忠实的工友们计，也是义不容辞，要尽我们说明之责，不过这种说明纯以事实为根据，这是要请工友们了解。缩小范围说，单就沪地而言，此次运动的主力军说是无产阶级的劳工者，大概任何人也不得否认，可是他方面全沪大多数的工人竟因此次罢工做了野心家钓金钱的香饵，这是多么可痛而可恨的事。

在知识较低、久压在资本家及资本家走狗、军阀、官僚下的沪上工人，

---

① 此系选用案卷内的中文传单原件。

此次竟勇敢地冲破束缚,直起同盟罢工,做反强权的运动,这的确是中国工界的空前的大荣幸。凡稍能成其为人的人应怎样帮助这知识较低的工人,以尽互助的能事,乃李立三等竟以工人知识低,容易愚弄,乘机组织什么总工会,从中骗钱,作恶多端,为害工人。今为工友们计,特揭破他们的黑幕如下:

(甲)由李立三人格上说明他无献身工界之诚意

(一)现做突然而起之总工会委员长李立三的名字又叫李成。他是何许人不说也不知。他是湖南人,先是无政府党,后觉无政府党是苦差事没有什么油水,乃一变而为共产党徒。为期不久,大约又觉着仅仅一个共产党徒,苏俄的金卢布还不能大批的领的,在国内撞骗还够不上资格,于是力谋在湘共产党的委员长。谁知他们湖南共产党都很合人以类聚的条例①,竟不相容。这一来由无政府党而共产党,由共产党徒而欲谋委员长的李立三也就再变而为不能立足于湘南的高等流氓了。试问,李某人格如是卑下,权利心如是狂热,说他能同情于劳动界而有献身谋工界幸福的真诚,其谁肯信?

(二)李立三在沪是穷的〔得〕鞋子也没的〔得〕穿的穷小子。自做了总工会的委员长,为期不过月余,已由穷小子一跃而为兴业烟草公司的股东,已有和资产阶级大人先生们合作的资格。阅者诸君,李某是穷汉,他投资的资本来源何处,不用说是当委员长的好处了。然而做劳动运动者固应如是吗?未免太辱没了劳动运动四字了,未免太拿劳动者开心吧!

所以归纳上述两项,可以明了行为无定的李立三是富于权利热,是同情于资产界,而苦自己非富于资产者,乃乘群众救国运动的时机,投机式的打起组织工会连〔联〕合工人一致对外的招牌,大做其发财生意了。于是五卅案发生后三日(六月三日)而总工会出现,继之兴业公司里股东又添上一个李立三。

(乙)事实上总工会之为害工界

(一)工会之为用。本会工人鉴于自身利害,直起合同产业或同职业

---

① 原件如此。

而组合的一种自卫机关。这种工人自卫的机关完全由工人直接组织和维持,他人充其量也只有由同情而尽协助之义务,绝无从中垄断的可能。此次李立三等利用工人的忠实和加强的情感组织总工会,位置私人,如刘某谢某等等都居至要职务,自任委员长,包办会务,强奸工人意志。此为害工界一也。

（二）此次自食其力的劳工忍饿罢工,以示反抗强权之坚决,其为国精神之伟大委实不可及。我们对于这精神伟大工友们,嗷嗷待哺的工友们,怎么样节衣缩食为经济的援助,以维持他们的生活现况。不料总工会对于国人捐数之措施实有出人意外者。兹分述如下：（1）该会办事人员每日都有酬金,酬金的数量五元、十三元不等,现取得酬金的已有八十余人。（2）备汽车专供办事人乘驶。（3）每人每日酬金三元,雇用地痞流氓日数十人,做李立三出外时的保卫。（4）做李立三投资烟草公司的股本。（5）作效忠于李立三等人的津贴费,如某会某已月得总工会津贴六十元。按国人捐款原为济工,而须济工人为数不下二十万,今该会直将捐款充少数人的滥费和私蓄,昧良〔心〕诈骗。此为害工界二也。

（三）发给工人救济费,原为救济失业工人以期对外奋斗之持久。凡罢工工人都在应救济之列,都有取得救济的可能。可是总工会发款时,幼年工、老年女工不发,连到的也不发。可怜这班为国而失业的老少工友,全靠多日始一发给的救济费以生活,今总工会只凭少数人的好恶作发给与否的标准,直欲置工人于死地了。此为害工界三也。

（四）社会个体的趋向完全是受个体意志的主宰。其趋向的途径只要是属于理智的,非危害群众的,那末个体外的他人决无压迫或干涉的可能。这是极明显的事,包办总工会的先生们总不会不知道。可怪他们明知故犯,他们对于未加入总工会的工人都加以疾〔歧〕视,他们对付为他们所疾〔歧〕视的工人,遇着非打即骂,干涉工人的自由,横暴等于君主时代的专制魔王。此为害工界四也。

（五）总工会在小沙渡租有很多的民房,私设法庭专作拘捕异己或非难总工会工人之用。他们在异己的工群内,密布所谓包探,探有仗义直〔执〕言的工人,即驾汽车帮〔绑〕票似的将该工人捉去,先打后拘。且工会纯系平民集合机关,它的性质远非行政、司法机关可比,什么类似法庭

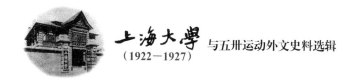

的设施，随便拘捕的行为，都非这平民集合的机关所可有、所应有。然而总工会竟出此法外行为以蹂躏工人。此为害工界五也。

总之，总工会是李立三等利用工人的忠实所组成的一种别有用场似是而非的工会；总工会是少数野心家大骗子的大本营；总工会是陷害工人的陷井〔阱〕。工友们没有锐利的眼光去观察它的内幕，没有立〔真〕正魄力去驱逐这些危害工人的工贼，一任他们猖狂到如今。工友们醒醒！你们所迷信的正是危害你们的啊！你们努力御外侮，家贼也不可不防呀！

各省旅沪公民会

五卅救国同志会　　同启

上海工界自卫团

——选自上海市档案馆编《五卅运动（第二辑）》，第349—353页。

7月29日

在全国学生总会的赞助下，本埠约有十二个团体的三十名代表于七月二十八日下午三时半，在西门大吉路养仁坊二十号举行会议，以欢迎河南学生联合会派来的二位代表孙守志和陆懋丰。会上，在全国学生总会总务部主任李适贤（Li Suh Yien）致欢迎词并将客人介绍给与会代表后，客人简略叙述了动乱开始以来在河南发展的种种事态。他们说，河南督办岳维峻将军严重破坏他们的各种活动，把他们的学生联合会基地全封闭了。岳将军这样做证明自己是个洋奴。他们希望全国各地人民帮助他们反抗岳的残暴行径。由于这一呼吁，会议决定发一电报，坚决要求岳督办重新开放各查封办事处。参加此会议的还有潭子湾总工会办事处秘书长刘贯之，上海总工会首席代表李立三。会议在下午五时五十分结束。

＊　　　　＊

昨天上午十一时，约有十名商会会董在北河南路商会大楼开会，李立三、潘冬林、钱龙章也应邀出席。虞洽卿主持会议说，邢将军已允许启封工商学联合会，但要他告诫各团体组织不得散发言词剧烈的传单。虞会长建议向各团体组织发一封含此告诫内容的信，若不起作用，商会对今后启封之事将不负责。会上通过了虞洽卿的建议,并将据此发出告诫信。

——选自上海市档案馆编《五卅运动(第二辑)》,第354—356页。

7月30日

七月二十九日晚上七时,工商学联合会七名成员在西门附近黄家阙路庆安里二号会所开秘密会议,讨论有关重建该会的建议,并安排原来的宣传工作。到会的有林钧和李立三(别名李成)。林钧是上海学生联合会的重要人物,曾主持五月三十一日在总商会举行的大会,在这次大会上通过了举行总罢工的决议。据报告李立三曾旅法旅俄,是个激烈的共党分子,是上海总工会最著名的高级职员。

* * *

七月二十九日下午二时半,约有四十名学生在南站附近沪军营亚东医科大学举行秘密会议,由上海大学学生刘一清主持。会议讨论了致函邢士廉将军,驳斥一些传单对他们的谴责。但会上未作出明确决定。

* * *

昨天有人在共和路散发了攻击总工会委员长李立三的传单,谴责他挥霍工人救济金。

——选自上海市档案馆编《五卅运动(第二辑)》,第358—360页。

8月1日

七月三十一日下午二时半,本埠各工会的九十六名代表在华界中华路中华少年宣讲团开会,由闸北共和路和兴里二十七号上海总工会代表刘少奇主持。刘在宣布开会后说,自从罢工开始以来,两个月过去了。罢工必须继续下去,直到英、日势力不再成为远东的重要因素时为止,这一点很重要。俄国的一些劳工领袖已到达上海,他们将尽力援助罢工工人。也渴望得到英国工党一些重要党员的帮助,他们打算不久访问我国。罢工维持费将在八月一日重新开始发放。谣传罢工工人正在软下来,但这位演讲人相信,资本家的这些希望将永远不会实现。第二个发言的是上海总工会委员长李立三。他说,目前工界罢工问题不仅在全国而且在国际上也受到关注。中国的未来完全取决于这场运动的胜利。因此工人们

一定要坚持下去,一定要达到眼前目的,不彻底打倒现代帝国主义和它扶植起来的资本主义决不罢休。一些领导人在斗争中站在工人一边,并成功地筹集到一百七十万元以救济罢工工人。这笔款子在前两个月中已发给罢工工人。工人们可以放心,这种维持费将继续发放,直到工人们的努力获得胜利为止。为了保证有充分的经费,工商学联合会派驻北京代表已向政府建议开办彩票,每月可得百万元;另外再将江南制造局房屋抵押给中国银行,可筹款三百元。李继续演说道,邢士廉在英国驻沪总领事的压力下,已封闭了中华海员工会和其他两个团体,他还打算逮捕和处决各工会领导人。现时俄国劳工领袖的到来真是幸事。他们一定能提出建设性的意见。只要争端不解决,工人们唯一可走的路就是坚持罢工。李最后说,那天下午他虽然被邀去交涉署参加与日本总领事关于内外棉纱厂复工的谈判,但他不能说他的所闻给了他很好的印象。此会议于下午四时半结束。

*　　*

七月三十一日中午十二时,工商学联合会的二十名左右成员在西门黄家阙路庆安里二号召开紧急会议,由全国学生总会林钧主持。会上讨论并通过了下列决议:

一、一切消息须经本会总务科主任核对后才能发出刊登;

二、聘请查账员一名,审查工商学联合会经手的罢工维持费;

三、要求全体职员每天上午九时至下午六时上班;

四、通电全国,宣布本会重新活动。

出席会议的有:上海总工会首席代表李立三,全国学生总会刘绍先,各路商界总联会严谔声,蓬路商界联合会潘冬林。会议在下午二时结束。

——选自上海市档案馆编《五卅运动(第二辑)》,第364—366页。

8月2日

昨天下午四时,有四名俄国人访问闸北和兴里二十七号总工会,与李立三、刘贯之等人长时间地讨论了劳工形势。

——选自上海市档案馆编《五卅运动(第二辑)》,第369页。

二、上海公共租界工部局警务处《警务日报》摘译

8月3日

据报告,"青帮"、"红帮"这两个秘密组织现已与闸北工人煽动分子沆瀣一气,并向臭名昭著的工人领袖李立三效忠。现有理由担心,这两帮人的意图是,向经营英、日货店铺、商行以及为这两国侨民工作而挣大钱的华人进行绑架勒索。众所周知,"青红帮"大部分会员是犯罪分子。

——选自上海市档案馆编《五卅运动(第二辑)》,第369页。

8月4日

八月三日下午四时,上海临时济安会的九名成员在华界法华民国路会所召开紧急会议。会上讨论并通过了下列决议:

一、要求该会会长徐乾麟收回辞呈;

二、任命全国学生总会林钧为该会会计主任,接替新近辞职的江政卿;

三、任命福建路商界联合会邬志豪为该会副会长;

四、任命江政卿为该会交际部主任。

会议由山西路商界联合会会长周柏尧主持,晚六时一刻结束。

——选自上海市档案馆编《五卅运动(第二辑)》,第373页。

8月5日

八月四日上午,闸北共和路奉军司令部一个姓刘少校和两名士兵去潭子湾总工会办事处,查问该工会助理秘书刘华的去向,他因怕被捕于最近逃跑了。工会的人告诉他们说,刘病了,已去四川养病。这三名奉军司令部人员警告工会职员说,在华界开会是违反戒严法的,如不遵守此法,将会给负责人带来严重后果。

——选自上海市档案馆编《五卅运动(第二辑)》,第375页。

8月6日

八月五日中午十二时,工商学联合会的十七名成员在黄家阙路庆安里二号开会,由全国学生总会的主要领导人林钧主持。林报告说,该会在

京代表邵华来信称,在京各团体的代表已向段祺瑞提交请愿书,要求撤去戒严司令部司令邢士廉之职务。会议随后进行了很长时间的讨论,并通过了下列决议:

一、要求工商学联合会副会长邬志豪收回辞呈;

二、聘请查账员检查罢工维持费的一切收入账目;

三、要求所有团体筹集经费支持罢工。

会议在下午二时结束。

* *

八月五日晚九时,约有二百名工人代表在闸北镇安里二四〇号上海电车工会会所开会,由上海总工会委员长李立三主持。他说英国人、日本人所雇用的所有工人都应该把罢工坚持到底。救济金正在筹集,大家要遵守秩序,要以守为攻,不要轻举妄动,不要听信谣言,以免误入歧途。要听从工会的命令。

会议在晚上十一时解散。

——选自上海市档案馆编《五卅运动(第二辑)》,第376—378页。

8月7日

西摩路一三二号上海大学校舍以及家具等物,已于八月六日下午四时至六时移交商易洋行代表。

* *

八月六日下午二时四十分,上海总工会数名成员在法租界爱多亚路一三五号梧州饭店举行茶话会招待本地记者,约有二十人到会。总工会首席代李立三主持会议,他报告说,日本纱厂劳资双方的谈判已告失败。李又说,罢工必须继续进行,工人们不达到目的决不罢休。会议在下午四时结束。

* *

八月六日上午十时一刻,苏俄工会的四名代表访问了西门黄家阙路庆安里二号工商学联合会,由上海总工会李立三接待。俄国代表一行于上午十一时离去。

据传说,一些煽动分子正在竭力使总罢工于八月十日重新爆发。警

二、上海公共租界工部局警务处《警务日报》摘译

务处对此进行了认真的调查,但至今未发现煽动分子的希望有实现的迹象。

——选自上海市档案馆编《五卅运动(第二辑)》,第378—381页。

8月8日

八月八日下午三时十分,四个苏俄工会代表访问了小西门内蓬莱路福安坊八号上海学生联合会会所,由该会领导成员刘一清、顾谷宜二人接待。代表一行在下午四时离去。

——选自上海市档案馆编《五卅运动(第二辑)》,第383页。

8月9日

昨天下午二时,山西省工人、学生代表康先生访问共和路和兴里二十七号总工会,交给李立三大洋五千元作为救济金捐款。随后总工会举行了欢迎会,会上刘贯之就南京路惨案以及其后发生的事作了长篇演说。康先生致答谢词,并说他回去后将公布在上海收集到的全部消息,因为山西人民对当前运动并不十分热心。

——选自上海市档案馆编《五卅运动(第二辑)》,第384页。

8月10日

原定八月九日下午二时在华界中华路少年宣讲团举行的工人代表会议,因出席人数不足而放弃。当时只有二十人左右出席。上海总工会委员长李立三在下午二时十分乘汽车到达会场后宣布会议延期。参加会议的人随即解散。

——选自上海市档案馆编《五卅运动(第二辑)》,第386页。

8月11日

八月十日下午四时半,约一百名工人代表在闸北共和路镇安里二四〇号上海电车工会会所开会。上海总工会委员长李立三主持会议,他说外国人采取了拖延政策,然而罢工工人决不应气馁,要坚持到最后胜利。接着讨论并通过了下列决议:

一、发表一项工会对上海事件所持态度的声明；

二、要求工部局答应下列要求：

（一）将会审公廨无条件归还中国当局；

（二）给予租界内华人居民完全自由；

（三）给予华人居民选举权；

（四）承认工人有组织工会的权利和工会有代表工人的权利；

（五）参加罢工的爱国工人一个都不准解雇；

（六）罢工期间发一半工资；

（七）同意普加工资百分之十五。

——选自上海市档案馆编《五卅运动（第二辑）》，第388—389页。

8月12日

为解决日商纱厂工潮，以上海总工会委员长李立三为首的八名罢工工人代表于八月十一日前往交涉署。当时在座的尚有中国官员、总商会会董和日本总领事。据报会议达成了协议，纱厂工人将根据下列条件复工：

一、按照劳工条例，承认工会有代表工人之权，一俟秩序恢复正常，中国政府即将予以公布；

二、由于总罢工而蒙受损失的工作良好的工人，厂方当给予适当赔偿；

三、关于要求增加工资问题，待与各华商纱厂厂主商量后当予以考虑；

四、工资均按大洋发放；

五、为改善纱厂劳动环境，厂内日籍雇员在值班期间不准携带武器；

六、无故不得解雇工人；

七、曾于五月十五日开枪射击华籍工人的两名日籍雇员元木和川村均应开除出厂；

八、抚恤顾正红家属一万元。按顾是在工潮期间因枪伤致死的。

* *

八月十一日，有一份措词强烈的传单在法租界和华界散发。该传单指控工人领袖李立三在有关日商纱厂复工协议一事中曾接受贿赂十万元。传单标题为:"在日商纱厂复工中的敲诈勒索行为。"

* * *

最近几天,杨剑虹和刘贯之已不再去奉军司令部,据讯他们二人均已接到恐吓信。

关于中国共产主义青年团(The Young Communist League Of China)印发的红色小传单,上面印有英国国旗和中、英文口号:"英国水手们,不要当帝国主义金融家的工具了!"等字句。据警务处获悉,该团亦称中国共产主义青年党(The Chinese Young Communist Panty〔Party〕),其总部设在闸北中兴路德润坊一〇八九号上海大学临时校舍。但由于上述大学的大多数学生均已回家过暑假,因此这所学校的煽动分子们目前都住在城里蓬莱路福安坊八号上海学生联合会会所。中国共产主义青年团约有团员六百五十名,他们都是具有布尔什维克理论的学生,是中国共产党"第三等"的年青成员。为了一致起见,中国共产党人自己亦加入了上述组织。这些"年青成员"在开始阶段每人每月领薪五元,以后根据功绩加薪,最高为六十元。凡能向暴徒发表漫骂性演讲或以类似腔调撰写文章,均作为工作才能予以考虑。在上海大学、南方大学、同济医学院、大夏大学、南洋大学以及复旦大学等校的学生中,均有此组织成员。虽然共产主义青年团现任首领目前尚不得而知,但该组织是在陈独秀、瞿秋白以及中国共产党其他领导成员的指导下进行工作的。

——选自上海市档案馆编《五卅运动(第二辑)》,第393—395页。

8月13日

根据上海总工会和上海临时济安会的意见,大约有二千名码头装卸工于八月十二日中午十二时至下午一时半聚集在北河南路总商会大楼,要求见商会会长虞洽卿,但被告知虞身体不适。随后他们会见了秘书长徐先生。徐极力劝他们散去,但未成功。这时,徐先生就召见了各工会的代表,然后再与码头装卸工进行协商。协商结果,他们派六名代表去海宁路三十七号虞洽卿先生寓所,后者同意商会于八月十三日发放罢工维持费。当这项书面协议向码头装卸工作了传达后,他们就从容地散去了。协议签署人为:总商会代表虞洽卿,学生联合会代表刘一清、陈友

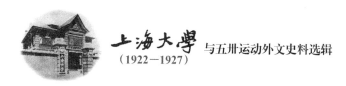

兰（Zung Eu Lan）和王道，运输工会代表方铁成和武启继，总工会代表刘贯之。协议阐明：凡已于八月十日、十一日领得一元罢工维持费的码头工人可再领取三元；凡至今分文未领的，每人可领取四元。当码头工人占据商会大楼时，他们吃光了为宴会准备的大量食品，还砸坏了几只椅子和几件陶器。当时有一小队警察在附近维持秩序，待工人散去后才撤离。

*　　　　*

警务处顷从可靠方面接到报告，说是各工会代表将于八月十三日下午二时在北河南路总商会举行联席会议，目前会议正由本埠三十七个工会的会员在筹备，他们急切希望他们的组织与上海总工会脱离关系。会议的一项重要议程将是通过谴责总工会委员长李立三私吞罢工基金的决议。另有一份情报证实了上述报告，说李现在相当富裕。外间谣传他拥有第六一一一号小汽车一辆。他的一名同党郭经盛（Koh Ching Zung）是上海印刷工人联合会会长，现住界外北浙江路① 华兴坊五六七号，据说此人拥有第三一三八号汽车。

*　　　　*

八月十二日，某华探接到二张邮寄传单，这些传单谴责李立三、杨剑虹、刘贯之等上海总工会成员的欺诈行为并号召罢工工人复工。

——选自上海市档案馆编《五卅运动（第二辑）》，第396—398页。

8月14日

下面是一份最新的实际参与推动罢工运动的团体名单，以及他们的详细地址和主要成员姓名：

协会名称	地　　址	主要成员
各路商界总联会	城里福佑路25号（煤炭公所）	袁履登　钱龙章　邬志豪
中华海员工会	华界法华民国路43号	陈杏林　陈伯涛　叶谒来
中华海员工会（浦东分会）	清东烂泥渡路东长里66号	赵长宝（Zao Tsang Pao）

---

① 今浙江北路。

二、上海公共租界工部局警务处《警务日报》摘译

(续表)

协 会 名 称	地 址	主 要 成 员
英商烟草职工互助会	浦东杨家宅	李国章(Li Kuo Chang)
洋务职工会(或洋务职业工会)(买办和职员)	虬江路附近龚家宅路香山同乡会	郭锡林(Kwoh Sih Ling) 杨剑虹
洋务职业公会	闸北长安路76号少年讲演团体会	朱昌利　张庵堂
洋务职业协会	闸北中兴路德润坊1087号	黄宝顺
工商学联合会	西门黄家阙路庆安里2号	邬志豪　林钧
中华全国学生会总会	西门大吉路养仁坊20号	李硕勋　高尔伯　葛建时
上海洗衣工人联合会	南站附近煤屑路10号	陈余庆
上海学生联合会	城里蓬莱路福安坊8号	顾谷宜　刘一清　郭作林(KwOh Tsoh Ling)　王通
闸北学生联合会	界外四川北路文肇公学	张放　曾绍余
上海总工会	闸北共和路和兴里27号	李成　朱义权　刘钟鸣　刘少奇　孙良惠
上海各团体外交后援会	海宁路1789号德济医院	史国英　陈钟柔
上海印刷工人联合会	界外北浙江路华兴坊567号	徐海坤　黄项　章天林
上海公共租界电车公司工会	闸北共和路镇安里240号	顾凤鸣
上海电车路工会	闸北大统路正华里1号	郑坤　吴长年　潘志亮　胡彦魁
上海电车公司工人协会(分会)	界外兆丰路江雁桥	陈德润
国民对英对日外交大会	城里中华路少年宣讲团	倪无吾　周霁光
工部局电气职工联合会	虬江路叙林里(Su Ling Lee)39号	徐成祖
弃职华捕联合会	闸北青云路天授里	洪增普　杨金龙
上海码头栈务总工会	虬江路附近香山同乡会	邓苏才(Deng Soo Tsai)
浦东总工会	浦东花园石桥4—5号	张佐臣
沪西工会	闸北潭子湾三德里37—40号	吴明轩

（续表）

协会名称	地 址	主要成员
上海临时济安会	民国路30号	徐锡麟　邬志豪　林钧　葛建时
共产党会议地点	闸北天通庵路三丰里（Sun Feng Lee）26号	张西（Chang Se）
共产党会议地点	林荫路正兴里23号	郭景仁
上海学生联合会夏令讲演会	西门路顺安里（Zung An Lee）	杨贤江　施存统　恽代英　杨杏佛
中华全国总工会上海办事处	闸北宝通路顺泰里30号	林育南　孙良惠　孙元明
中华海员工会货栈部	城里天官牌楼嘉祥里46号	胡世才　王纪珊　顾宝全
淞沪市民五卅后援会	虬江路374号	宁来川
中华海员工会货栈部	闸北中州路46号	吴永祺（Woo Yung Gee）
上海印刷工人联合会	城里肇嘉路泰瑞里11号	朱长林（Tsu Chan Ling）
中国丝绸厂工会	极司非而路吴家宅	高永章（Kao Yung Chang）
中华国民自卫救国团	西门方斜路东安里29号	江铭昆　陈钟柔
上海学生联合会经济绝交部	南站沪军营肇庆里18号	谢志兰（Zia Tsz Lan）　王道

——选自上海市档案馆编《五卅运动（第二辑）》，第401—403页。

8月15日

八月十四日下午二时，有十八名上海学生联合会会员在小西门内蓬莱路西成学校开会，讨论为防止罢工工人抢劫食品和从事骚扰活动所应采取的措施。会议由上海大学学生刘一清主持，经两小时讨论后，决定派代表往访总工会委员长和上海临时济安会会长，要求这些团体保证向码头工人发放罢工维持费。此会议于下午四时结束。

——选自上海市档案馆编《五卅运动（第二辑）》，第405—406页。

8月16日

昨天下午一时半，两名河南商界代表杜某和田某去总工会要求会见李立三,当时由英文秘书杨剑虹代为接见。杨告诉他们说李已病了。这两名代表就拿出了三千元捐款,又询问了南京路开枪事件的情况,并说河南人民为支援上海罢工运动而专门成立了一个团体。接着杨剑虹带领这两人去黄家阙路二十七号工商学联合会,并把他们介绍给那些将为他们举行欢迎会的会员们。

＊　　　　＊

鉴于社会上流传许多攻击总工会的传单,昨天李立三决定散发下述传单:

《致工人书》

工会是工人之家,工会是工人的命根子。没有工会我们就无家可归,没有工会我们既不能生存也得不到保护。

帝国主义分子要我们做他们的奴隶,不愿让我们成立工会。资本家和工厂主想要吸干我们的血,等到我们被吸干后,他们就剥我们的皮。这就是为什么他们如此起劲地反对我们的工会。

工贼们在骗取工人们的钱财,他们已成为帝国主义分子和资本家随意驱使的走狗,他们正在竭力诽谤工人。

他们采取了以下三种手法:一、武力镇压,二、限制各工人团体的自由,三、散布谣言诽谤工人团体。

作为对策,我们必须抵制洋货,并以同心协力、支持工会和遵守工会命令等行动去战胜他们。

至于继续罢工还是复工的问题,我们必须服从工会的命令。

总工会(签字)

——选自上海市档案馆编《五卅运动(第二辑)》,第412—413页。

8月20日

八月十九日下午二时三十分,有四十名上海学生联合会会员在西门蓬莱路四十四号西成学校开会,由上海大学学生刘一清主持,会议经讨论通过以下决议:

一、通函全国各学生联合会,要求他们于九月七日召开大会以悼念当前罢工期间各地的死难者;

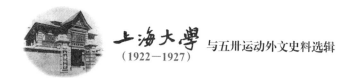

二、通函本埠各学校团体，号召他们至少各派代表两名，于八月二十日上午十时去虹桥机场欢迎预期在那时到达的俄国飞机。

此会议于下午四时半结束。

*　　　　*

昨天上午九时至十时，大约有八十人在闸北潭子湾三德里开会，其中大多数是纱厂工人。总工会秘书陶静轩在会上说，委员长李立三已就本月二十一日复工之事与日本人签订了协议，但工人们对协议上所列各条甚为不满。除非北京政府发布命令，否则他们将不复工。此会议未作出决议，于上午十时结束。

——选自上海市档案馆编《五卅运动（第二辑）》，第420—422页。

8月21日

尽管总工会在努力说服日商纱厂工人今日复工，但十二名纱厂工人代表无人有此意愿。他们断言，总工会委员长李立三已从日商纱厂老板那里拿到十万元作为复工的一项条件。因此，他们不承认总工会关于日本人会履行各项复工条件的保证。然而，他们将考虑华商会的保证，如果后者愿提供的话。今天早晨可能只有少数罢工工人会回厂工作。

——选自上海市档案馆编《五卅运动（第二辑）》，第425页。

8月23日

昨天下午四时左右，大约有十人去闸北共和路和兴里二十七号总工会要求会见李立三委员长。据总工会说，这些人全是流氓。当时由杨剑虹代为接见，并问他们有什么事。有个自称姓王的安徽人说，他是代表六百名码头工人前来申诉的，他们自罢工以来一直没有领过罢工维持费。他坚持要见李立三，并要求李对此作出解释。杨回答说，李将于一小时后回来。于是这些人就离去了。大约在下午六时半，那个姓王的安徽人带了大约十个人乘了两辆汽车来了，他们全都拿着刀子和铁棍。他们一下车王就发出信号，这时早就聚集在附近地区的大约八十个人一齐跟了上来，并立刻包围了总工会。他们冲进总工会，见人就打，见物就砸。此时，李立三和刘贯之正在一间房间里，他们立刻把门锁上。正当群众砸破房门要抓他们时,他们及时从后门逃到隔壁一幢房子里去了。由于这些人没有找到李立三,他们都高声叫道:"真倒霉,没有捉牢这只乌龟。"当时有几名警察和闸北商团团员在场,但他们只是袖手旁观。随后,这些打手都各自散去。有八名总工会职员被刀砍伤,其中一人伤势甚为严重,当即被送往海格路红十字会医院。大约在下午七时十五分,刘贯之就此事向奉军司令部和闸北警察局作了汇报。据报立时有两名嫌疑犯被被捕。

——选自上海市档案馆编《五卅运动(第二辑)》,第427—428页。

8月24日

在八月二十二日殴斗中受伤的七名上海总工会职员现在宝隆医院治疗,他们是罗石冰、黄培元、朱宝廷、敖若超、张鸿奎、尚志平和叶放吾。两名被捕的袭击嫌疑犯叫孙广仁和袁有才。八月二十三日,总工会下面的大约一百所工会的代表前去总工会,向受害者表示慰问,他们重申对总工会的忠诚,并保证全力支持该中心组织。

* *

据报道,八月二十二日对上海总工会的袭击主要是针对总工会委员长李立三及其同事刘贯之的,但当时他们两人均及时逃走未遭毒手。据报,与这次袭击有关而遭逮捕的人断言,此事件的唆使人是西门方斜路三德里三号工团联合会成员徐锡麟、王光辉以及闸北何家木桥丝茧女工会会长穆志英。

* *

刘贯之和大约十名工人于昨天上午十时一起回到闸北共和路和兴里二十七号总工会。他们清除了被砸破的家具和杯子等物,又重新布置了新的。当此项工作于上午十一时半完成时,李立三委员长来到。他宣布说,总工会将一如既往行使职责,并立刻召开了职员会议。李立三在会上说,他深信上次袭击此地的打手们是一些唆使人收买来的,对这些唆使人会员们须竭尽全力予以追查。李估计这次损失约有四五百元,他建议将此事通知县检察官以便办理刑事和民事诉讼手续。他还建议请闸北商团和警察局增派在总工会的值勤人员,并要求所属办事处各派五名"监督团"团员前来协助保卫工作。这些建议均在会上通过,然后李开始审查

仆役等人的派司,即大楼的出入证。通过审查发现孙锦波和袁有才所持派司是伪造的,当即将其拘留,并以密探罪押送奉军司令部。

——选自上海市档案馆编《五卅运动(第二辑)》,第430—431页。

8月27日

八月二十六日上午,上海总工会潭子湾办事处职员张维忠(Chang Vee Tsung)向李立三申诉说,日商纱厂原曾保证一俟工人复工就给他们发二元钱,但复工后工人并未拿到钱。李答应将此事提交总商会。

——选自上海市档案馆编《五卅运动(第二辑)》,第435页。

8月28日

八月二十八日下午二时,大约有四十名本埠各学校代表在西门蓬莱路西城小学开会,讨论有关九月七日召开全体大会之事,由上海大学学生刘一清主持。会议决定向各学校发一通知,要求他们组织演讲团,于是日(九月七日)外出演讲。此会于下午四时四十五分结束。

* *

昨天下午一时三十分,大约有二十名自称是工人的人去共和路镇安里——五一号电车工会,其中有二人未经该工会职员允许,即就总工会腐败状况和李立三、刘贯之及杨剑虹等人的不轨行为发表了演说。这二名演说者接着建议:他们不应该承认总工会是工人领导机关。过后不久,电车工会秘书王洁(Wong Chih)来到,他对这些人未经允许就发表演说一事提出抗议。随后演讲人就走了,当他们路过共和路二十七号总工会时,发现那里已采取了警戒措施,就未进去。这些人一路高呼"总工会叛变了","罢工工人被总工会利用了","总工会私吞救济金"等口号。

——选自上海市档案馆编《五卅运动(第二辑)》,第438页。

8月31日

上海总工会委员长李立三于八月二十九日离沪北上,此行目的是敦促政府尽早颁布工会条例。

二、上海公共租界工部局警务处《警务日报》摘译

*　　　　*

八月三十日上午十时至十一时,大约有一百名纱厂工人在三德里工会开会。陶静轩在会上宣读了一封总工会来信,大意是:在李立三委员长离沪前,华商会曾向他保证要给那些因缺电而未能复工的工人每月发六块钱。

——选自上海市档案馆编《五卅运动(第二辑)》,第441—442页。

9月1日

总工会的十名职员于昨天下午二时三十五分在闸北共和路和兴里二十七号开会。代理委员长谢文近在会上说,救济工人的现有款项即将告罄,目前已向总商会去函要求捐款。曾去过总商会的刘贯之报告说,由于总商会对他的求援未作肯定答复,恐怕工人中会发生新的麻烦。会议决定给去北京途中的李立三委员长去信,要求他向政府求援。此会议大约于下午四时结束。

*　　　　*

昨天下午一时至二时,大约有五十名纱厂工人在闸北潭子湾三德里集会,总工会会计陶静轩对他们说,政府对上海学生和工人关于要求解决五卅事件的电报尚未作答,为此,总工会委员长李立三已于八月三十日去京以商讨颁布工会条例及尽快解决工潮等问题。正在这个时候,会员姚贵元(Yau Kwe Yuen)带来十名自愿参加广东学生军的人,工会当即记下他们的姓名、年龄、籍贯及地址,并给他们每人发了五角钱。

——选自上海市档案馆编《五卅运动(第二辑)》,第443页。

9月3日

昨天下午三时,大约有十名总工会职员在闸北共和路和兴里二十七号开会。刘贯之主持会议并宣读了总工会委员长李立三北京来电。来电说他在那里受到当地人民热烈欢迎,他们为了援助上海罢工工人已募捐一万二千元。会议决定致电李立三,要求他对捐款人表示感谢并请他尽速回沪。

——选自上海市档案馆编《五卅运动(第二辑)》,第447页。

9月7日

九月六日下午三时十五分,有四十九人在城内蓬莱路四十四号西城小学开会庆祝国际青年纪念日十一周年,其中大多数是学生。余泽鸿在会上报告说,一九一五年九月六日这一天,欧洲青年工人为了反对严重损害他们利益的现代帝国主义而进行了示威游行。中国青年应仿效他们的行动,因为帝国主义在中国的作为比在西方更加凶恶。全国学生总会主席李硕勋对欧洲青年在一九一○至一九二○年间所表现的活跃性格和忠诚精神感到喜悦。青年们努力奋斗的精神已使他们的力量和影响不断增长。上海大学教师兼《民国日报》助理编辑、臭名昭著的共党分子施存统说,两年前在广州、汉口、北京曾试图庆祝这一节日,但由于缺少支援而告失败。目前全中国都在庆祝这一节日,这真使人高兴。随后,有尹苏野等三名朝鲜人在会上发表了反日演讲,他们呼吁在朝鲜的中国人为摆脱日本人的枷锁争取自由而和他们共同作战。接着听众在高呼下列口号后于下午六时十分散会:

一、打倒现代帝国主义!

二、打倒崇洋媚外的军阀!

三、全世界被压迫工人大团结万岁!

四、国际青年运动万岁!

当会议正在进行之际,他们向听众散发了反帝反军阀的传单和小册子。

*   *

昨天下午二时,闸北共和路和兴里二十七号总工会开会,大约有十名职员参加,由刘贯之主持。刘说,他已收到北京李立三来电,大意是:本月五日他会见了段祺瑞,并向段报告了实行罢工的实际人数。段对他招待得很好,并答应指示财政部每月汇沪十万元用以支持工人继续抵制英国佬(这一活动每月需款三十万元)。该电报又指示总工会秘书编制若干工人名册报送北京供官方参考。李现住北京东方旅馆,他要求上海各团体将信件邮寄上述地址。

——选自上海市档案馆编《五卅运动(第二辑)》,第452—455页。

二、上海公共租界工部局警务处《警务日报》摘译

9月8日

九月七日下午七时,大约有六十人在城内蓬莱路四十四号西城小学开会庆祝反帝大同盟的成立,其中大部分是学生。上海学生联合会代表余泽鸿主持会议,他对听众们说,组织大同盟是为了反对现代帝国主义。这个腐朽没落制度的势力并未因五卅事件而有所削弱。今天下午在河南路上发生的开枪事件就是一个证据,当时至少有两名工人受伤。中华民族应站立起来,合力推翻帝国主义。接着,《民国日报》助理编辑施存统和上海大学教师恽代英发表了演讲,他们赞成为了同一事业,必须与俄国工农联合起来。施、恽两人都是臭名昭著的共党分子。发表演讲的还有朝鲜革命党尹苏野,他猛烈抨击了英、日两国。北京反帝大同盟代表张益迟(Chang Ih Tsz)强烈主张废除一切不平等条约。最后,会议就选举职员和他们的工作范围等问题作了进一步讨论,会议于晚上十时结束。

——选自上海市档案馆编《五卅运动(第二辑)》,第457页。

9月10日

有二十名反帝大同盟成员于九月十日下午二时在小西门蓬莱路八号上海学生联合会会所召开紧急会议,并经讨论通过下列决议:

一、请上海学生联合会顾谷宜等二人往访工商学联合会主席和各路商界总联会会长,要求他们参加该新团体的发起工作;

二、派代表往访上海总工会委员长,建议九月十二日举行游行;

三、通电全国各团体,呼吁他们共同抗议工部局巡捕九月七日在河南路枪击中国人。

此会议由全国学生总会重要成员李硕勋主持,于下午五时散会。

臭名昭著的工人煽动分子、上海总工会领导成员刘贯之于九月十日去法租界环龙路四十四号国民党党部,呼吁他们对九月七日发生的开枪事件给予支援。

——选自上海市档案馆编《五卅运动(第二辑)》,第465—466页。

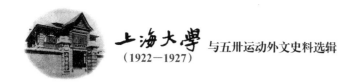

9月12日

工商学联合会领导成员林钧,上海总工会总务科主任刘贯之和上海学生联合会委员会王道于九月十一日下午去戒严司令部和淞沪警察厅,要求准许他们于九月十二日举行游行,但被该两机关驳回。

* *

工商学联合会于九月十一日下午四时在西门黄家阙路庆安里会所召开委员会会议。与会者七人,由上海学生联合会代表张超主持。会议经讨论通过了下列决议:

一、委派上海学生联合会主席林钧,海宁路商界联合会会长成燮春及谢文近为代表,于九月十二日前往交涉公署,就九·七开枪事件提出强烈抗议;

二、工商学联合会代表大会暂缓举行。

会议于下午五时结束。

* *

昨日下午一时,大约有十名总工会成员在闸北共和路和兴里二十七号开会,由刘贯之主持。刘说,前往北京执行紧要任务的李立三委员长已被首都警察严密监视,现已无法自由活动。会议决定致电北京政府,对此举提出抗议。谢文近说,有若干工人已被几家复了工的纱厂无故开除,这是违反复工条件的。据此,与这些纱厂所进行的谈判业已证明毫无效果。蓬路商界联合会会长宁波人潘冬林建议往访各纱厂主,要求他们恢复被开除工人的职务,以避免再次发生纠纷。此会议通过了潘的建议,并于下午三时结束。

——选自上海市档案馆编《五卅运动(第二辑)》,第467—469页。

9月13日

昨日下午一时,约有二十名华商会会董在北河南路会所举行会议,由方椒伯主持。会上,北京学生代表马仁卓(Ma Zen Tso)谈到了修改海关税率和收回海关主权的有利之处。会议主席声称,五卅以来所进行的罢工和抵货运动已使商界遭受重大损失。现抵货运动已部分结束,日商纱厂的一些工人已回厂复工。与此同时,由于目前人人都在抵制英货,为此他希望商界不要再定购英货。上海学生联合会林钧(此人是上海大学学生)建议:任何商人如被学生查获定购或出售英货,则货物充公,并将处以十倍货价的罚款以救济工人。他还说,每个市民都有义务协助学生执行这一爱国任务。上海总工会谢文近说,尽管日商纱厂厂主已与工人达成协议,但日本人已开除一百多名工人。华商会作为调解人,应负责同纱厂主就恢复他们职务之事进行谈判。谢又说,总工会现需款以救济英商厂罢工工人,为此,他要求方椒伯筹款二三万元。方先生回答说,他同意考虑所有上述建议。另据总工会重要成员刘贯之说,虞洽卿去北京之任务是协助总工会委员长李立三向政府索取救济款项,并敦促政府迅速颁布工会法。

——选自上海市档案馆编《五卅运动(第二辑)》,第470—471页。

9月13日

总工会委员十人开会,秘书长刘少奇报告目前已有三千一百名工人报名参加工人童子军,其中三百名正由总工会分派任务,其余拟分发各分会进行军事训练,每二十人组成一小队,每五十人组成一中队,每百人组成一大队。此项工人童子军将由李立三任总司令,刘贯之任副司令,顾凤鸣任教练官。会议并决定继续招添队员,以资扩充。

——选自上海社会科学院历史研究所编《五卅运动史料(第二卷)》,第700页。

9月16日

上海总工会委员长、臭名昭著的共党分子李立三已秘密返沪。此人曾于三星期前去京,其目的是要募集罢工基金和敦促政府尽快颁布新工会法。他在京之行动曾受密探严密监视。

九月十五日下午三时,大约有二十名上海总工会潭子湾办事处成员在潭子湾大丰里五十三号开会,由该办事处代理主席何寅主持。何说,一所工人学校将于九月十六日在劳勃生路开学。该校可容纳八十名学生。能容纳四十名学生的第二所工人学校将于九月二十日在潭子湾开学。总

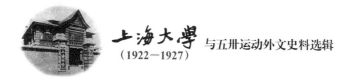

工会宣传员郭尘侠在会上宣布,总工会潭子湾办事处已设立一职业介绍所。此会议于下午五时结束。

——选自上海市档案馆编《五卅运动(第二辑)》,第476页。

9月19日

邢士廉将军于昨天下午六时发布长篇告示,大意谓:奉段祺瑞及郑省长之命,他已下令查封总工会,立即解散其他工人组织,并逮捕宣传布尔什维克主义和阻拦工人复工的李立三。昨晚八时,奉军司令部士兵已查封闸北共和路和兴里二十七号总工会。刘贯之业已被捕。警方昨日曾试图逮捕李立三,但未成功。

——选自上海市档案馆编《五卅运动(第二辑)》,第482页。

9月20日

九月十九日下午五时,大约有三十名上海学生联合会会员在小西门蓬莱路四十四号西城小学开会,会议讨论了如何劝说中国当局启封十八日下午被戒严司令查封的上海总工会。

会议作出了以下决定:

一、请戒严司令立即启封上海总工会会所;

二、通函全国各学生联合会呼吁支援。

会议由上海大学著名学生刘一清主持,于下午六时结束。

——选自上海市档案馆编《五卅运动(第二辑)》,第484页。

9月21日

为成立"上海济难会",臭名昭著的共党分子恽代英(此人系上海大学教师)于九月二十日下下午三时半在小西门福安坊八号召开会议,有十六人参加,由上海大学教师韩觉民主持。韩说,打算成立一济难会,其目的是要向所有在五卅爱国运动中遭受损失的人提供援助。会议在批准新会章及其成立宣言书以后,经讨论通过以下决议:

一、设立总务科、秘书室、宣传科、交际科和会计科;

二、推选十二人组成筹备委员会处理一切筹组工作,其中有全国学生总会主席李硕勋,上海大学刘一清,上海学生联合会主席顾谷宜,工商学联合会林钧以及恽代英。

会议于九月二十日下午五时结束。

*　　　*

本埠各团体的二十名代表于九月二十日下午七时在小西门蓬莱路八号举行秘密会议,商讨抗议戒严司令九月十八日查封上海总工会的办法。会议通过决议如下:

一、请上海学生联合会刘一清、全国学生总会李硕勋和工商学联合会林钧去国民党总部、总商会及本埠各团体进行联系,就邢士廉将军九月十八日查封上海总工会问题向他们呼吁援助;

二、致电段祺瑞元帅及冯玉祥,要求他们下令启封上海总工会会所。

会议由全国学生总会主席李硕勋主持,于下午九时结束。

*　　　*

据从闸北潭子湾前总工会办事处的一些人那里获悉,最近被查封的上海总工会煽动分子李立三已秘密离开上海去广州。李将请求广州政府给予庇护。

*　　　*

据报道,罢工前后极为活跃的布尔什维克学生林钧因害怕遭到刘贯之及杨剑虹同样命运,现已离沪。

——选自上海市档案馆编《五卅运动(第二辑)》,第486—489页。

9月23日

九月二十二日下午三时,大约有三十名总工会第四办事处人员在闸北潭子湾路底一间草棚里开会。工商学联合会代表孙级三同学在会上说,由于总工会被封,保存在里面的一笔巨款无法取出。另外,奉军当局已下令解散另外四十个工人组织,并逮捕一些人员。孙又说,李立三和林钧已于本月二十一日离沪,动身前他们向各地寄发了一千余封呼吁支援的函件。

——选自上海市档案馆编《五卅运动(第二辑)》,第491页。

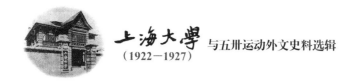

9月25日

一批因罢工而失去职业的工人（约二百人）于前几天秘密去广州，由上海总工会职员李瑞清陪同前往，李是作为他们的领导人一起前往的。第二批约四百人也已于九月二十五日搭乘"广大"轮去广州。据说，一俟这批人到达南方，上海总工会委员长李立三将担任他们的领导，但他未陪同他们前往。

——选自上海市档案馆编《五卅运动（第二辑）》，第495页。

9月28日

上海大学在宋公园新校舍尚未竣工以前，现临时在闸北青云路师寿里五十三号、五十四号、五十五号及六十三号设立校部。入学考试已于九月二十七日在该校址举行，有一百七十六名考生应考。

*　　　　　　　　*

龙华奉军当局现得悉被通缉的布尔什维克煽动分子、上海工人领袖李立三已去河南。邢将军已收到开封河南总工会来电，指责他查封总工会；并问他到底从英国人那里拿了多少钱而采取了这一行动。

——选自上海市档案馆编《五卅运动（第二辑）》，第498—499页。

12月5日

刘华被捕事件（刘氏四日在上海县衙门所摄照片，工部局已收到一帧）使本埠工运活动者大为骚动。昨晨八时潭子湾三德里南某茅屋内有二十人集会，讨论刘华事件。主席魏靖报告：上海大学、文治大学、大夏大学学生于二日、三日前往共和路戒严司令部，要求交保释放刘华。据军事当局答复：刘华待遇甚优，但非经详细调查，不便释放。魏氏又称：上海大学代表傅正和内外棉纱厂工人代表王志山，已于三日晚乘轮赴张家口访冯玉祥，请求协助营救刘氏。

——选自上海社会科学院历史研究所编《五卅运动史料（第二卷）》，第724—725页。

三、上海公共租界工部局捕房报告①

雷婷婷　选编

探目廷克勒报告关于中国学生演讲和散发排外传单的报告②

（5月30日）

刑事稽查处长

阁下：

　　在五月三十日下午二时二十五分至三时二十分之间，本区捕房探员在区内逮捕了七名中国学生，因为这些学生在马路上向过路行人高声发表演讲，散发中文排外传单，以及在商店门外和电线杆上等处张贴套红印刷通告，其中五人还拿着白布上写着黑字的小旗子。

　　被捕者的具体情况见附件。

　　可以看出，所有被捕者均是青年学生，七人中有四人是西摩路上海大学的，他们都是些不像样的、稍微受过一些教育的激烈排外型学生。

　　他们全都拒绝提供关于在何处印刷这些违法传单的详细情况，也不肯说出是谁在组织这次运动；而只声称他们是在街道上从别的学生那里拿来的。

　　就在进行上述逮捕后，探员们立即在全区所有主要马路上巡逻，发现

---

① 原标题为《上海公共租界工部局捕房各巡捕关于五月三十日学生反日宣传及南京路开枪事件经过情况的报告（1925年5月—10月）》。
② 原标题为《探目廷克勒报告（5月30日）》。

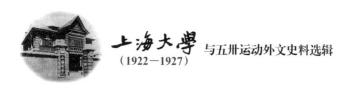

这些学生并未在区内进行大规模活动。广东路、福州路、山东路和北京路都曾张贴过这类红字告示。从老闸捕房转来的受伤者进入仁济医院后，有相当多一批群众逗留在医院附近的几条街上。（他们不时为巡捕所驱散，如果有人徘徊不去的话，也只是很少几个。）

探目　廷克勒（签字）

一九二五年五月三十日

于中央捕房

附件：

一九二五年五月三十日下午两点二十五分至三点二十分在中央区被捕的中国学生的详细情况：

史赞尧　二十三岁，河南人，西摩路上海大学学生。

马培义　十八岁，河南人，西摩路上海大学学生。

上述两人在一九二五年五月三十日下午两点二十五分在河南路九江路转角上向一群中国行人讲演时被捕。两人都身穿中装，手拿旗子。

王绍耿　二十二岁，广西人，西摩路上海大学学生。

此人手拿旗子，在山东路靠近交通路上张贴红字的传单。身穿中装，被捕时将手中的旗子抛给人群中的一些朋友。

毛中平　二十二岁，浙江人，西摩路上海大学学生。

此人身穿中装，在他力图抢回上述王绍耿抛掉的旗子时被捕，时间是一九二五年五月三十日下午三点。

蔡鸿干　二十一岁，来自福州的福建人，近沪南车站的大同学堂学生。

身着西装，会讲英语。五月三十日下午三点零五分他在河南路交通路转角站在一只凳子上向一小群中国人讲演时被捕。讲演时有白旗一面插在近旁的电线杆上，同时散发小传单，态度激烈近乎疯狂。

罗陈龙　二十岁，安徽人，城内西门华通学校学生，住校内。

俞昌时　二十三岁，安徽人，城内西门华通学校学生，住校内。

两人都在河南路西面广东路上散发小传单时被捕。两人都穿中装。

遵照总巡的指示，上述被捕人在一九二五年五月三十日下午五时三十分至六时三十分都已逐个释放。他们被警告今后不得再犯,旗子等物没收。

——选自上海市档案馆编《五卅运动(第一辑)》,第290—292页。

捕头爱活生关于老闸区开枪事件的报告[①]

(5月30日)

总巡阁下:

下午一时五十五分,二五四号华籍巡长来捕房报告说,南京路劳合路口有一群手持写有反日内容旗子的学生在那里发表反日演讲,要求他们离开,他们不睬。当时我在谢尔斯威尔副捕头和一队巡捕的陪同下前往该处,并逮捕了三人,其中一人确实在向群众演讲,另二人则拿着写有反日内容的旗子。在把他们押送捕房时,另外有十五人也跟在后面。他们在捕房坦率地承认那些演讲是反日的,而且他们(全是西摩路上海大学学生)事前曾和其他大学学生议定,要在公共租界各处集会以抗议普陀区日商纱厂杀害中国工人之事。这三名为首分子当被指出罪名予以拘留,并要其余的离开捕房。但这些人拒绝照办,因此就全部加以拘禁。

几分钟后,我在西藏路又逮捕了一名手拿反日旗子的学生,这时同他在一起的另一群学生也跟进捕房。当捕房人员通知他们说那名为首分子将予起诉,这些人也拒绝离去,因此他们也都被关了起来。

大约在下午二时四十五分,另有六人在西藏路被捕。在这里发生了第一次暴力行动,当时他们殴打了西捕史蒂文斯,五一五号印捕曾目睹此事。在将这些人押往捕房时,又有大批群众跟随他们进入捕房院内,实际上他们有些人是强行挤进审案间的。当时我下令将这些人统统赶出审案间和捕房院子,而当巡捕在执行此命令时,那些因打人而被捕的人也逃走了。此时,群众被捕房人员艰难地赶出了捕房,并沿着南京路往东退去。虽然捕房人员劝令他们散开,但当他们接近永安公司时却突然停了下来

[①] 原标题为《捕头爱活生报告(5月30日)》。

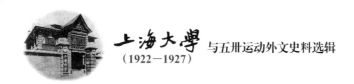

准备抵抗,态度也变得十分具有威胁性。有一群人向西捕怀特和科尔发起攻击,把科尔打倒在地,并企图夺取他的手枪。此时巡捕就使用了木棒和警棍,任意挥打人群。但不久群众便变得完全无法控制了,巡捕被迫退回捕房,后面跟着大批人群,高喊"打死外国人。"我立即命令大门口的印捕和华捕子弹上膛。就在群众刚要涌进捕房之时,我就下令开枪,时间是下午三时三十七分。当时一共开了四十四枪,其中印捕开了二十三枪,华捕开了二十一枪。人群中有四人立时击毙,后来知道有九人受伤。接着群众便四下逃散。

捕头　爱活生(签字)
一九二五年五月三十日于老闸捕房

又及:

总共有十八人受伤,当即被送往仁济医院,其后又有三人死亡,使死亡数增至七人。

捕头　爱活生(签字)

——选自上海市档案馆编《五卅运动(第一辑)》,第294—296页。

探目泰布伦关于南京路骚乱事件的报告[①]

(9月23日)

谨呈上关于一九二五年五月三十日南京路骚乱事件的报告:

一九二五年五月三十日下午一时五十五分我正在审案间静候待命,这时爱活生捕头走了进来,他命令我随同谢尔斯威尔副捕头、斯蒂文斯西捕和他本人一同去南京路,因为据二五四号华捕报告,有多名中国学生在南京路上发表反日演讲,该华捕叫他们散去他们也不理。

我随同大伙前往,就在劳合路对面的南京路上,我看见一名中国学生站在人行道上在发表演讲,四周围着很多观众,另外还有二名华人站在他

---

① 原标题为《探目泰布伦报告(9月23日)》。

的旁边,他们手拿木杖,上面系着一幅写有汉字的布。当时这三人全被拘捕,其中一人是我抓的,另二人(就是协助那个发表演讲的)由同去的人抓的,并押回捕房。

这些学生被捕后,我在审案间对他们进行了审问。就在这时,有十来个人自动闯了进来,当即被拘,由爱活生捕头亲加审问。这些人众口一词,承认这次外出是为了发表反日演讲。他们中有二三个人还拿着若干叙述日商纱厂枪杀一名工人的小册子,当即加以没收。另外还搜出一些旗子,所写内容与上述相似。

当我在进行审讯时,一名上海大学学生用英语告诉我说,几天前他们曾接到北京学生联合会的命令,要求各大学学生在上海各处举行集会,以抗议日商纱厂日籍人员枪杀工人之事。

当时老闸捕房所属警员仍在继续进行逮捕,而学生们也继续自动闯进审案间。

下午二时三十分左右,拘留间、审案间和监禁室约有学生六七十名之多,其中大多数人的态度相当敌对,他们不肯停止高声交谈。那些在审案间的则继续向监禁室里的同伴大声叫嚷,值日巡长命令他们别嚷,他们也拒不服从。每当审案间来了新犯人(不管他是主动投案的或是被捕的)就会受到欢呼声和鼓掌的欢迎,有时候被拘在审案间和监禁室的学生还把帽子掷向空中。

下午二时四十分左右,爱活生捕头命令我去跑马厅向马丁上尉汇报情况。我立刻前往,在跑马厅俱乐部见到沃尔上尉,他坐在麦金托什捕头旁边。我对他说我是老闸捕房的,爱活生捕头派我来报告马丁上尉(当时他正在打板球),我们和学生们发生了严重纠纷。先是学生们在南京路上发表反日演讲,但在捕房对他们进行逮捕后,很多学生跟着被捕者来到捕房,目前审案间和监禁室已经有六七十人了,捕房还从一些人中没收了很多旗子。我报告后,即随沃尔上尉去板球场,并向马丁上尉汇报了情况。马丁上尉问我是否发生过暴力行为,我回答说:"没有"。他又问我外籍警员人数够不够,我说几乎全体老闸捕房外籍警员都在场。马丁上尉随即指示我说,如果局势变得更加严重,要我立刻打电话到俱乐部找他;并说,几名为首分子要看管起来,其余的予以释放。于是我就返回老

闸捕房,并将马丁上尉的指示告诉爱活生捕头,此时爱活生捕头正在审案间忙于应付新进来的学生。在我回来后不久,爱活生捕头下令不要再抓人了。至下午三时左右他又下令:把监禁的学生全都轰出审案间。但这一命令需花很大的劲,强制执行,因为这些人若无同伴们同行便不肯离去。于是爱活生捕头、威尔戈斯巡长和我本人在几名印捕的帮助下,奋力将学生推出审案间,并迫使他们退向大门,此时这些人便转向南京路东去。我在大门口待了一会儿,随即返回审案间,稍后我又去南京路,看见一大群华人聚集在市政厅对面,而一小队外籍警员正在试图予以驱散,他们中有谢尔斯威尔副捕头、西捕怀特和斯蒂文斯。我当即前去协助驱赶人群。我们通力合作,将他们一直赶到永安公司和先施公司大楼。此时我发现人群越聚越多,因此我停止驱赶,穿过人行道上的人群前往浙江路南京路口,在这里我又看到几小队华人,其中有些人手持旗子(和没收的相似)沿浙江路从北面而来,看来他们行动仓促,情绪激动。很明显这些人都是来自各区的学生,是要增援南京路上那些以惊人速度增大的人群。当时(下午三时十五分左右)我估计有一千多人,有的举着旗子,有的在讲话,有的在观望。突然,这些暴徒开始沿南京路朝西拥去,我听到有人用英语高喊:"上海是中国人的",又有人用华语叫喊:"打倒外国人"。我意识到局势变得十分严重,就迅速回到捕房门口,并将上述情况向爱活生捕头作了汇报。这时爱活生捕头突然命令我负责站在大门口的射击队,自己则进入捕房。不多一会儿他又出来,我就告诉他说,贵州路对面的暴徒们已疯狂地向前推进,叫喊声也响得多了。

爱活生捕头当即掌握了射击队,我则前去对付一名学生(是个塌鼻头),此人在最后几分钟内一直站在电车轨道中间,离捕房大门往西一点地方,他使劲叫喊"上海是中国人的",每叫喊一次,就向前进的暴徒们挥臂示意。我将他推向人行道,并命令他别嚷。但他立刻返回原处,重复他原先的动作。于是我再过去,把他推到其他华人后面,这些人看来仅仅是围观者而已。但几秒钟后,此人又再重犯,于是我立刻将其拘捕,并派一名华捕将其押回捕房。在这以后,我沿着南京路朝东走去,面对着前来的暴徒们。此时暴徒们似乎全都在叫喊和嘲笑,就像一群疯子,那些后面的人用肩膀挤推前面的人继续向前。显而易见,一切试图控制或驱散这些暴徒们的努力已属徒劳,但在暴徒们来到距离捕房大门几码远的地方以前,捕房人员仍在继续努力阻止他们。这时,我们迅速撤退到捕房大门正东的人行道上,相互靠拢,顷刻之间我听到一排枪声,并看到暴徒们急速四下逃散,有的躲进商店,有的避入小路,留下的只是那些被枪击中了的。爱活生捕头当时甚为镇静,他命令我打电话给所有医院,要求各院救护车尽速前来老闸捕房。我立即去审案间,并执行他的命令。

探目　泰布伦(签字)
一九二五年九月二十三日
于戈登路捕房

——选自上海市档案馆编《五卅运动(第一辑)》,第298—301页。

四、上海公共租界工部局警备委员会会议录[①]

雷婷婷　选编

> 五卅惨案发生后,上海公共租界工部局董事会为推卸巡捕枪杀学生的罪责,授权警备委员会对五卅事件进行所谓的"部门调查"。警备委员会举行几次特别会议,听取警务处总巡麦高云、老闸捕房捕头爱活生等人陈述五卅事件经过的证词。本章仅选编与上海大学相关的内容。选自上海市档案馆编《五卅运动(第一辑)》,第527—549页。

开会日期:1925年8月14日
(星期五)下午四时

出席者:V·G·莱门(主席)

J·H·梯斯台

助理总办

缺席者:J·J·柏德生

主席说,工部局董事会最近决定对五卅事件进行调查,授权警备委员会负责此事。已请警务处总巡在首次会议上到会陈述造成骚动和五卅事

[①] 原标题为《工部局警备委员会关于听取总巡麦高云和捕头爱活生等人陈述五卅事件经过的会议录(1925年8月—12月)》。

件的经过。

接着,主席宣读下列各点,作为进行调查的基础:五卅事件发生以前,警务处曾否采取一切合理的防范措施;在五卅事件中,捕房人员在执行任务上对发生的事有否可以指责之处,是否可认为超过了职责范围。

警务处总巡和爱活生捕头作了概述,答复委员们就有关五卅事件的提问,并附上他们的证据细目表。

传阅了给委员们作参考的文件与报告,并放置桌上供参阅。

一、会审公廨审讯暴徒的报告。

二、一九二五年五月、六月的警务报告。

三、五月三十一日的警务日报,包括警务处总巡关于五月三十日骚动的报告。

四、"捕房人员守则与规章"。

五、动员令(绝密)。

六、五月三十日下午十二时十五分给所有各捕房的电话通知的抄件(证据"A")。

七、五月三十日前发出的几份备忘录的副本。

八、爱活生捕头关于五卅事件的报告。

九、警务处电话记录簿两册(B、49)。

开会日期:1925年8月18日 (星期二)下午四时

出席者:V·G·莱门(主席)
　　　　J·J·柏德生
　　　　J·H·梯斯台
　　　　助理总办

会议开始由警务处代副总巡马丁上尉和刑事稽查处处长阿姆斯特朗作陈述并由委员们提出关于五卅事件的问题。他们两人的证词附入会议记录。

会议在晚上六时结束。

总巡麦高云之证词[①]

（1925年8月18日）

  总巡说，他想委员会特别想了解他本人在五月三十日所做的事情。没有必要采取任何特别措施以预防五卅事件的发生，根本不可能预见到需要采取什么不寻常的预防措施。当然，关于骚乱，正像他的月度报告中指出的早在二月份就已开始了。当时，采取的措施是设置了一个一百二十名华捕的特别紧急队，派遣在戈登路捕房值班，以处理该地区纱厂发生的骚乱。关于学生在租界的示威活动没有采取预防措施，原因是学生向来服从警方命令，从未闹过事。

  五月三十日中午十二时十五分，他接到刑事稽查处处长阿姆斯特朗的报告，为此他向所有各捕房发了通知。此文件（证据"A"）已包括在他的报告内了。

  那时，租界内并没有任何将发生骚乱的迹象。这以前曾有很多谣传——劳动节、五月十日等等，——但均平安无事。他向各捕房发了通知后，即出发去上海总会，约中午十二时三十分到达。他在万国跑马总会江湾跑马厅有一个午餐约会，于是在下午一时十五分左右离开上海总会去那儿。由于要车去那儿碰到了麻烦，所以延误了到达的时间。他是和两个朋友一起去万国跑马总会的。他必须从租界的最南面穿过租界至最北面，沿途经过外滩、北京路、四川路和北四川路，有很多人去看跑马，路上约花了三十五分钟左右。他不知道到达那儿的确切时间，然而午餐在等着他们，由于他们没有兴趣赛马，就立即用午餐了。他觉得应回租界去看看纱厂的骚乱情况如何了，此外他在草地滚球总会（Lawn Bowls Club）还有另一个约会，他为那天下午的比赛捐赠了四份奖品，他想去看看比赛进行的情况。因此他直接回到租界，他想他到达租界边沿大约应是下午二时五十分或二时五十五分。他经北四川路、

---

① 原标题为《警备委员会特别会议录附件Ⅰ》。

海宁路和北河南路慢慢地向租界行进。在北河南路天潼路一带他第一次看到租界内有学生活动的征兆。那儿有三四十人,不会更多了,他们秩序井然。有些人举着小白旗。对此他并不太注意,但感到他们不应该在那儿。他决定尽快弄清他们在干什么。他经过河南路桥进入南京路,然后折向西去,经过老闸捕房门口时,约在下午三时十分。人们三五成群地站着,但看来并不异乎寻常,因为那是星期六下午,第二天是假日。捕房大门外面有一二百人的人群。凡因武装抢劫,或运鸦片或诸如此类的案件捕人时,通常总有这么一群好奇的围观者。他有两个朋友同行,他们对人群也并不特别关注,他继续径去体育场。他在抛球总会下了车。因他想打电话了解一下在北河南路看到的那些学生的情况。他向中央捕房审案间询问,回答说各区均平安无事,但下午二时五十分爱活生捕头曾来电找过总巡。事实上这是他第一次有确切时间的记录。他给中央捕房审案间去电被记录在电话记录本上,时间是下午三时十八分。他认为他的电话比记录的可能要早几分钟,因为电话本上的时间是在电话交谈结束以后记的。他直接挂电话给老闸捕房,询问爱活生找他何事,爱活生告诉他学生在闹事,有一批学生在审案间。现在他记不得交谈的原话,但他知道爱活生说他们不肯离开审案间,他想知道该怎么对付他们。这是爱活生来电的要点。他对爱活生说如果学生没犯法最好收掉他们的旗子,并警告他们回家去做个好学生。于是爱活生告诉他一些学生殴打了巡捕,他(总巡)告诉爱活生把那些人拘留起来,把其余的赶出捕房。然后他明确地对爱活生说:"你需要的人都在身边吗?还要不要更多的人?"他说他不需要,他有足够的人。这使他(总巡)很满意。然后他想最好知道总的情况,他决定首先找到马丁上尉。这时巡捕滚球比赛正在进行,他知道马丁在参加比赛。到体育场只要走二三分钟,他马上找到了马丁。马丁告诉他爱活生同他也联系过了。他们也进行了相同的交谈,他推想爱活生非常高兴,因为他要的人都在。

马丁上尉要他半小时后再打电话来说明事态进展情况。那次对话大约是在三点钟。他(总巡)然后又对马丁上尉说:"我将,打电话给刑事稽查处处长询问租界内总的情况"。他打了电话,但未打通。估计打

电话用了五分钟或更多一些。最后他感到电话不会通了,于是就走出了电话间(电话间在体育会楼上),靠在栏杆上与马丁上尉议论下一步该做些什么。这时佩普探目来了,他是爱活生派来的,他报告说情况比他们原先想象的更糟,并请他们中的一个下楼去。他(总巡)立刻指示马丁上尉到老闸捕房去(马丁毫不延迟地照办)。他(总巡)告诉马丁上尉他将即刻到上海抛球总会去,那里将设立他的指挥部,并且将在那里指挥这个局面。他要保持有电话联系。当他走向上海抛球总会,在滚球总会的转弯处,一个坐在汽车里面孔很白的人(此人当然知道他就是警务处总巡)告诉他南京路上发生开枪事件,并有六人死亡。整个事件就这样结束了。他(总巡)转身回到体育会,召集了所有在那里打板球的巡捕。他还有另外两名军官在他身边,他派沃尔上尉给戈登路打电话调集紧急队。沃尔上尉说他宁愿亲自乘车前往。他去了并效率很高地在二十五分钟之内在老闸捕房集合了紧急队。温赖特少校也在场,他指定温赖特跟着他自己,当他经过滚球草坪时遇到一名特别巡捕的捕头,捕头问他是否需要帮忙。总巡说,"要的,所有能集合起来的都要"。这样在十分钟内一支相当可观的外国人队伍在老闸捕房集合起来了。然后他直接去上海抛球总会,他的两个朋友在那里等他。其中一人为特别巡捕。他叫他们直接去老闸,并尽速给他来报告。然后他用电话向所有捕房发布总动员令,并电告万国商团司令及总董,然后去老闸捕房。

他一九〇五年在警务处任副督察长,他记得那年在老闸捕房的骚乱。捕房里面都被烧毁了。人们冲进审案间,进到房里到处点火,整个捕房的下面都着火了。捕房的上部却遭到水的损坏。那时有规定,没有警备委员会允许巡捕不得开枪。弹药原先已发给了巡捕,但后来又下了取消前令的收回弹药的命令,结果巡捕就束手无策了。在那种情况下巡捕们的处境恰恰与爱活生现在的相同,人群直冲进来。他虽不很肯定,但他认为捕房的武器会被抢,捕房会被洗劫一空。如果暴徒们已经冲了进去,就根本没有理由认为这次他们不会抢捕房内的武器。这次也有同样危险。一旦爱活生表现一丝畏惧,或转身跑到通往老闸捕房的马路上的话,人群也会赶上他,去抢巡捕们带的武器。既然他们的目的是想释放捕房内的学生,他们就会很容易地闯进去。捕房内有相当数量的武器。他讲不出确切的数字,但大约有三四十支手枪,及大量的卡宾枪(大约一百多),及大量的弹药。他认为除实际在场者外,别人很难决断该怎么办。他与爱活生谈论过此事,爱活生讲当他开枪时,暴徒实际上已经在能接触到他的距离之内了。他们可以猛扑过来并夺去巡捕们手里的枪,巡捕们没有了枪就无能为力。毫无疑问,这是巡捕们的职责,不能跑下通道向捕房内退,他们必须对付这次在南京路上所发生的情况。他毫不怀疑如果爱活生退却的话,他将被打倒在地。当时的人群好像不只是学生,也包括那些就是为了厮杀而出来的人们。如果爱活生退回来了,他必然会把大门锁上,但总巡认为这是不可能做到的。人群将会完全控制捕房,其结果将是他们开始在南京路上大肆抢劫。他并不认为学生那天下午是故意闹事,但老闸区到处都是坏分子。他认为,要不是巡捕开了枪,必将重现一九〇五年发生的严重的危险局面。

二月份在戈登路区纱厂的麻烦导致了五卅事件,而在苏州河北岸有煽动者们的指挥部。他的报告中说,他已再三向中国当局提出抗议。他是通过他的部下用各种形式提出的。(证据"B"、"C"及"D")这些都是他在日报中所报告的。他确信,有大量的抄件可以提供。他还向董事会作过陈述。

五卅事件以前,戈登路地区的工人和纱厂的局势是严重的,大批工人已停工,他们大都住在闸北地区。他们有时复工,但经常受到威胁又只好停工。纱厂财产损失相当严重,为此他派了一个紧急队前往戈登捕房并随时准备保护这些纱厂。这一特别紧急队是由别的捕房抽调来的,每处抽若干。严格地说,戈登路捕房和虹口捕房应各有六十名,但是从保护纱厂来看,情况显得如此严重,结果整个队都派往了戈登路。该队由华捕组成,由一名外国班长率领,他确信如五月二十四日闸北召开约五千人大会时,只要该队在场就足以对付骚乱,并阻止他们进入租界。当时对局势估计得不太严重。由于麦根路桥离戈登路捕房很近,如人群企图进入租界的话,警方会马上知晓。

他(总巡)就有关向中国当局提出抗议的问题曾与总董谈了几次

话,并请求允许他带巡捕去闸北捣毁煽动分子的总部。当然总董没有同意,因这样做租界当局就完全错了。同时还由阿姆斯特朗先生向中国警察当局提出了抗议。要说出五月三十日在南京路上坏分子的比重是多少,那是不可能的。学生们从四面八方来到租界中心,在听到他们的同学们被捕后就开始煽动街上的人群,爱活生就是这样被弄得惊慌失措的。当爱活生在对付纯是学生时,他完全相信自己能控制住局势,但当他把他们赶向市政厅时,突然出现了新的情况。如果巡捕光是对付学生的话,他认为并没有什么困难。他当时认为学生们可能想闹点小麻烦,也可能想到会遭逮捕,从而博得牺牲者的荣誉。他还认为他们想影响租界居民,因为纳税人会议下周开会,特别是讨论印刷附律。印刷附律对国民党是一个沉重打击,因为国民党控制了租界中百分之七十到八十的华文报纸。事实上,所有被捕学生都来自一所布尔什维克大学——上海大学。紧急队是在纱厂闹工潮期间组成的,以前曾出动过,但当形势安定后它又恢复原位。后来纱厂形势再度恶化,他们又回到特别应急岗位。他想那是在五月十五日左右。他并不认为形势已严重到要采取进一步措施,只认为组成这个紧急队和保持一般警戒就行了,其他没有什么别的可做了。要知租界各捕房是各自独立的单位,是能够对付任何平常的乱子的。如果事先知道哪个地区会发生严重的纠纷,该地区可以请求支援并且能得到援助,那完全是很简单的事情。但对象这一次的事件,世界上所有的警察也不能阻止他们闯入。他们有的是乘电车来的,有的是三三两两步行来的。他们可能是世界上最大模大样的寻衅者,但那天下午并没有什么反对他们的。不可能进一步采取什么措施。他不承认有人能预见那天下午将会发生的事情。如果像这样一类的骚乱能预见到,那租界上就永远不会有什么麻烦了。

可能那天早晨在西虹口区出现了一群拿着旗子和小册子的学生,但这并不能认为是越出日常治安的范围。爱活生捕头会告诉他们老闸捕房的人力。那天下午总共有十一名巡捕包括三名巡官在打板球,他的特别警戒的命令涉及不到这些人。他们在跑马厅同样是必不可少的人。要是他们在静安寺、杨树浦,或汇山捕房的话,发生了骚乱他们就不能很快到达老闸。当然,他并不认为各捕房捕头在接到了他的通知后会把所属人员都召到捕房里。如果他这样想了,他一定会动员所有巡捕,而那也不是为了对付进入租界的一批学生。老闸确实是一个管理得较好的地区,但租界最主要的道路横贯该地,有成千上万的人逛这里的茶馆、商店。甚至他在下午三点二十分打电话给爱活生捕头时也并不认为有必要下动员令。他得知其他捕房均很平静。老闸地区的马路拐角处已有几次冲突,但无迹象表示需要增援,捕头自己也说无需增援。前几次当巡捕命令学生们走开时,他们都安安静静地离去。他本人那天下午路过北河南路时,看见那里的一群学生很有秩序。他在江湾时没有接到任何信息。他在那里没待多久,因他用过午餐后马上就回去了。他认为没有可能预见到这次事故。对巡捕来说,学生的示威游行先前只是空谈而已。他们特别注视的倒是纱厂失业工人的情况。这些人受到非常小心的注视。总之,根据巡捕获得的情报,戈登路地区的纱厂风潮是毫无理由发展成南京路事件的。那是第一阶段。接着就是五月三十日本身。那一日,捕房获情报称,学生要集会。那不能说是不正常,的确可以说那时没有理由预料那些集会结果会酿成南京路上的暴动。那是第二阶段。如果任学生们去集会不加干涉,是不会造成暴动的。那是第三阶段。真正的麻烦是无业流氓和坏分子造成的骚乱。丝毫没有无业流氓进行联合袭击的迹象。他们是一见有机可乘,就紧紧不放。有证据表明,许多学生来自一所布尔什维克大学。布尔什维克代理人要是知道有这种集会,这正好是他们激起群众情绪的好场合。他们很容易集合在一起,支配一群群的中国人,他们完全了解中国群众的心理状态。他们往往非常安静,又守秩序,一到某个激发点,就会非常突然地激起杀心。五月三十日的群众手无寸铁这是事实,但这并不意味着捕房人员在保卫捕房时就不可能被杀。群众可随便地从邻近的店铺中拿来棍棒或椅子,也可夺去巡捕手中的武器。群众自己要武装起来本来并不难。那就是一九○五年的暴动中发生过的事。总巡完全赞同爱活生捕头所采取的行动,正如在爱活生的报告中和他在会审公廨上的证词中说明的一样。他是按照极其清楚明了的动员令行动的。

当事态发展到最后结果时,像这次事件引起的局面必须由负责警官

自行处理。爱活生在本租界当警官已有将近二十年的警务经验,而且可证明是一个极其可靠的人。委员会见到他,就会相信这一点。他是个军人,经历了第一次世界大战,也曾经历过不少危急的局面。他知道如何对付中国群众。从爱活生打电话给他(总巡),到他下令开枪射击这段时间里的事态发展,谁都不能预见。他(总巡)约在下午三点十分经过捕房,那时除了在捕房人员拘人后通常有一些群众跟随外,没有发现任何反常的迹象。他(总巡)认为在危险情况出现后,爱活生是没有机会回来打电话的。当爱活生把学生推回到市政厅那面去时,一群含有敌意的群众从各条小路汇集拢来。他只能派一个探目去通报他(总巡),而且他很快就明白,他不可能得到增援。因此他不得不自己担负责任,应付这个局面。从那时至下令开枪,大概只有五分钟左右时间。他不可能通电话,所以派一个探目给他(总巡)报信。他完全肯定不该归咎爱活生。他认为除此之外,爱活生别无他法。

如果要增援,他(总巡)随时准备派遣,但爱活生刚才告诉他十分满意,开枪的消息传来令人震惊。

总巡离开租界时指挥权落在副总巡肩上,他认为没有必要通知副总巡他去江湾了。总巡不在时,要不是直接要找他,就不送任何信息。倘遇严重动乱,他就立即设立指挥部,可通过电话找到他。他不会去出事的特定地点。他认为采取这么个步骤是错的,因为各地区可能同时有动乱发生。他派了马丁上尉去出事现场,然后自去设指挥部,以便发出指令。星期六下午总巡捕房例假不办公,而通讯联络指挥部是通过日夜可通的C·56电话线,由一个电话员和一个审案间值班的巡长负责。刑事稽查处处长的总部在中央捕房,一通知就可找到他。C·56是保密线,可与所有捕房通话而不通过电话局。刑事稽查处处长常在周末时间被派往租界边沿区值班。

各捕房捕头都有一份"动员令",掌握在各地区捕头的手中。开枪射击的规则全体捕探大家知道,是为了对付来自持械强盗等的危险。开枪事件发生后他才认为"捕房动员令"第二条应该实施,此时他明白必然会有反应。他自一九一三年就当总巡。

总巡的陈述至此结束。

老闸捕房爱活生捕头之证词[①]

（1925年8月18日）

爱活生捕头回答委员会询问说，他对提交给总巡的报告没有什么要更改。他也坚持在会审公廨上的陈述。他是在下午十二时四十分接到总巡的通知。他忘了原话，但通知的大意是：学生和其他人准备在界外闸北地区发表演讲和散发传单，负责该地区的捕头必须采取措施防止他们扩散到租界来。那就意味着作为负责老闸捕房的捕头必须整个下午待在捕房内。他通知审案间人员如果发生非常事件就必须向他报告。五月三十日捕房能够出动的总人力是二百八十九人。事件发生时，在外值勤有七十人。捕房内有三十六人：外籍巡捕八名、印捕十六名、华捕十二名。日班有七十人值勤可算是适中的。每天八小时的工作时间，这样总有大约三分之二的人不在班上。那天，老闸捕房只有一人去打板球，但其他人在体育场观看球赛。当通知送达时，他自己正在向华捕和印捕发工资。在他看到通知时刚过下午一时。他认为通知上并不规定要把所有的人都召集在捕房内。

他说不准这伙人中坏人的比例多少。他只能看到前面的八九排，但他根据他们的外表可以判定，的确有好多坏人在里面。无疑，这是一伙任何越规事情都做得出来的人。一九〇五年他不在上海，但他在这里也有十九年了。他于下午二时四十分先试图用电话与总巡取得联系。那时集会已在该区开始，大约有四十名学生被逮捕。他认为在下午二时四十分时，事态还不是太坏。他自认为可以应付这个局面，但希望告诉总巡事态的发展情况。他与总巡通过电话后，在返回岗位时，发现事态显得难以对付了。而事件真正严重的一段持续不到三分钟。他想象不出局势怎样会急转直下的，直到韦斯特里奇在会审公廨作证时，他才明白过来。他说他看到人们在南京路上跑来跑去大喊大叫时，他综合这些事情，他认为这些

[①] 原标题为《警备委员会特别会议录附件Ⅱ》。

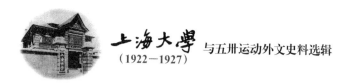

传送消息的人是受人指使在煽动群众,并参加这次动乱的。在打电话给总巡时他认为支援还没有必要。他第一次意识到有顶不住之危险是在开枪前三分钟。他跳上一辆汽车,看见人群已完全无法控制,那天下午他与总巡只通了一次电话,大约在三时十五分或三时四十分,此后,他即返回南京路,一直逗留到开枪以后。当下午三时二十分左右总巡打电话给他时,他对于局势是毫无理由要担心的。当时看来没有异常现象,以他所支配的人力,他认为不存在不能控制的局势。大约十五分钟后,情况发展得完全出乎意外。他一看到巡捕被人群从市政厅赶回,就马上派人到跑马厅去报告,但没等到此人到达跑马厅,事态已结束了。

在东边从贵州路到老闸捕房有一入口处。下午三时二十分他派了一名警卫并把铁门关上。

他有一份动员令。他确信他是根据这些指示办事的。他没有在任何方面背离这些指示。他有对付中国老百姓的经验。他能够相当容易地驱散一般群众不用额外支援。

老闸捕房有供印捕和华捕用的卡宾枪、0.45自动手枪、0.45左轮手枪和少量的0.32手枪。共有五十多支卡宾枪,七十二支手枪和一万发子弹。一旦人群强行闯进捕房,他们就会抢走这些武器。假如他从南京路退走,即就意味着把整个捕房交给暴徒。他考虑到如果他这样做了,第二天他就会被撤职。他认为假如他撤回的话,他不会有时间去关闭铁门。没有什么东西能阻挡一群手无寸铁的激怒了的华人暴徒。在他脑子里想到的最大危险是这群人会冲入武装的巡捕中间,并抢走他们的武器。一旦这样做了,就再也无法阻止这群人了。他不得不留在出事地点,控制局面。

爱活生捕头的陈述完毕。

附上面提到的证件"A"、"B"、"C"和"D"。

证据"A"

五月三十日下午十二时十五分给所有各捕房的电话通知的抄件。

学生等人正在计划散发反日传单,发表反日演说。总巡指示,各捕房负责警官必须采取特别预防措施,保证这些活动不扩展到公共租界上来。

证据"B"

一九二五年二月十七日工部局警务处总巡致淞沪警察厅厅长函的副本。

关于罢工鼓动者在麦根路西、苏州河北岸华界进行各种活动之事,迭经本人向阁下提出抗议,兹复提请阁下注意:据报二月十六日鼓动者的示威行动,其情况之恶劣如不比以前更甚,也至少相同。据报告称,当天下午大批鼓动者手持有字旗子,在苏州河码头集合,检查每个来往行人。麦根路六十号九厂对岸的一些码头以及大丰纱厂附近渡口一带的人群似乎最为活跃。工部局警务处相信,这种胁迫运动就是罢工风潮经久不息的主要原因,希望采取有效措施,结束这种运动。兹附上罢工鼓动领袖人物名单一纸,可能对阁下有用。顺颂公绥。此致
淞沪警察厅厅长

工部局警务处总巡　麦高云启
一九二五年二月十七日

证据"B"附件

鼓动内外棉等纱厂罢工的嫌疑人名单:

一、李成　负责工人俱乐部的国民党鼓动分子。工人俱乐部在闸北大丰纱厂附近三德里一号。

二、孙良惠　李启汉的党羽。住闸北潭子湾三德里一号。

三、顾秀　闸北市民协会主要成员。

四、刘一清　上海学联代表,二月十五日在城内勤业女校主持会议。

五、蔡之华　学校教师,湖南人,二月十三日前一直住在眉州路六〇三号。(杨树浦捕房申请拘票)

六、周三子(Tseu San Tsz)　大康纱厂工人。(由杨树浦捕房申请拘票)

七、张子孝(Tsang Tsz Siau)　大康纱厂。(由杨树浦捕房申请拘票)

八、刘清扬女士　上海大学。

九、杨之华女士　上海大学。

十、芮女士　上海大学。

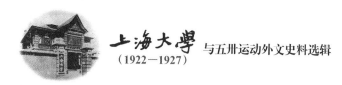

十一、吴光新（Woo Kwong Tshting）。（杨树浦捕房申请拘票）

十二、戴孝先（Tai Siau Sien）。（戈登路捕房申请拘票）

十三、戴林生（Tai Ling Sung）。（戈登路捕房申请拘票）

证据"C"

一九二五年二月二十六日警务处总巡致淞沪警察厅厅长函。

兹寄奉纱厂罢工工人于二月二十五日下午二时至四时在闸北潭子湾大丰纱厂后面三德里开会时散发的传单一纸，敬希注意为荷。此致
淞沪警察厅厅长

警务处总巡　麦高云
九二五年二月二十六日

附件：传单①

"日本资本家昨天违反了自己的诺言，他们对调解人（溥益纱厂）说，在下星期二以前，他们不会讨论条件。他们侮辱了我们，他们毫无诚意，这是因为他们有钱，可以依靠走狗——租界巡捕和中国警察——来压制罢工工人。我们无财无势，只能依靠我们坚决的态度。我们的运动如果失败，我们一定要报仇。推翻日本资本主义的日子一定会到来。"

证据"D"

警务处总巡致工部局总办函

总办：

今送上会审公廨会审官转给我的一封交涉员来函，内称关于丰田纱厂罢工期间，某某日本人被殴打致伤一节，交涉员曾接到日本领事函，要求逮捕肇事者。经交涉员与淞沪警察厅联系后，据答复称，此等人犯大多潜匿在公共租界，应请租界捕房调查，予以逮捕。

除了提请董事会注意交涉员写该信给会审官本非适当外，本人必须指出下列一些事实：领导和控制最近纱厂罢工的那些人（丰田就是罢工

---

① 所附传单非中文原件，系由英文件回译的。

纱厂之一，一个日本人被打死，另一些日本人严重致伤时，有一支警察驻在厂内），其总部过去是、现在仍旧是在闸北潭子湾三德里三十七至四十号，他们经常在那里开会，不断进行煽动，暴徒们从那里接到指示，他们聚众滋事，沿路布置纠察，威胁恫吓，抢劫钱财，粗暴对待愿意继续上班的男女工人，虽然如此，中国警察局却从不干涉。在肇事的开头几天，我们即向主管罢工工人总部所在地——第四区的警官指出，并不止一次向淞沪警察厅厅长指出。二月十九日曾将人犯之一孙良惠逮捕，可是警察厅长又将他放了。尽管我们再三提出请求，并出示传孙良惠到庭的符合正式手续的会审公廨传票，警察厅长还是违反先例，不顾先前原有的商定，拒不引渡该犯。同一天，另一人犯宋阿四原住中国辖区周家桥，在丰田纱厂附近被捕，但在押送去北新泾警察所的途中，不是被放走了，就是逃跑了。

在骚乱持续的这几天时间中，淞沪警察厅厅长所称的潜匿在租界内的那种人，同另一些人群集在租界线外各处，挥舞旗子，进行威胁性的、侮辱性的示威，中间还夹着几名闸北警察署的警察四处走动。此情此景，工部局巡捕有时看得一清二楚，但不能采取行动，因为要追捕的人犯在工部局控制地区以外。鉴于以上事实，可见淞沪警察厅厅长之言更是令人惊奇。

本人建议就此事提请领事团注意，并请对煽动分子作温床的闸北三德里三十七至四十号总部的存在向中国当局提出强硬抗议。自最近发生的二、三月份的纱厂风潮以来，这帮煽动分子曾煽起各种动乱，但闸北警察署并不去动他们一根毫毛。大半是由于警察署的漠然态度，才使戈登路地区的各日商纱厂一直不得安宁，直至昨晚（五月十五日）发生了不幸事件使动乱达到了顶点。

警务处总巡　麦高云
一九二五年五月十六日

附件：江苏交涉员函[①]

谨启者：丰田纱厂日前曾发生罢工，殴伤日本人的人犯至今仍逍遥

[①] 所附函件非中文原件，系由英文件回译的。

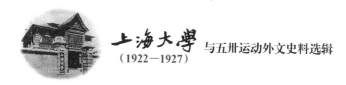

法外。日本领事来函要求逮捕人犯后,本人即与淞沪警察厅联系。

顷接该厅复函,内称该厅已发出通令,查缉人犯。又称由于大多数人犯已潜逃至租界藏匿,故应通知租界捕房严密侦查,逮捕归案等云。专此函达,祈请转饬捕房严查缉捕为荷。

陈世光
一九二五年五月四日

刑事稽查处处长阿姆斯特朗之证词[①]

(1925年8月18日)

阿姆斯特朗先生说,他在上海工部局巡捕房服务了近三十二年了。罢工风潮是二月初在内外棉各纱厂开始的,一直延续到大约三月一日,嗣后平息了一段时间。自那以后,断断续续地发生过一些罢工。罢工的第一阶段对租界来说未造成什么特别的危险。所有罢工运动尽在苏州河彼岸闸北地区一边,那时租界捕房曾请求中国警方制止这些运动。麦高云先生两次致函中国警察厅厅长,还派证人[②]于二月十一日和二月十二日两次去淞沪警察厅。他未见到厅长,但见到了当时负责该厅的第二号人物。二月十一日证人向他们介绍了整个形势,他们说,他们将通知纱厂对面的闸北第四区警察署。给警察厅厅长的信是在二月十七日和二十六日发出的。它们是除口头介绍以外,单独以书面形式发的。由助理秘书宣读了该两封信(即证据"B"和"C")。

证人继续说,中国警察最后确实逮捕了孙良惠,但他们不愿将他引渡给租界捕房。我们也未收到这两封信的回信。

内外棉纱厂似乎一直在发生骚乱。证人认为可能是他们在悄悄地去掉那些罢工中的显赫人物,当他们这样做时,那些人就利用别人来帮着闹乱子。在五月十五日那个华人被枪杀前,这样的乱子已闹了三四起。自

---

① 原标题为《警备委员会特别会议录附Ⅳ》。
② 即阿姆斯特朗自称,下同。

四、上海公共租界工部局警备委员会会议录

那以后工人们变得很冲动。那人在二三天后死了,为了开追悼会,他们安排了许多次会议,开追悼会只是个借口,其实想号召人民团结起来。在这些会议上,上海大学及其他大学的学生向工人们发表了演讲。他认为从工潮一开始就有学生们的份。他们不太显眼,但始终参与其间。开枪事件以后他们似乎突然出现了,并指挥工人们应该怎样行动。他说不出那时纱厂的警卫力量如何。他与这类机构并无关系。他确实感觉到工部局捕房会与纱厂鼓动者之间发生纠葛,但不会发生严重问题。他有一个专门情报组,它向稽查处的祁文斯负责汇报。祁文斯把这些报告转给证人,证人是兼管情报和刑事稽查的。从二月十五日至五月三十日之间送来的报告中,他知道租界另一边的形势是非常糟糕的,他没有认识到纠纷会升级到五卅事件。由于坏人总参与制造纠纷,所以只要存在罢工或罢工的威胁,人们总会感到存在麻烦。他预计纱厂附近会发生这种纠纷,但在闸北集会的人群会进入租界其可能性是极小的。情报组曾报告说他们无意进入租界,虽然,就他所知他们在任何预备会议上都未公开这样说过。密探一直混在人群中与人们交谈,并在交谈中偷听到了这些计划。他从这些密探的情报中得知大多数学生是来自上海大学、复旦大学和南洋大学。就他所知闸北纱厂地区是没有大学的。在麦伦书院附近有一所教会学校。

五月三十日下午他不在办公室里,也不知道总巡在江湾。没人想到那天下午会发生严重事件。从刑事稽查处祁文斯那里送来的报告中他没有意识到会有什么麻烦。没有什么可显示那天下午学生们在租界某个地点组织了攻击。他想他们只是决定去租界热闹地区,向那里的群众发表演说。

上海大学曾在会审公廨受到了起诉。他对这学校一直有所监视,但要知道它内部的情况却很困难。去年十二月搜查了上海大学并搜得共产主义书籍约三百册。只是在罢工开始后巡捕才注意到学生们。他知道苏联领事馆某官员的妻子哈雪斯夫人在该大学教俄语,还知道中国教师中有一人曾去过苏联。他企图得到一名上海大学的学生(作为内线),但在学校被搜查后他们变得多猜疑,小心翼翼,并且不愿意接受新学生。

至此阿姆斯特朗先生的证词结束。

五、上海会审公廨审理五卅、六一惨案记录

周益佳 译

> 五卅惨案、六一惨案发生后,上海公共租界会审公廨于1925年6月2、3、9、10、11日开庭对此案进行审理,审讯记录亦随之公布。审讯记录有较多内容涉及五卅运动时期的上海大学及其学生,是上海大学与五卅运动研究的重要史料。《东方杂志》(第二十二卷)曾以《会审公堂记录摘要》为题,选译部分内容。本译文依据的 The Nanking Road Tragedy(中华书局1925年版),是五卅惨案和六一惨案审讯记录的完整译本。

第一次审讯,1925年6月2日,星期二

被告①

*杨思盛,学生,18岁

安剑平,学生,23岁

陈兆祖②,学生,21岁

李光撰,学生,23岁

王国钧,学生,22岁

---

① 姓名前有*符号者,系到庭受审之人,其余人均不到庭,将保银充公。
② 应为"陈兆其"。——译者注

叶文英①,学生,19岁
＊黄儒京,学生,22岁
蔡鸿立,学生,24岁
安开子,学生,23岁
＊张以民,学生,18岁
李白,学生,23岁
李伯光,学生,21岁
符育英,学生,23岁
林树江,学生,23岁
＊朱鹤鸣,学生,18岁
叶维民,学生,22岁
周文财,学生,20岁
朱元生,学生,24岁
张书德,学生,23岁
孙易,学生,24岁
＊梁郁华,学生,21岁
郑则龙,学生,21岁
张鑫长,学生,25岁
周清水,学生,21岁
周尚,学生,24岁
李谈,学生,21岁
吴世华,学生,18岁
Ling Khe Tsz②,学生,21岁
杨邦彦,学生,21岁
陈长卿,学生,21岁
杨成景,学生,23岁
杭本裕,学生,20岁

---

① 应为"叶大荣"。——译者注
② 应为"林开子"。——译者注

*高道纯,学生,22岁

沈启英,学生,23岁

杨廷煊①,学生,19岁

彭吉,学生,21岁

胡荣丰,学生,22岁

陈觐光即王宇春,学生,24岁

陈安良,学生,17岁

*陈豹,学生,22岁

*陈光章②,学生,19岁

韩兆圊,学生,27岁

李宇超,学生,23岁

*瞿景白,学生,20岁

*陈韵秋,演员,21岁

*俞茂万,铜匠,22岁

*魏春廷,船夫,27岁

指控:暴动——触犯《中华民国暂行新刑律》第164条和第165条③。

控告针对的是1925年5月30日在该管官员命令解散后,被告有意聚集群众,意图暴动的行为。

进一步指控:1925年5月30日的行为和其他未被拘捕者印发扰乱治安及良好秩序之文字,触犯了中华民国三年十二月四日公布的《出版法》

---

① 应为"杨庭煊"。——译者注
② 应为"陈广章"。——译者注
③ 依据《中华民国暂行新刑律》第164、165条相关条款:
第一百六十四条 聚众意图为强暴胁迫,已受该管官员解散之命令仍不解散者,处四等以下有期徒刑(三年未满一年以上)拘役,或三百元以下罚金。附和随行仅止助势者,处拘役(二月未满一月以上),或五十元以下罚金。
第一百六十五条 聚众为强暴胁迫者,依下例处断:(一)首魁,无期徒刑,或二等以上有期徒刑(十年以上)。(二)执重要事务者,一等至三等有期徒刑,或一千元以下一百元以上罚金。(三)附和随行仅止助势者,处四等以下有期徒刑(三年未满一年以上)拘役,或三百元以下罚金。

第十六条①。

（摘录自1925年6月9日星期二老闸捕房会审法庭记录摘要。会审官美副领事雅克博，正会审官关炯之）

审 讯 记 录

梅特兰（E. T. Maitland）先生为原告②出庭辩护。

裴斯（Fischer）博士代表江苏交涉署出庭。

何飞先生为其中的五位被告出庭辩护，梅华铨博士在星期二下午为余下的被告出庭辩护。

裴斯请求展期再讯，被法庭驳回。

梅特兰首先发言："今日将审理基于不同指控的一系列诉讼案件。它们全由同一场暴乱所引起，即于5月30日（星期日）和6月1日（星期一）发生的暴乱。我提议应尽可能向法庭提交所有的证据和提供当时所有的情况。我提议向法庭证明，虽然我们被告知这些暴动是排外的，从表面上看毫无疑问它们是排外的，日本纱厂案也与此有关，但是我想就此案作进一步说明。我想证明这些学生——我们称他们'学生'，但我更愿意用'学童'称呼他们——这些发动暴乱的学生或学童来自一所布尔什维克主义的大学，即西摩路上海大学。我将把这些证据提交给法庭并且向法庭证明，这个表面上排外排日的案件是纯粹的布尔什维克主义性质的，而不是其他的。我将最终向法庭提供证明。我会向法庭提供所掌握的上海大学的历史。我会向法庭展示在过去的几天中从处于暴乱中心的上海大学所获取的文件。从所有文件之中法庭会获得一份来自德国的信件，一份绝对是布尔什维克的信件。我相信法庭也会同意，对于布尔什维克主义来说，没有什么比无知的易冲动的学童更容易利用了。他们无知而自负。他们觉得自己是成年人，对于狡猾的布尔什维克来说，在这个不幸的国家去制造骚乱，没有什么能比学童更容易利用了。我提议应提供证

---

① 可处以著作人、发行人十五元至一百五十元之罚金。

② 即上海工部局。

据来证明,在这几场暴动中,巡捕表现出了极大的忍耐并且极不愿意开枪,开枪的唯一原因是除此之外他们无法维持租界的秩序。租界中流传着有人背部中枪的谣言。我将援引医生的证言来证明每个人中枪的具体位置。

"我们先看星期天早上的暴乱。您将会听到当时约有两千人在马路上,并且有极个别的外国人阻挡着他们。我相信没有人会说几个外国人,差不多五六个吧,能对抗一群一边狂怒地呼喊着'杀死外国人',一边欲冲进捕房的暴民;没有人会说巡捕不应开枪。在这些案件中人们不应该只考虑巡捕开枪可能造成的性命损失,更应考虑如果巡捕不开枪可能造成的后果。如果巡捕不开枪,第一件肯定会发生的事情是老闸捕房会被学生和暴民占领。我不会说仅仅是学生,而是学生和暴民。我们从历年世界各国暴动的经验中可以得知,无赖之徒将趁着暴乱抢劫和实施其他的恶行。我并不认为所有的暴民都是学生。当然他们不是,但是无赖流氓、盗匪、煽动骚乱和见机抢劫的大有人在。法庭需要充分意识到,如果老闸捕房被暴民所攻占,那么整条南京路都将被洗劫一空。法庭完全清楚,那些在士兵控制下的老百姓会经历什么——开庭之前,从上百名士兵身上搜查出从老百姓身上搜刮来的东西。如果那些自称是士兵的人做这样的事情,那么一个普通暴民的所作所为肯定会更加糟糕。我希望能够先由医生出庭来证明这些人是如何被杀死的。"

陈锡卿医生的证词,工部局雇员,工部局医院当医生

问:你的全名?
答:陈锡卿。
问:你是医生?
答:是的。
问:你的资历?
答:医学博士。
问:你在老靶子路上的捕房医院工作?

答：不，是在吴淞路上。

问：我相信你看到了在星期天和星期一被枪杀的人的尸体了。

答：我看见了四具尸体。

问：你可以告诉我们他们被击中的部位吗？

答：我在31日早上9点左右在验尸所见到的被枪杀的人的尸体。有一名死者十八岁左右。他身上有两个边缘不规则的伤口，其中有一个位于左肩胛骨。

问：请简洁地描述一下。

答：肩胛骨左下方。

问：如果有人转身去煽动群众，然后这样走过来（演示），有可能在这个部位被击中吗？

答：会的。另外一个伤口大约在离左边胸骨与锁骨衔接处前方半英寸处。

问：现在我们看下一位死者。他受伤的部位在哪里？

会审官：你能说出这些伤口的名称吗？

答：不能。下一具我见到的尸体年龄大约二十岁，在胸骨前方第二根肋骨位置上有一处椭圆形的伤口。伤口的大小为$1\frac{1}{4} \times \frac{2}{3}$英寸。

问：是在胸口吗？

答：是的，胸骨破裂了。

问：你还看到了其余的两具尸体？

答：是的。

问：他们的伤口在哪个部位？

答：第三个案例中伤口从差不多在右边第六节肋间射入，穿过前肘腋腺，从左侧锁骨穿出。

问：是从右入从左出？

答：是的。

问：那第四具尸体呢？

答：死者在五十三岁左右。子弹从脖子略微向下倾射入，从肩膀上方脖子前面的位置穿出。

问：你仅见过这四具尸体？

答：是的，星期天只见到了这四具尸体。我之后又看到了三具尸体。

问：你之后又看到了什么？

答：星期六我在停尸房看到了三具尸体。一具尸体在三十五岁左右。他在右肩膀三角肌的位置上有一处小的圆形伤口。伤口直至胸口，直径在半英寸左右。子弹并没有穿出，可能还留在胸部。一个来自普渡路捕房，另一个来杨树浦捕房。第二个死者四十岁左右，他身上有两处直径为四至十英寸的圆形小伤口。一处伤口在第三根肋骨之下离胸部骨一英寸的地方，差不多在胸口之间。第二处伤口在背部肩胛骨下方左肩胛处。

会审官：你能判定子弹的入口和出口吗？

答：两处伤口很可能是同一颗子弹所造成的，但是很难判定前后方，因为子弹尺寸很小并且发射速度相当快，而且击中的身体部位十分柔软。下一个死者大约四十岁，由新闸捕房报送。他头骨处有处子弹穿过的破裂伤口。整个脑壳是碎裂的，在头部后面的后头骨处有一处小的椭圆形伤口。我认为子弹是从后脑射入并从眼下方穿出的。

问：有可能是从眼下射入，从后脑穿出吗？

答：伤口穿出的地方一般会大一些，眼旁的伤口大一些。

梅特兰：是的，但是眼睛周围较为柔软，比起骨头附近更容易被子弹穿出。

问：你什么时候看到了尸体？

答：应该是事发第二天的早晨吧，具体日期我不知道。

问：你知道在哪里发现尸体的吗？

答：不知道。

问：你不能确定遗体是否在新世界被发现？

答：是的。

问：是否还有人看见过其他的尸体？

答：通常我们见不到在医院死去的死者的遗体。医院的医生会给他们开一个证明。

（以下为何飞诘问）

问：你毕业于哪所学校？

答：圣约翰大学。

问：你只看到了七具尸体？

答：是的。

问：根据你的报告，你所提及的第六具尸体身中两枪，一枪从前面射入，一枪从后面射入？

答：这很难说。我们没有做验尸检查，所以很不好说。

何飞：根据医生的陈述，他没有资格作为本案的证人。

梅特兰：我反对这个问题。这是个可笑的问题。他是医生。

何飞：作为医生他也说了他没有做验尸检查，因此我认为他的证词是不够的。

会审官：请问何飞，你的辩护是否与那天对着人群演讲的你的两位当事人的辩护相同？

何飞：是的。我正在询问证人有关那两枪的情况——一枪从前，一枪从后。医生知道第一枪射在哪里吗？

会审官：医生已经告诉你了。他不知道。

证人：我说了尸体上有两处伤口。但我没有说有两颗子弹穿过尸体。

就会审官的问题，梅特兰说他现在正在努力获取进一步的医学方面的证据。

金（H. P. King）先生的证词

问：你的全名是什么？

答：赫伯特·珀西·金（Herbert Percy King）。

问：你是英国籍？

答：是的。

问：你在四川路41号有一处办公室？

答：是的。

问：你是做什么的？

答：我是多家英国制造厂的代表。

问：你和巡捕有任何关系吗？

答：没有。

问：和特别巡捕①也没有关系吗？

答：与法租界特别巡捕有关系。

问：与公共租界呢？

答：没有。

问：5月30日你在南京路吗？

答：是的。

问：大约什么时候？

答：下午三点半左右。

问：你那个时候在做什么？

答：我从市中心返回，当时正坐在从东向西行驶的汽车上。

问：你注意到发生了什么事情吗？

答：在我到达浙江路之前我见到了一群有些奇怪并且表情愤激的人，然后我听到许多叫嚷声并且看到有一群人在市政厅旁边挥舞着旗帜。

问：这个样子的旗帜吗？

答：是的，差不多这样的。人群聚集在新新大楼的西边，我们到达老闸捕房东边的同昌车行时被人群堵住了。人群被几个印捕拦住了。巡捕人数不超过六个，大概有三四个人。

问：你认为不超过六个？

答：不，我不这么认为。人群非常激愤，他们挥舞着拳头。有一个年轻人试图攻击一个印捕，拳如雨下。

问：你大概估计一下有多少人？

答：我想有几百个吧，但是从浙江路不断有人过来，人群一直在增加。

问：接下来发生了什么？

---

① 指万国商团队员。——译者注

答：因为路上交通拥挤，我和另外几个人不得不在泰昌木器行这里停车。我确切地观察了接下来几分钟发生的事情。我特别注意到人群在攻击一个持步枪的印捕。

问：印捕是否使用他的步枪？

答：不，步枪背在他的背上。他试着阻止不停试图攻击他的学生，他用手臂这样按着他（演示）并轻轻地将他向后推。

问：之后发生了什么？

答：随后人群从后面涌入，绕到巡捕的背后。正当这个时候交通指示灯让我们往前开，然后我们走了。人群气势汹汹，我回家甚至对我的妻子和朋友说南京路可能有暴动。

问：你认为巡捕对于群众的态度过于凶横还是可以理解呢？

答：我认为他们的态度十分可以理解。我刚刚忘记说了，在老闸捕房我看到了几个印捕、两个外国捕头和几个华捕，我不太确定那两个外国人的身份，但是他们站姿随意，并没有采取任何威胁性的姿态。

问：人群是在向老闸捕房靠近吗？

答：同昌车行在捕房附近。

问：所以他们实际上是在捕房那儿？

答：是的。

问：你看到巡捕开枪了吗？

答：没有，我那时候不在那儿。

问：你可以告诉我们大约是什么时候吗？

答：下午三点半左右。

问：你之后看到了什么吗？

答：差不多半个小时之后，我接到朋友的电话留言说他不能来喝下午茶了，万国商团要紧急集合。

问：你走后几分钟形势恶化，这是不是个合理的推测？

答：是的。

会审官诘问道：你能不能辨认出这里任何一个被告？

答：不能，群众人数过多。

问：你为什么说巡捕对于人群的态度十分合理呢？

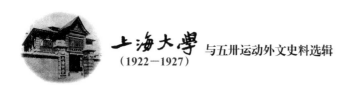

答：巡捕并没有使用武力，仅仅阻拦着他们而已。

问：大约什么时候？

答：下午三点半左右。

韦斯特耐吉（H. Westnidge）先生的证词

问：你的全名？

答：亨利·韦斯特耐吉（Harry Westnidge）。

问：你的职业？

答：传教士。

问：你从属哪个组织？

答：中国内地会。

问：暴动发生时你在南京路？

答：很不幸，是的。我当时乘坐在从外滩开向南京路的1路电车上。

问：这是哪一天呢？

答：发生枪击案的星期六。

问：你可以告诉我们你看见了什么吗？

答：当我们的车子到达浙江路的时候，我们看到了一大群人聚集在永安公司以西。人声十分嘈杂，并且从每家商店里都有人跑出来看发生了什么。出于好奇心，我站在车门口观看发生了什么。我看到有些人手举旗帜跑过我们前面的电车轨道，那时电车轨道上没有电车通过。当车子穿过浙江路驶向永安公司的时候，我们听到在市政厅周围有更多的喧闹声——我的主要注意力集中于市政厅那里。

问：你听到他们在喊什么吗？

答：没有，我没听明白。我只懂安徽方言。我看到有几名巡捕。我没有注意市政厅的对面，但是在市政厅这一侧有几名巡捕和一名外国巡捕。我没有认出任何一个人。他们试着阻挡人群向前，那个时候人群的确向后退了。有几个人在市政厅附近说话，呼喊几次后，人群离开永安公司走上马路，在先施公司附近，有几个人取出数包传单并向周围的路人散发，他们也往我们的车子里发传单。在高呼口号之后，人群从各个方向往我们的车子和巡捕之间的地方聚集,那时我们和巡捕之间大约有50~70码。

问:你看到了多少名巡捕?

答:两名印捕和一名外国巡捕。可能还有两名巡捕,但是人太多了,我看不清楚。当人群向巡捕涌来时,巡捕意识到他们人数太少了。许多人挥舞手臂。我没有看到有人被打倒,但是人群中有挥舞着旗帜和小木棒的罢工者,还有人举着拳头。我留意过巡捕的举动,但是我距离巡捕太远了,看不清他们使用了什么东西。当意识到无法抵抗之时,我看到印捕拿出了警棍,一名外国巡捕手持手杖。我不知道他们是否配有武器,但是他们当时手上肯定没有拿武器。一辆从极司菲而公园开来的电车遇到当时场面停了下来,我记得应该是停在老闸捕房那一侧。

问:是东侧吗?

答:是的,我看到印捕试图保护西捕头。我猜是名捕头,但是我没有看清。他们试图挡住人群的围攻,并且步步退缩,一直退到了从极司菲而公园开来的那部电车的边上。巡捕撤退的时候,四面涌来的人群显得更加亢奋激昂,尤其是从路边跑到马路当中的那些人。人群高声喊叫着,当巡捕退至电车那里时,他们可以快速退回到位于电车边上的老闸捕房。正在聚集的人群看到巡捕撤退,便开始奔跑起来。人群奔到车尾时,巡捕后退到电车的一侧,这时人群可以抄近路冲进大门正敞开的老闸捕房内。当人们还没反应过来的时候——我当时非常害怕接下来会发生什么——我听到了枪声。

问:就是在人群试图冲击老闸捕房的时候吗?

答:我只看见所有巡捕在大门内,之后他们走出来布成V字阵形面对人群,巡捕开枪之后,人群从我们的电车边跑过去。

问:假设巡捕没有开枪,你认为会发生什么?我觉得问这个问题是合理的。

答:我在中国生活了一段时间,当然我已经习惯了中国民众。有许多男孩和学生在附近逗留,单纯地是为了恶作剧。许多人只是站在那里旁观而已,他们见到有旗帜在飘扬,跑出来看热闹,脸上带着笑容。

问:你还有什么想说的吗?

答：我认为如果学生意识到了局面的危险性和他们行为的愚蠢，接下来的一切就不会发生。我觉得很多男孩没有想到事情会发展到这个地步。

问：你的意思是，这些学生所引发的骚乱比他们预期的更严重？

答：我认为人群中头脑清醒的人没有意识到事情会发展到这个地步。从巡捕的角度来说，如果他们多迟疑、多放任人群骚乱一分钟，事态必将会进入僵局——巡捕毫无疑问会被人群踩踏。

何飞问道：你是哪国人？

答：我出生在英国，这是万幸的也是不幸的。在四川我被叫作中国佬。

问：你是传教士吗？

答：是的。

问：既然你是传教士，那么你应该非常尊重人道？

答：是的，我很爱中国，这也是我来这的原因。

问：那天有多少个巡捕出动上街？

答：巡捕开枪之后，我请求司机让我下车，我沿路跑过去看是否有需要我帮助的伤者。我习惯做这个了。当我到达捕房大门时，我看到捕头正在押送人出去。我没有数有多少人，但我猜差不多有十四五名印捕、两名华捕，应该还有两名外国捕头。

问：你看到了几个万国商团的人？

答：一个都没看到。

问：你看到的那些巡捕都配有武器吗？

答：我印象中只有几名印捕、两名华捕，还有一名外国巡捕配有手枪，不过我不确定。我当时关注着几个可怜的受伤的男孩，没有太注意手枪。

问：当你看到有人受伤时，你自愿去帮助这些人？

答：当然，我立马从车上跑了出来。

问：在巡捕开枪的时候是否有很多人在？

答：当时一大群人挥舞着旗帜，和暴民一般，完全分不清任何东西。

问：你听到枪声了吗？

答：是的，当然。

问：在巡捕向学生开枪之前，学生是否赤手空拳？

答：他们在我搭乘的电车边经过的时候，手上并没有拿任何可以作为武器的东西。之前发生了什么我不知道。人群聚集在南京路上的老闸捕房到市政厅之间。我看不到他们是否拿着任何东西。

问：学生的手上只有传单和旗帜，对吗？

答：传单是后来才有的。他们大多数都举着旗帜。人们聚成一团，你知道秩序紊乱之时群众会做什么的。

问：你认为传单和旗帜能与步枪相斗争或者相抗衡吗？

梅特兰：这是一个严肃的案件，没有人要听那么愚蠢的问题。

问：我只是问了证人他是否认为这两者可以相抗衡。如果这两者可以相抗衡，那么巡捕可以开枪，如果不可以，巡捕是不可以开枪的。

答：让我这样问你：你意识到学生在做什么吗？为什么学生回到了老闸捕房？他们为什么不原地等待官方派代表来？他们这么做的原因是什么？我可以这么说，我已经习惯了中国民众，在四川的时候我也经常因此遇到麻烦。我在那儿待了15年。

正会审官：你什么时候看到人群聚集在南京路的捕房旁边的？

答：我三点半后到达那里的。

正会审官：这些人在老闸捕房里面还是在入口处？

答：他们在路上，路的两侧是正在指挥车辆通行的巡捕。

正会审官：你说人群试图冲向捕房。巡捕开枪时人群与捕房门口相距多远？

答：人群从三个方向涌入捕房。沿着泰昌木器行这一面涌过来；穿过从极司菲而路方向开过来的电车的轨道涌过来；在我们前面的主路上也聚集着人群，他们尾随着巡捕。

正会审官：他们都在捕房门外吗？

答：他们都冲进去了，简直是一群愤怒而混杂的暴民。没有人可以认出其中的任何人。

问：你听到巡捕警告了吗？

答：没有，我在离市政厅较远处的车上。人群在呼喊，呼喊声几乎盖

过了枪击声。我只听到枪声。

问：你看见巡捕开枪吗？

答：没有，我没有看到，人群太疯狂了。

问：既然你在中国待了那么多年，你应该知道中国人的习性。当时如果你是巡捕，你会开枪吗？

答：作为一个传教士，我会非常不愿意，但是作为执法官，我认为别无选择。我相信没有证据表明学生对巡捕或者巡捕对学生有任何私人情感。因双方各执成见，所以造成冲突。

问：那是谁的错误呢？

答：我认为这是一件不幸之事。如果发生在英国，结果也是如此。如果在英国有外国民众引起骚乱，那么我们会获得同样的结果。可以这么说，是学生在寻衅滋事而不是巡捕在挑事。

会审官：你可以准确记得你听到了多少次排枪吗？

答：我的印象中有两次。很明显两次排枪几乎同时射出。两次排枪射击之间没有间隔多久，可能差了几秒钟吧。

问：你听到的枪声还不足以辨别到底是来自自动步枪还是自动手枪？

答：我离得太远了，没能够听清楚。我听到了很多枪声，甚至可以说是太多了。

问：我希望你能够回到你的证词。你说你看到电车旁的巡捕跑回捕房口？

答：那时他们躲在电车后作掩护，之后他们跑回了捕房。

问：然后人群涌了进来？

答：是的，在电车的后面，他们追了上去，在泰昌木器行那儿有一大群人，我觉得他们不都是学生。我觉得他们只是来凑热闹的暴民，他们喊叫着冲过来，总共肯定有一千五百人，同时冲了过来。

问：他们慢慢地走来，还是快走或跑过来？

答：他们十分缓慢地走到电车旁，然后在电车的掩护下快跑了起来。当巡捕到电车另一头时，有一群人疯狂地冲向他们。

问：当时他们在奔跑吗？

答：这就是问题所在。他们狂奔至老闸捕房。巡捕后退的时候通道敞开着,所以他们能够涌进,我认为麻烦就是从这时开始出现的。如果他们能够放缓脚步,我觉得他们应该能意识到他们所将面临的危险以及他们的行为有多愚蠢。

问:有人涌入捕房吗?

答:是的。巡捕从电车退回捕房十分困难。那时他们机智地不伤害到人群。他们将人群分开并在他们逐渐后退的过程中自我防卫。他们缓慢退至电车那里。人群并没有正面猛烈攻击巡捕,这使得巡捕能够通过。巡捕一退到电车这里,人群顷刻间涌了上去,并对巡捕施加伤害。

问:现在这些被告人当中有没有参加暴动的?

答:不。我无法辨认出任何人。在永安公司那里,曾经有两个人发现我会安徽方言后上前和我攀谈。我对他们说"给我一份你们的传单",然后他们给了我一份。我现在无法再认出这两个人了。

问:你看到任何特别有攻击性的人或者领头的人吗?

答:是的,我看到了几个,我记得他们身着学校制服,但是比学生平均年纪要大些,大概在20～24岁。他们似乎是领头的,指挥年轻的男孩们从他们那儿拿传单,并指派他们张贴。我在永安公司附近看到上述情形。我看到一个男孩,他的任务似乎是穿过永安公司跑到浙江路尽头,他挥舞着旗帜,并且呼喊着什么,然后一分钟或者一分半钟后再跑回来。他明显是在警告浙江路上的人,然后他和其他人一起向前奔跑。

问:你不记得那个男孩说了什么吗?

答:不,我不懂上海话。

问:你不能认出这其中的任何一个人?

答:不,我没有特别地关注任何一个人。

爱活生(E. W. Everson)捕头的证词

问:你的全名是什么?

答:爱德华·威廉·爱活生(Edward William Everson)。

问:你是公共租界老闸捕房的捕头吗?

答:是的。

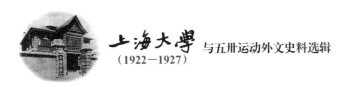

问：你在公共租界捕房工作多久了？

答：19年。

问：你能详细地告诉我们5月30日（星期天）暴乱时都发生了什么吗？

答：我需要从头复述一遍吗？

梅特兰：是的，详述一切，越详细越好。

答：差不多在5月30日（星期天）12点40分的时候我收到了总巡的电话，大概意思是学生在租界外正在组织集会并且散发传单，各区负责的捕头试图阻止其扩散至租界。同日下午1点55分我在家里时接到了来自捕房审讯室的电话，大致意思是学生正在劳合路南京路组织集会。我和副捕头谢尔维尔（Shellswell）及两位包探立即到达了现场。我看到大概有50个人聚集在劳合路对面的南京路。一个中国人正在演讲，他身边围着几个人，他们挥舞着旗帜。演讲的那个人就是被告席前面一排在押被告人中的第一个。我亲自逮捕了这个人，其余的巡捕逮捕了其他三四个人，我把他们带到捕房并调查事件经过。剩下的人，大概有15名学生，跟随他们至捕房。他们有些人跟随着我们。当我们把他们带到审讯室的时候，我通过翻译问了第一个男生他演讲的内容是什么，就是那个演讲的男生。他说是有关反日的。他说因为沪西日本纱厂一名中国工人被杀死，所以学生在抗议。我问了另外两名学生手持旗帜在南京路集会的缘由。他们说他们只是服从学生联盟或学生会的命令，有多个学校的一些团体在那天下午派学生到租界各处举行演讲。我通过翻译问他们是否知道这些行为在租界是不被允许的。他们说他们别无选择，不得不遵从学生会的命令。然后我挑出了三名为首者，对他们说"干得好，现在我要拘禁你们"。我让其余学生离开租界，并要求他们不要在租界闹事。他们说如果他们中的三个人被拘禁了，那么他们所有人都应该被拘禁起来。如果其中一些离开了，那么所有人都应该离开，所以我把他们都拘禁起来了。

问：事情发生的时候大概几点？

答：我大概是下午1点55分离开的。他们随后都被拘禁起来了。

问：就是这些人吗（被告人）？

五、上海会审公廨审理五卅、六一惨案记录

答：是的。我不能够全部指认他们，我大概能指认出七八名。然后我持续收到来自西藏路、浙江路和南京路的集会报告，所以我命令捕房全体人员随时待命并且拉响警钟令其出警。他们被派往各处去驱散集会人群。我和一小队人前往西藏路，我们没有看到一个真正的集会，但是一个小游行队伍正在走过。被告席中的一名学生就是这个游行队伍的领头者，他当时挥舞着旗帜。

问：你可以指认出那个学生吗？

答：我认为是这个人（蔡鸿立）。

会审官：他是西藏路游行队伍的领头吗？

答：是的。我逮捕了他并把他押送到捕房，人群跟着我们。他带领的队伍跟在他后面。同样的事情再次发生，他们拒绝离开审讯室，所以都被拘禁了。这种情形持续到下午2点45分，我们到处搜捕学生，并驱散南京路、浙江路和西藏路上的集会。那时（下午2点45分）英籍巡捕史蒂文斯试图驱散南京路旁边西藏路上的学生集会——我当时没在场。他向我报告说，当他到达后试图驱散集会学生时，他遭到了殴打，并且有人试图夺取他的枪支。据我所知，这是他们供认的第一起暴力行为。他拘捕了两人，印捕也拘捕了一名曾攻击他的人。他们被百余学生一路跟随至捕房。他们涌入审讯室，并且还涌入当时无人把守的捕房大门。我召集捕房内所有巡捕，六名西捕和华捕将人群赶出审讯室，因为我觉得当时捕房的情况很危险。

问：你召集了所有你能召集到的人，总共有多少人？

答：总共六个人。其余的人都前往各集会处了。我认为将人群驱逐出捕房和通向捕房的要道十分必要。

问：当时有多少名中国人在捕房？

答：在审讯室差不多有七八十人。

问：你有六个人可以调配？

答：是的，我们花费了相当长时间把他们赶出审讯室，差不多有20分钟。我们把他们赶到南京路上去了，此时外面援助的人群已经陆续到场。巡捕觉得阻止集会无望，回到捕房向我报告。我们将他们赶出至捕房门外并令他们缓慢向南京路以东方向离开。他们缓缓向市政厅东侧退

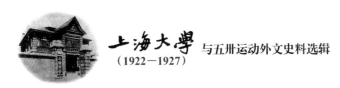

去,南京路从捕房大门到市政厅东侧恢复了平静。这时我和副捕头谢尔维尔都觉得诸事平息了,并且我们已用和平的方式将群众驱散。我离开了捕房大门,回到捕房,关上后门并派武装巡捕驻守。我在前门第二重门口也派了武装巡捕驻防,以防万一。之后我回到南京路并站立于路中央以便观察情况。人群在市政厅东侧站立不动。他们不后退也不前进,沿着浙江路往南,各种传单四处纷飞。当人群从浙江路走到南京路加入大部队时,旗帜在空中飞舞,传单被抛入空中。这似乎鼓舞了南京路上的人群,他们沿南京路向西往租界捕房方向走去,巡捕此时被推着走在前面。我看到科尔巡捕被推倒,谢尔维尔副捕头和一个包探挤入人群把他拉起。

问:他摔倒了吗?

答:他被推倒了。巡捕陆续从市政厅回到了捕房大门口。人群越聚越多,呼喊声越来越响。

问:你听到他们呼喊什么了吗?

答:在他们疯狂冲击前的五分钟,我能够清晰地听出他们用英语高喊"杀死外国人",他们用英文和中文交替呼喊。

问:他们呼喊了很多次吗?

答:有一个人一直喊叫着"杀死外国人"。我看到巡捕一直试图阻止他们并被攻击。谢尔维尔以及双手流血不止的怀特、科尔、史蒂文斯和哈珀使用了他们手中的木棍和手杖。

问:你估计人群大概有多少人?

答:我估计当时有两千人,人群持续从各个支路涌入。巡捕退回至离捕房大门60码处。电车和摩托车都陷入瘫痪,人群也陷入堵塞中。我喊巡捕快点跑到路的一边。当一部分巡捕跑到路的一侧背靠墙壁来自卫,另一部分巡捕跑向大门内全副武装的警卫时,我拿出了我的手枪。我知道这是没有用的,并且把手枪瞄准人群。

问:人群容易看到么(指爱活生用手枪瞄准人群)?

答:当然。当巡捕跑到捕房警卫身后时,人群狂冲至捕房大门前10码、15码、20码的位置。当他们离大门还有差不多6英尺远的时候,我下令开枪。我们与人群的距离肯定不会超过6英尺。

问：谁开的火？

答：印度捕头和华捕，我相信谢尔维尔也开枪了。我没有看到，是他之后告诉我的。

问：如果你没有下令开枪，你觉得会发生什么？

答：如果我当时没有下令开枪，人群将同武装的巡捕和武器混在一起，那些武器也将对我们不再有用处。毫无疑问，捕房也将不复存在（指被人群占领）。

问：好的，警长，据你的判断人群在两千人左右？

答：是的，我估算是这些。

问：你认为他们都是学生吗？

答：不，绝不是。

问：一大部分只是流氓无赖而已，你觉得这么说合适吗？

答：是的。

会审官：你是否能判定他们是学生还是流氓？

答：我一望即知上海所有的流氓无赖都混杂在内。

问：你能告诉我们这些人是怎么被拘捕的吗？

答：第一个人，我已经告诉过你了。我看到他在演讲，随即我拘捕了他。

问：请你指认出其中的几个为首者。

答：是的，这个人，瞿景白（示意道），在开枪前六分钟被拘捕。我在贵州路对面的人群中注意到了他。大概在下午3点5分或者3点10分。他看到哪里人声低落他就会跑到哪里，他在人群中东奔西走。他鼓动人群，使其疯狂暴怒。他似乎已经不能控制自己了，他真的是疯了。几分钟后，我看到他在我们身后大门西边试图煽动另一波人群靠近我们。然后我拘捕了他。我相信其他巡捕也在人群中看到他了，但是我亲眼看到他了。我认为他绝对是为首者。

问：他是最糟糕的吗？

答：是的。

会审官：这是在开枪之前发生的吗？

答：是的，在开枪前六分钟左右我拘捕了他。

（12点18分法庭因午休休庭，下午2点13分继续审讯）

梅华铨出庭并声称他于半小时前得到被告之委托，代任辩护之责，为对被告公正起见，他希望有更多的时间来获取他们的指示并要求展期开庭。

会审官宣告法院决定展期审讯。

梅华铨说应梅特兰博士的要求他将代表所有被告辩护。

会审官声称法院希望大家能够明白这不是一个批评或称许巡捕行为的裁判机关，他们只是试图依捕房的控告而审讯。梅华铨有机会对指控提出任何证据。

斐斯①声称按照法庭作出的评论，他也希望能够作一个评论。上海领事团在6月6日给江苏交涉公署交涉员写了一封信，信中说道："综上所述，巡捕的行为与回信中你的记录中的描述出入较大。没有人会比租界官员更惋惜逝去的生命，但至于巡捕的行为是否正确的问题，则应于审讯该案诸被告时，由法庭判决。"

会审官：你能不能读一下后面的句子？

斐斯：好的。"当然会有权威部门负责就巡捕的行为进行调查，除此之外，该管法庭也愿受理各项诉案。"

会审官声称斐斯博士代表中国政府，他希望领事团提出接管这个问题。

爱活生捕头继续陈述：

问：你指认了几个为首者，你还能指认出另外的人吗？

答：我还可以指认出四个挥舞旗帜的人。

问：你可以指认他们吗？

证人指认出了蔡鸿立、高道纯和黄儒京并说道：我认识这三个人并且可以为他们证明。我亲自拘捕了被告席上的第一个人，余下几人由其他巡捕逮捕。被告席第三个人（瞿景白）是由我命令拘捕的。剩下的人被其余巡捕拘捕或者自行投案。

问：你知道这些人来自哪里吗？

---

① 斐斯代表江苏交涉公署。

答：最初的18个人告诉我们他们来自上海大学。

问：多少个人告诉你的？

答：最初的18个人，后来又有很多人跟来，我不好说具体有多少个人说过他们来自同一大学。

问：他们在大学做什么？

答：是学生。

问：你还有什么想说的吗？

答：没有了。

梅华铨博士再次要求展期庭审以查阅爱活生的证词，法庭拒绝了他，梅华铨博士被允许恢复对捕头诘问。

（以下为何飞诘问）

问：在星期天中午当你收到了来自总巡捕的电话，通知你学生涌入租界演讲的时候，你有没有收到总巡捕的命令说必要之时可以开枪？

答：我从未说过这句话。我收到的命令是禁止学生闯入租界内。

问：在第一次拘捕学生的时候，他们有没有反抗？

答：没有。

问：学生手里有拿什么吗？

答：有些人拿着旗子，有些人拿着传单。

问：他们手里没有足以杀死人的武器，是吗？

答：那时候没有。

问：你说你向人群开枪的六分钟前，你拘捕了第三个人，也就是瞿景白。

答：是的。

问：所以说你开枪前的六分钟你足以控制他们。

答：不是。

问：你知不知道如果巡捕想拘捕一个没有武器的人，巡捕不应该使用武器袭击他们？

答：我不明白你的问题。

问：在你想拘捕一个人的时候，如果这个人反抗，并且如果你不杀死他的话，他会杀死你，你才可以使用武器杀死对方。

答：我依旧不明白（你的问题）。

问：他们抵抗的力量不足以让你射杀他们。

答：你误会我的答案了。我说开枪六分钟前我拘捕了他。这个人试图脱离人群的主力部队并集结一个新的团体来攻击我们。这是他被拘捕的原因。

问：在你朝人群开枪之前，你是否有警告他们？

答：是的。

问：你怎么警告他们的？

答：我拿出我的手枪并指向人群。

问：你的手枪很短，当你用手枪指向人群的时候，只有前排人能够看到，后排看不到。

答：这有可能。

问：自你警告至开枪，相距时间是否有10秒？

答：是的，差不多。

问：当你用手枪指着他们的时候，他们是否可能误解为如果他们不走，你将用手枪击打他们？

答：我不这么认为。对于一个巡捕来说，拔枪指向人群是一件非常严肃的事情，人群应该很清楚他将向其开枪。

问：当你用手枪指向他们的时候，你有没有说"如果你们不走开，我会开枪"。

答：是的，我是这么向他们喊的。

问：你用什么语言说的。

答：中文和英文。

问：你会说中文？

答：是的，一点点。

问：你可以告诉我你是怎么表达的吗？

答：我把手枪拿出并喊道："停，不停我要开枪了。"

问：你现在的语音很低，法庭内大家都听不清楚，当时人群怎么可能听见？

答：因为知道人群听不清楚，所以我拿出手枪示意。

问：即使你用枪示意,也不可能被所有人看见。

答：这是不可能的,总共有两千人。

问：按照中国人的行为习惯,一旦发生这样的事情,他们会贴告示,布告大家如果他们再这么做的话,那么他们会被击杀。

答：等告示写完,捕房早就被占了。

梅特兰：今天早上法庭就"有两千人叫喊'杀死外国人'"进行听证。在这种情况下询问爱活生是否在人群奔走,告知每一个人他要开枪,这难道不是浪费时间吗?

正会审官问道：开枪后你是否有看到尸体？

答：是的。

问：他们离老闸捕房多远？

答：第一具尸体离我只有6英尺。第二具稍微远些,大概再远2英尺吧。

问：尸体是前排的群众吗？

答：我不好说。当人群散开并试图后退时有一个人在他站着的地方倒下。另外一个人在人群退散时倒下。

问：学生到捕房的本意是不是要求释放被捕的同学？

答：你说的是第二次吗？他们两次来到捕房。

问：第二次。

答：不是,第二次他们是想占领捕房。

问：你有什么证据或者说你为什么觉得他们想占领捕房？

答：根据他们的行为和呼喊声。

问：当你给予警告时,前排的人群是试图解散还是继续向前冲？

答：他们往前逼近,直至我开枪。

问：在你警告你将开枪之后,他们是继续向前还是后退？

答：警告并没有效果,他们继续向前冲。

问：你使用了什么样的步枪？

答：巡捕最常用的步枪,弹药盒可装五粒子弹,子弹须一一装进,装一弹才能射出一弹。

问：不是那种一发多弹,子弹连续发出的那种吗？

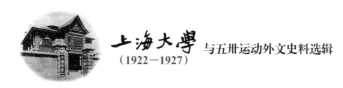

答：不是，需要按下扳机才能射出一发子弹，然后需要清空枪栓，取出弹壳才能装入下一颗子弹。

问：共放了几排枪？

答：两排。

会审官：你的意思是每个武装的警卫都开了两枪？

答：这不好说，排枪参差不齐。大约是因为不是所有巡捕都听见我的命令，只有旁边的一两个人听到了我的命令。

正会审官：你说群众大约有两千人。十秒之内两千人能否散去？

答：当然不是所有人，但是他们可以离开危险之地。

问：当人群看到你举起手枪的时候，前排的人群如果想要后退的话，来得及吗？

答：我不这么认为。

会审官：你是不是说早上有一个携带武器的西捕开枪了？

答：是的。

问：是自动手枪吗？

答：是的。

问：你知道他开了几枪吗？

答：一次，他告诉我的。

问：你说有一个人在6英尺外的地方倒下了，距离人行道有多远？

答：我不知道他是在哪里被击中的，但是他倒在人行道上。

问：就在大门前面吗？

答：是的，离大门少于6英尺处。

（爱活生捕头的证词暂告终结，梅华铨此时请所有控方证人离开法庭，控方证人按照他的要求退下）

缪尔（Muir）博士的证词

问：你的全名是什么？

答：约翰·贝伦特·吉尔克里斯特·缪尔（John Bertram Gilchrist Muir）。

问：你是医学博士？

答：是的。

问：你在哪里工作？

答：北京三路。

问：在医院里吗？

答：不，在诊所。

问：你有没有查验过在星期六和星期一骚乱中的死者的尸体？

答：我并没有亲手查验过任何尸体，但是作为山东路仁济医院名誉顾问医生，我在事发后不久被叫去了现场。

问：你记得你看见了多少具尸体吗？

答：不好说，大约15具吧。

问：你能告诉我们他们大约都在哪个部位受伤的吗？

答：大多数伤口位于胸部与骨盆之间。

问：在前方？

答：是的。

问：你看到的尸体有伤口在背部的吗？

答：没有，有些伤口位于侧边。

问：假设有一个暴民冲向老闸捕房，那么可不可能击中他的侧面？

答：有可能，如果他侧面对着开枪的方向，则必击中侧面。

会审官：第一次有15人受伤？

答：是的，都是在同一时间，应该是15个人。当时急忙施行急救手术，所以记不太清楚了。

问：你在医院内是否亲自诊治过伤者？

答：我们下午四点半到晚上11点半一直在做手术。

问：从伤口来看他们是哪里中枪？

答：我有五份自己填写的表格。两例完全是腹部受伤，子弹从一侧进入并从另一侧出来。一例是胸口中枪，子弹从前胸进入，从脊骨左边穿出。一例是左股受伤，子弹从后面穿入，还有一例是左腿骨破裂，外皮已脱落，须截肢。

问：这15个人中有多少人死掉了？

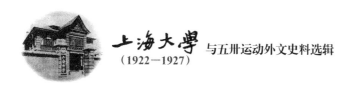

答：有两人在入院半小时到一个半小时后死去。有两人在手术后死去。还有两个在第二天和第三天死了。

问：死者是学生还是年长者？

答：他们平均年龄在25岁左右。一个男孩相当年轻。我猜他一定是在人群边上中枪的。他在入院后不久就死了。

问：总计死者是6个人？

答：是的，应该是吧。详细的记录表可由医院提供。

问：你拿到死亡证明了吗？

答：没有，我没有签署。这是主任医生签署的。

（会审公廨提交验尸案卷）

问：你可以告诉我们多少人是侧边中枪，多少人是前面中枪，多少人是后面中枪的吗？对于这点，各种陈述有异。你可以为我们澄清吗？

答：其中有五个人的手术是我做的，第一个人的伤口是子弹从一侧射入从另一侧穿出造成的，第二个人也是如此，第三个人则是斜面的伤口，子弹从前面射入，从后胸穿出。

会审官：就伤口而论，是否能断定子弹从前面射入还是从后面射入？

答：是的，常规来说子弹入口小于出口。

会审官：这个案件中，第三个伤者的哪一个伤口更大？

答：出口较大。

问：在后面？

答：是的。子弹射入体内，击中头骨，骨头折入软组织，可以证明这是伤口的入口。其中有一个死者子弹穿入其左肋骨，导致肺部破裂。第四个死者的伤口是子弹由后面穿入，导致左腿动脉被击穿，第五个死者是子弹击碎了其膝关节下的胫骨，我认为伤口是由于子弹从前面穿入，导致皮肤破裂造成的。由一些器官已破裂判断，子弹射击的距离很近。射击所造成的伤口并非是清晰地穿透器官的那种。

副捕头谢尔维尔（Shellswell）的证词

问：你的全名是什么？

答：雷克斯·谢尔维尔（Rex Shellswell）。

问：你是公共租界老闸捕房的副捕头？

答：是的。

问：请告诉我们你所知道的关于5月30日（星期六）发生的骚乱的全部情况。

答：差不多在下午1点55分，当254号华捕来到捕房并报告一些学生在南京路对面的劳合路上的小巷集会时，我在老闸捕房审讯室。我陪同爱活生捕头和西捕塔布隆（Tabrum）和史蒂文斯（Stevens）立即赶往现场。当我到达南京路时，我看到有人群聚集在劳合路对面小巷的入口处。爱活生捕头逮捕了被告席上的第一个人并把他转交给我。

问：他当时在干什么？

答：被交给我时他拿着一面旗帜。

问：在他被交给你之前你看到他了吗？

答：没有。

问：其他两个被捕的人呢？

答：史蒂文斯和塔布隆每人拘捕了一个（指的是黄儒京和梁郁华）。

问：然后发生了什么？

答：我把那个人带到了捕房，史蒂文斯、塔布隆和其他两名被捕者跟随着我。我把被捕者关入铁栏内并回到了南京路。我开始驱散南京路巡捕房大门附近聚集的一些人。然后我沿着南京路向东前行。我看到一名学生在向路人分发小册子。我将其拘捕并带到了捕房。我把他关入铁栏后再次来到了南京路。我在南京路的贵州路和劳合路之间来来回回巡查。大概在下午2点45分的时候，我听到了西藏路、南京路街角处传来的警笛声。我立即前往该处，看见西捕史蒂文斯和两名学生，还有一名印捕和另外一名学生。

问：你能确认出他们在这里吗？

答：我无法辨认。我没有太关注他们。我在这些学生和人群之间穿梭并驱散他们。

问：你估计那个时候有多少人？

答：大概有几百个人。我将人群驱散。他们当中有些人在我面前走

过,其余沿着西藏路散去。然后我沿着南京路原路返回并将人群拦在路的南侧。我在捕房大门东侧。大概下午3点15分的时候,我听到从浙江北路街角传来的警笛声。我往那个方向看,看到从东南街角的茶叶店抛出的传单在空中飞舞。有许多人聚集在那里并且挥舞着旗帜。我立即奔过去。当我到达浙江路时,看到一名印捕和一名学生在对峙。传单也从南京路南侧和浙江路上另一家茶叶店中被抛出。这时车辆均被阻拦。浙江路街角处纸张满地。然后我在各个街角处来来回回驱散人群,使得车辆能够再次通行。我在那儿差不多待了10到15分钟。

问:那个时候几点?

答:估计下午3点20分的时候我原路返回南京路。在我去捕房的路上,有一辆汽车从我旁边经过,并且缓慢地向东行驶。听到一个外国人喊着我的名字,我立即跑了回去。当我追上汽车时,一个工部局税务处的外国人和我说:"你最好快点,捕房那边好像有些麻烦。"我立马动身,当我到达贵州路和南京路的街角时,我看见西捕科尔、史蒂文斯和哈珀在让一大群人后退。我加入了他们并帮助西捕将人群向后赶。人群缓慢地后退。当我们到达市政厅的时候,人群似乎停下来了。我们无法再让他们后退,因为不断有人从后面涌来。交通再次堵塞。这时我让一个英语说得很好的学生向人群喊话说他们必须离开,租界内不能纵容这种事情。当我和他说完时,人群中突然有人大声呼喊。

问:你听见他们在呼喊什么吗?

答:他们在用英文和中文大声呼喊"杀死外国人,打倒外国人"。我看到了穿着蓝色长衫的第三名被告(瞿景白)。他是煽动人群向前冲的主要人物之一。我也看到了第一个被告。人群向前冲时,科尔捕头被撞倒在地。他们试图夺取他的枪并且扯断系枪的绳索。我和其他外国人立即前去援助他,并且将他从人群中救出。几分钟后,史蒂文斯捕头被人群困住,他们试图把他拽倒。史蒂文斯没有被推倒。我们把他解救出来。几分钟后我也被四五个学生捉了起来,他们用手抓着我的领口并试图把我摔在地上,还有一个人掐着我的喉咙。剩下的外国人赶来帮助我摆脱人群。在意识到事情的严重性之后,我叫其他外国人和我一起排成一条直线。人群不停地冲击我们,我告诉其他人后退,慢慢退回到捕房。有些人推搡前排的捕头,以便突进。这个时候我和巡捕们使用警棍逼迫他们后退。

问:你估计人群有多少人?

答:那个时候差不多有一千到两千人。我最远只能看到浙江路这里的人群。他们迫使我们回到捕房大门。从捕头第一次向人群呼喊示意到他命令开枪,中间间隔了10～12秒。

问:当爱活生捕头向人群喊叫的时候,后面的人能够听清他在说什么吗?

答:这是不可能的。

问:在开枪的时候,后面的人群听不到所以没有后退,因此前排的人群没有办法后退?

答:前排的人可以清晰地听到。

问:人群数量如此之多,哪怕前排的人想后退也没办法,对吗?

答:不,这是不可能的。他们只是一次次地向捕房进行疯狂冲击。

问:那是他们的理由,即使前排听到警告的人想退后也没有办法,对吗?

答:是的,他们即使想后退也没有办法。

问:向人群射出的子弹是一把步枪接一把步枪射出的,还是同时开火的?

答:我记得有三四声枪响。

问:只有三四声枪响的话怎么会有那么多人死去或者受伤?

答:第一次排枪射了三四发,之后有更多的枪声。

问:总共开了几次枪?

答:我不好说。

问:大约呢?

答:我估计有四十余发子弹吧。

问:你知道有多少巡捕向人群开枪了吗?

答:我不确定,差不多有10名或12名印捕和华捕吧。我没注意。

问:这些印捕和华捕是根据捕头的命令开枪的吗?

答:是根据捕头的命令开枪的。

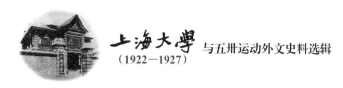

问：如果那个时候他们击中人群的脚部或者腿部，你觉得他们会退下去吗？

答：我不这么认为。

问：如果击中了他们的腿，他们感到疼痛后会跑掉。

梅特兰：他已经告诉你了他不这么认为。

问：这个人当场被拘捕吗？（俞茂万）

答：不，他是星期天被带来的伤员之一，我辨认出了他。他在星期天被逮捕到捕房。医院打电话告诉我们有三个人可以出院，一名侦探把他们带到了捕房。

问：除了受伤之外，没有直接证据证明他们是罪犯，对吗？

答：他们在市政厅的人群中。有一个人手上拿了根竹条并多次试图打我。

问：当他打你的时候你为什么不拘捕他？

答：我无法拘捕他。我当时试图拘捕这里的第四个人（瞿景白）。我如果在市政厅那里拘捕他，我肯定会被众人撕碎。我抓住了他，但是不得不把他放走。我能看出他是领袖人物并且试图抓住他。我转向人群中并抓住了他，但是人群抓住了我，所以我只能放他走。我不知道他被拘捕了。西捕头塔布隆告诉我他拘捕了他，我猜测他煽动我身边的人群情绪达到高潮后离开，随后前往捕房的西边煽动那里的人群，使我们夹杂在两组情绪激昂的人群当中。他因大怒而脸色发青。我从来没有见过一个人如此狂怒地策动人群向前冲。

问：你说你辨认出了他。他像你那天看见的那个人吗？

答：我回到捕房时描述了他的面貌。我说他是一个身穿蓝色粗布衣服的人，可能是个工程师。当他被带入捕房的时候，我立刻认出了他并说"就是他"。我还描述了其他两个人的面貌，后来知道他们也被捕了。

问：演讲和散发传单肯定都是学生做的，对吗？因为工人没有能力演讲。

答：这不好说。我看到所有散发传单和挥舞旗帜的都是学生。其他加入人群的是工人，他们是由扰乱分子从侧路带过来的。

（以下为梅华铨诘问）

问：你在上海生活多久了？

答：12年。

问：你一直在捕房吗？

答：是的。

问：你会说并且听得懂中文吗？

答：我可以说一点，也听得懂一点。

问：上海方言？

答：是的。

问：你说人群中的学生高喊"杀死外国人，打倒外国人"，他们是用英文说的还是用中文说的？

答："打倒外国人"是用英文说的，"杀死外国人"也是用英文说的。但我也听到有人用中文说"杀死外国人"。

问：你可以用中文复述一遍吗？

答：可以，杀死外国人（上海方言）。

问："打倒外国人"的中文是什么？

答：我没有听到有人用中文说这句，我听到的是英文。

问：当你听到爱活生捕头的站成一排的命令时，你离老闸捕房有多远？

答：我就在捕房大门前。

问：你背向大门，当时大门关着吗？

答：入口处没有大门。

问：你是面向大门还是背对着大门？

答：我是面对人群站着的。

问：你刚到达老闸捕房大门时，看到爱活生捕头了吗？

答：当我们被人群向后逼退时，我瞥见他往路中央走去。

问：当你收到爱活生捕头的站成一排的命令时，你看见他了吗？

答：没有。

问：你在位于南京路上的捕房入口处？

答：我在捕房大门东侧的柱子处面向人群。

问：你说的"大门"指的是什么？

答：砖头柱子。

问：没有篱笆吗？

答：没有。

问：爱活生的声音是从哪个方向传来的？从捕房内还是捕房外？

答：捕房外，从路中央传来的——南京路。

问：他在人群前面还是在人群中间？

答：他的两侧均有人群。

问：你说你看不到爱活生捕头？

答：不，我看不到他，我背朝捕房。

问：那么他在人群中？

答：不，他不在人群中。

问：那他在哪里？

答：在捕房大门对面。当我们接到命令站成一排时，我朝四周张望并看到了他。

问：你离他有多远？

答：大约4～5码。

问：当他大喊"站成一排"的时候你才看到他？

答：是的。

问：你之后还见过他吗？

答：开枪之前没有再见到。

问：这是你听到的爱活生所说的唯一一句话吗？

答：是的，只听到了"站成一排"和"开枪"。

问：只有这几个字吗，"站成一排，开枪"？

答：是的。

问：你确定你只听到了这几个字吗？

答：是的，这是我唯一听到的几个字。爱活生十分清晰而响亮地高喊。

问：你当时站在大约4码开外的地方？

答：4～5码。

问：那大约是12～15英尺？

答：是的。

问：爱活生捕头声称他用中文警告学生"停下,如果不停下我就开枪了"（上海话）。你听到这句话了吗？

答：我没有听到。很可能爱活生说了,但是我在等待英文的通知。我没有注意中文。

问：你确定你没有听到这个中文命令吗？

答：没有,我没有听到。

问：你只站在15码远的地方,你只听到英文的那几个词吗？

答：是的。

问：你距离爱活生很近,那么你觉得在他周围15码左右的人群在那个时候能听得见他在说什么吗？如果你听不到,那很可能他们也听不到。

答：如果命令是中文传达的,我觉得他们能够听到。

问：如果命令是中文传达的。你听惯了爱活生的声音,他声音十分低沉,并不响亮,是吗？

答：是的。

问：这个时候大约有两千人在捕房那儿？

答：是的,差不多有两千人。

问：前面的人哪怕他们想,但也没法后退？

答：不,不可能的。当时人头攒动。

问：老闸捕房有灭火带之类的东西吗？

答：有的。

问：你们是否想过对人群使用灭火带？

答：据我所知并没有。

问：大门前有没有消火栓？

答：捕房里面有。

问：在审讯室旁边有一个。你们当时是否可以使用灭火带？

梅特兰：我认为这个问题应该问爱活生。他当时在外面,无法回答这个问题。

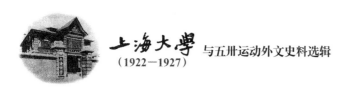

会审官：你可以陈述你自己的观点。

问：你尝试过使用灭火带吗？

答：没有。

问：当时是不是能使用它？

答：不，那个时候不可以。我们当时受人群逼迫，操作起来非常困难。

问：巡捕为什么不使用灭火带？

答：所有可供调配的人都在捕房门口，没有多余的人能去打开灭火带。

问：灭火带在捕房里面吗？

答：是的，就在捕房内。

问：灭火带十分笨重，是个不易移动的巨物吗？

答：和消防队用的一样。

问：一个人可以挪动它吗？

答：是的。

问：如果你接到把灭火带从捕房取出来并把它连接到消火栓上的命令，你会这么做吗？

答：会的。

问：你说当时吗？

答：不，当然不是。我以为你说的是其他时刻。我当时无法执行任何命令。

问：当时捕房有多少人？

答：只有在审讯室值班的西捕。

问：值班的西捕就是你吗？

答：不是。

问：他叫什么名字？

答：威尔格斯（Willgoss）西捕。

问：他那时候在哪里？

答：我不太清楚。

问：他在捕房内吗？

答:我觉得他在。那天下午他值班,所以我觉得他肯定在。

问:可能坐在办公桌前?

答:可能吧,我不能确切地说他当时在哪里。

问:一般来说西捕是在办公桌前办公吗?

答:是的,他可能在办公桌前。他当时可能在察看犯人。他可能在巡察拘留所,也可能在捕房内别的地方。

问:除了威尔格斯西捕以外,捕房内有其余警力吗?

答:据我所知没有。我在事发前一个小时里没有进入捕房,所以不知道。

问:通常情况下捕房会有一些雇工——清洁工、仆役之类的,是吗?

答:有时候会有几个仆役。

问:这些人听从值班西捕的差遣吗?

答:是的,西捕住所的人员。

问:所以西捕能够差遣这些雇工和仆役把灭火带拿出来并连接到消火栓上?

答:我不好说。那天下午捕房内可能没有仆役。

问:你肯定那天下午捕房里没有仆役吗?

答:不能。

问:如果当时有雇工或者仆役在场并且被差遣去连接灭火带,可能完成吗?

答:我觉得应该可以。

梅特兰:不要忘了外面还有一群骚动的暴民。

问:你供述你用手枪开了一枪?

答:是的。

会审官:你的意思是一颗还是一排子弹?

答:一颗子弹。

问:你是否意识到你杀人了?

答:我不好说。

问:你是否将人击伤在地?

答:我不好说。

问：你就贸然地向人群开枪了吗？

答：不，我向前排的人开了枪。

问：你本意是想杀死他吗？

答：是的，当然，我是为了击杀而开枪的。

问：当你听到爱活生捕头开枪的命令后，你有没有想过是否有可能向空中鸣枪惊散人群？

答：显然没有。

问："所以"开枪"对你来说就是开枪击杀的意思。

答：是的，开枪击杀。

问：你开枪时距离你最近的人有多远？

答：我估计有6～7英尺吧。

问：你是这个时候开枪的吗？

答：是的。

问：最近的人距离你7英尺左右？

答：不是特定的某个人，而是人群离我6～7英尺远。

问：你开枪的时候人群并没有迫近捕房前，是吗？他们在7～8英尺开外？

答：这是人群和我之间的距离。我不知道他们离其他巡捕多远。我在大门一侧的柱子旁边。

问：当时有巡捕在对面西侧的柱子那儿吗？

答：我不清楚。

问：你不清楚？

答：是的，我只听到了步枪被打开和关掉的声音。

问：如果下达开枪命令的时候人群离捕房大门有7～8英尺远，那么他们试图冲进捕房的说辞并非是事实？

答：无疑他们试图冲进捕房。

问：你在警署工作了12年，之前是否遇到过这样的情况？

答：从来没有。

问：你之前有没有受过关于应对这种情况的指导？

答：当生命或财产处于危险之中，则可开枪。

问：对于生命或财产有无危险，你是否可以自行断定并开枪？

答：不可以。

问：所以你只有得到上级的命令才能开枪？

答：是的，取决于上级的命令。

问：副捕头在警署的级别相当高，是吗？

答：是的。

问：你之前读过巡捕房章程吗？

答：读过。

问：你熟悉这个章程吗？

答：是的。

问：你知道在捕房章程中有向人群开枪之前需要对其作警告的规定吗？

答：不知道。

问：我猜你是英国公民？

答：是的。

问：你在来上海之前参加过训练吗？

答：没有。

问：如果我没有记错的话，你说过除了一个手持竹竿的人，学生并没有携带危险的武器？

答：有些人也有竹竿。

问：你把这些竹竿称为危险的武器？

答：如果你的脸被几根竹竿抽打到，我会说是危险的。

问：被几根竹竿？

答：或者一根。

问：你有没有看到手持多根竹竿的学生？

答：没有，我并不能辨认出。

问：所以你想象中的危险其实不存在？

梅特兰：你说什么！在两千名暴民聚集的情况下？

答：有几个学生有几根竹竿。

问：左右手各一根吗？

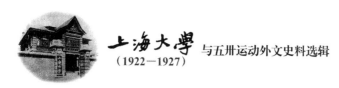

答：他们一只手拿了不止一根。

问：你看到有人用这些竿子袭击外国巡捕或者别人吗？

答：是的，所有外国巡捕都被竿子殴打，有一个人有根竹竿，显然是从储藏室或者在建的房屋那儿拿的。

问：你看到有人被这些竿子打伤并被送往医院吗？

答：是的，哈珀巡捕鼻梁被打伤。科尔巡捕也被送去了医院，怀特巡捕也因被竹竿击打而受伤。

问：你看到他们了吗？

答：不，我是在他们被送往医院之后听说的。

问：你自己并不知道？

答：不，别人告诉我他们被竹竿击打。

问：是易于医治的轻伤吗？

答：我不清楚。

问：他们是什么时候告诉你他们被竹竿击打的？

答：我在星期六事发后看到科尔的，他告诉我他受伤了。我也看到了鼻梁受伤的哈珀。

问：基于你所见，他们的伤口并不致命，是吗？

答：不。

问：他们星期六晚上回来值班了吗？

答：有些人请了两三天假，有些人执半勤。

问：他们是因为受伤而请假的吗？

答：是的。

问：除了你提及的这些竿子和一个男人挥舞着竹竿，你并没有看到别的武器，是吗？

答：是的，我没有看到别的武器。

问：有比竹竿更危险的武器被带到捕房吗？

答：没有。

问：你有没有拿走那个男人的竹竿？

答：没有。

问：他在哪里？

答：我不知道，我看见他在人群中。

问：你没有从他那儿拿走竹竿？

答：我不敢。

问：你之前说你听到了三四声枪响，随后响起了更多次枪响。你是什么时候听到这三四声枪响的？

答：开第一发排枪的时候。

问：你数过开了几发子弹吗？

答：不，我不知道，我没有数，总共大概射了20～30发子弹。

问：对于这些人的控告是"于1925年5月30日，他们在当局下令解散后蓄意集会，企图实施暴力"，你有什么证据证明他们企图实施暴力？

答：科尔巡捕被撞倒在地上，他们试图把史蒂文斯和我推倒在地——如果他们成功了，我们之间很可能会有人丧命。

问：你的这份控告也包括对巡捕的袭击？

答：我不清楚，这件事是由爱活生捕头负责的。

正会审官：你说这两千人中有一部分是学生。其他的是旁观者或者游手好闲的人吗？他们是谁？

答：我不好说。有些人可能只是在凑热闹，有些人刚加入人群中。很有可能人群中有游手好闲的人。我认为人群中的一些人是流氓无赖。

正会审官：你们向空中开过空枪吗？

答：据我所知没有。

（以上是谢尔维尔副捕头的证词）

史蒂文斯（Stevens）捕头的证词

问：你的全名是什么？

答：亚历山大·范德尔·史蒂文斯（Andreatha Vandrales Stevens）。

问：你是上海公共租界老闸捕房的巡捕吗？

答：是的。

问：你是哪国人？

答：英国。

问：你还记得5月30日（星期六）的骚乱吗？

答：记得。

问：请尽量简洁地向我们描述一下那天在你自己身上都发生了什么？

答：下午1点55分的时候我在审讯室，这时一个华捕走进来，报告南京路和劳合路的街角有人骚乱闹事。

问：你去南京路了吗？

答：是的。

问：南京路上发生了什么？

答：起初我受爱活生捕头之命拘捕第二名被告（被告黄儒京），并把他带到审讯室。把他带到审讯室之后，我被命令站在捕房大门前。

问：发生了什么？

答：我在西藏路到捕房大门之间巡逻。当到达西藏路的时候，我看见70~100个人从西藏路跑到南京路上。他们在劳合路的街角停下，并且开始演讲。我走到一个会说英语的人面前并轻声让他离开。他说他们将举行集会，因此我抓住了他和另外一名为首者，试图把他们带回捕房。当我抓住这两人时，有十几个或者二十几个学生把我围住。我被推倒在地并被几个人拳打脚踢，但是我一直抓着这两个人。

会审官：哪两个人？

答：他们不在这里，我不知道是他们哪来的，但是如果没有几个西捕和印捕的帮助，我肯定会被他们打伤。

问：你当时能够把这两个人带回捕房吗？

答：能，我站了起来，有个人试图夺走我的枪，但是我紧紧握住了我的枪并把这两个人带回了捕房。

问：那两个人之后怎么样了？

答：大约一百个人跟随我们到捕房。当我到达捕房并把这两个人关进铁栅栏后，所有跟随我们的人进入了捕房。

问：这两人是否在动乱中逃了出去？

答：是的。

问：你被送去医院了吗？

答：没有。

（以下为梅华铨诘问）

问：你在捕房任职多久了？

答：到上个月为止一年了。

问：你能辨别出被告中有没有当时在场的人？

答：有的，被告席最前面的两个人。我拘捕了第二个，第一个是由爱活生捕头拘捕并转交给我的。

问：你能记得动乱是什么时候开始的吗？

答：下午两点。华捕大约是下午1点55分来的。

问：你能清楚地记得时间吗？

答：是的。

问：开枪的时候你在场吗？

答：是的。

问：大概是什么时候？

答：下午3点30分，刚过三点半。

问：你十分确定时间吗？

答：是的，差不多在下午3点30分到3点35分之间。

问：当这件事情汇报给值班的西捕时，你在捕房内吗？

答：是的。

问：当时你在做什么？

答：我值班的时间调到下午一点到两点钟了，本应值班的捕头午休去了。

问：骚乱的事情报到你这里时大概有多少人在捕房？

答：我不太清楚，大概两个。

问：两个西捕？

答：是的。

问：一个是威尔格斯三道头西捕，还有一个是你？

答：是的。

问：谢尔维尔陈述证词的时候你在场吗？

答：我在法庭后面。

问：除了威尔格斯西捕和你以外，还有别的西捕吗？

答：爱活生捕头和谢尔维尔捕头在他们的住处。

问：当时有印捕在捕房吗？

答：我不太了解他们，有几个印捕在。

问：大约有几个？

答：十几个吧。

问：有华捕在捕房吗？

答：有的，应该有几个吧。

问：大约有几个？

答：我没有看到他们，但我听到他们从楼上传来的声音。

问：审讯室里有人吗？

答：西捕、门卫和他的助手。

问：是中国人吗？

答：是的。

问：门卫和他的助手一直在那儿值班吗？

答：是的，还有翻译。

问：除非换班，他们不应该出捕房，是吗？

答：是的。

问：有任何中国的雇工和差役在场吗？

答：我当时没有看到。

问：平常他们都在吗？

答：是的。

问：捕房里有多少雇工和仆役？

答：我也不太清楚。

问：你说你听到楼上有几名华捕？

答：是的。

问：你怎么知道他们是华捕？

答：因为那是华捕的营房。

问：有任何外国巡捕住在楼上吗？

答：没有。

问：楼上总共有几个华捕？

答：十几个吧。

问：你之前说你跟两个会说英语的人说让骚乱者离开？

答：是的。

问：他们遵从你的命令了吗？

答：在我被人群殴打之后，骚乱者前来捕房。在我被打倒在地之后，他们悄悄地到了捕房。当我和被我抓到的这两个人倒在地上的时候，其他的学生对我拳打脚踢。

问：之后他们迅速地来到了捕房？

答：是的。

问：你看到他们有拿任何武器或者可以加害人的工具了吗？

答：他们手持旗帜。

问：只有竹竿？

答：是的。

问：你看到比这些竹竿更粗的武器了吗？

答：之后看到了，下午3点20分左右的时候。

问：你看到了什么？

答：苦力的扁担。

问：你看见了几根？

答：4根。

问：你把这些扁担带回捕房了吗？

答：没有。

问：你看见苦力手拿着这些竹竿？

答：不是，是学生拿着，我也不知道他们哪里搞到的。

问：被告席上有他们吗？

答：没有。

问：当你看到这四根扁担的时候，有几个捕头和你在一起？

答：三个西捕和一个副捕头。

问：华捕还是西捕？

答：西捕——谢尔维尔、科尔、哈珀，还有怀特。

问：没有人拿走这些扁担吗？

答：没有。

问：你可以说明为什么这些扁担没有被带到捕房吗？

答：可以的，我曾尝试带走扁担，事实上当我抓住一根扁担，并且要把一个人带回捕房的时候，其他人在踢打我的肩膀。

问：你没有成功缉拿他们吗？

答：没有。

问：你能不能从被告席上指认出当时殴打你的人？

答：不能。

问：你的意思是没有一个被告人殴打过你。

答：没有一个被告人殴打过我。

问：你看到那些挥舞的旗帜了吗？

答：看到了，但是我认不出。

问：你看得懂中文吗？

答：看不懂。

问：那么我告诉你，这些旗帜上写的是"法政大学演讲团"。你是否觉得这些文字可以扰乱公共治安？

梅特兰：这个不是证人应该回答的问题。

问：你把这些旗帜带到老闸捕房了吗？

答：我带回了一两面到捕房。

问：你看到有学生拿着这些旗帜吗？

答：是的，我不知道上面写的是什么，但是他们手上拿着各种各样的旗帜。

问：它们看上去像是十分危险的武器，是吗？

梅特兰：他从来没说这些旗帜是武器。

问：你开枪了吗？

答：没有。

问：开枪的时候你在哪里？

答：在捕房门口印捕的后面。

问：印捕在哪里？

答：他们站在捕房大门口。他们站立呈半月形，同两根柱子平行。

问：半圆形？

答：是的。

问：呈凹形？

答：是的。

问：爱活生捕头那个时候在哪里？

答：和印捕一起朝东南方向站在街上。

问：从你的位置能够看到他吗？

答：不能。

问：你离他有多远？

答：差不多8～10码。

问：印捕挡住了你的视线，所以你看不到他，对吗？

答：对的。

问：你听到爱活生捕头发出过任何警告吗？

答：我听到了警告，但是听不清具体说的是什么。

问：如果你听不清说的是什么，你怎么知道是警告？

答：我听到了第一段。

问：你听到了什么？

答："停下。"

问：你只听到了这个？

答：是的。

问：之后发生了什么？

答：我看到了他的手和他手里的枪。

问：谁的手？

答：爱活生捕头的手。

问：之前你说你的视线被挡住了，并且离他有8～10码远？

答：他站在那里，我知道是他。我可以看到他的身体和手臂。

问：你前面有多少个印捕？

答：总共约二十个。

问：这二十个印捕站在你和爱活生之间？

答：是的。

问：他们两人并立还是三人并立？

答：我不知道具体的队形，但是他们全部排成一排。

问：印捕是不是都挺高的？

答：是的。

问：他们比爱活生高还是矮？

答：有些比他高，有些和他差不多。

问：如果有些比他高，有些和他一样高，并且他们在站得很紧密且没有缝隙的情况下，你是怎么看到他手上拿着枪的？

答：我越过印捕的肩膀看到他的。他的手举着。

问：朝上举着？

答：不是，向前举着。

问：他手举着枪在干什么？

答：他在用中文和他们说话，并且做着这个动作（把枪举向不同的人）。

问：你看到他在用枪示威并且说着中文？

答：我觉得是中文。

问：你怎么知道他说的是中文？

答：我会一点点中文。

问：他说了什么？

答："停，停。"（上海话）是停的意思。我听懂了这个，剩下的没听懂。

问：这是你听到唯一的两个字吗？

答：我也听到了别的，但是我不知道是什么意思。

问：你只站在8码开外？

答：是的。

问：不是8英尺吗？是8英尺还是8码？

答：距离差不多有我到对面的墙壁那么远。

问：那么差不多是8英尺？

答：是的。

问：你在此的供词有任何地方想修改吗？

答：没有。

问：你只听到了"停，停"，你没有听到别的吗？

答：我听到了别的，但我听不懂。学生人声鼎沸，所以非常不清晰。

正会审官：你听到了任何英语吗，除了那两个字，爱活生还说了什么别的吗？

答：我不太清楚。

问：你看到他开枪了吗？

答：没有。

问：你看到在你前面的印捕开枪了吗？

答：看到了。

问：你听到的两声"停，停"之间相隔了多久，距开枪相隔了多久？

答：大概10～12秒。

问：这是你自己的意见还是验尸后在报纸上看到的？

答：这当然是我自己的意见。

梅华铨：真是意外的"不约而同"。

问：你对本案的供词有没有在捕房内练习过？

答：没有。

问：完全没有吗？

答：只和科尔先生练过。

问：你没有和捕房的律师说过？

答：没有。

梅特兰：我之前从未见过他。

问：从你站的位置你可以看到捕房前有一大波人群吗？

答：当我们从市政厅回来后，我们步步后退，然后我们收到命令让我们迅速回捕房。大概有1 800～2 000个人。

问：据你所知，那天有开空枪吗？

答：我不知道。

问：在开枪结束之后，你看到地上的尸体了吗？

答：是的，有些受伤了，有些被射杀，他们倒在了地上。

问：你在老闸捕房见过灭火带吗？

答：见过。

问：你摸过吗？

答：没有。

问：使用过吗？

答：没有。

问：爱活生捕头是老闸捕房里级别最高的巡捕吗？

答：是的。

问：当你站在大门口时，巡捕房有求援吗？

答：我不清楚。

正会审官：这些扁担是苦力和农民用来挑东西的吗？

答：差不多有5英尺长并呈半鸡蛋形。

问：他们把扁担扛在肩上吗？

答：没有，他们把扁担拿在手里挥舞。

问：你怎么知道那个手持竹竿的人是学生？

答：从他的衣服看出来的，而且他们有几个人在说英语。

问：你为什么没有拘捕他们？

答：我试图拘捕一个人，但被其余的人用扁担击打。

问：这个时候有五个西捕和你在一起？

答：是的。

问：你没有拘捕任何人？

答：如果试图拘捕他们的话，那意味着一个西捕会被打死。

问：有人被这些扁担所击伤吗？

答：我不知道。

科尔（Cole）的证词

问：你的全名是什么？

答：阿奇博尔德·悉尼·科尔（Archibald Sydney Cole）。

问：你是上海公共租界老闸捕房的巡捕吗？

答：是的。

问：你在星期天的暴乱中受伤了吗？

答：是的。

问：受伤的部位？

答：膝盖骨被踢。

问：你当时在做什么？

答：我在市政厅阻止人群向前。

问：你之后照常值班了吗？

答：我第二天早上去医院了。

(医院的证明递交法庭)

问：你在那里待了多久？

答：差不多半个小时。我和别人一起过去的。

问：你知道那天下午还有谁受伤吗？

答：哈珀巡捕的鼻子受了伤。

问：他当时继续值班还是离开了？

答：他在暴乱发生之时仍在值班，第二天早上他和我一起去了医院。

问：他在那儿待了多久？

答：和我待的时间一样长。

问：你还知道别的受伤的巡捕吗？

答：我不知道。

(以下为梅华铨诘问)

问：你是在哪里被踢的？

答：在市政厅外面。

问：被告中有人攻击过你吗？

答：他们中间没有人攻击过我。

问：当谢尔维尔和史蒂文斯巡捕作证词的时候你在吗？

答：不在。

问：我记得史蒂文斯说过你们其中有人——也就是你被扁担打伤，是这样吗？

答：头部右侧被击打。

问：是竹竿吗？

答：我不知道是什么。

问：史蒂文斯没有说你的膝盖被踢到。

答：我倒在地上的时候膝盖被人踢到了。

问：你的脸被什么东西打了？

答：我不知道。上次审案的时候还能看到我从眼睛到耳朵处有一条伤口，现在伤痕褪去了。

问：是无关紧要的伤口吗？

答：我耳朵里面青肿，现在仍然觉得疼痛。

问：你什么时候去的医院？

答：第二天早上。

问：诊治的医生在证明书上并没有提及有伤痕，是吗？

答：不，我告诉他了，但他说器官没有受损并且伤疤会褪去的。

问：开枪的时候你在哪里？

答：我站在印捕后面。

问：和史蒂文斯巡捕在一起吗？

答：在他旁边。

问：除了你和史蒂文斯巡捕之外，还有多少个西捕？

答：你说的是在哪里？

问：除了你和史蒂文斯之外，还有别的西捕站在印捕身后吗？

答：我没有看到。

问：只是你们两个吗？

答：是的。

问：当时有几个印捕在那儿？

答：具体多少个人我不知道，但是我估计有15个人。

问：有可能是10个吗？

答：应该比10个多。

问：但是不超过15个？

答：我认为不超过15个。

问：你们中间谁是对的？史蒂文斯说有20个印捕，你说不超过15个。

答：我也不知道谁是对的。当时大家十分惶恐，我们没有停下来数大门前有多少个印捕。

问：你当时为什么会站在印捕身后？

答：当我们离印捕只有几英尺时，爱活生捕头命令我站在他们身后。

问：开枪的时候你能看得到爱活生捕头吗？

答：不能。

问：你觉得他当时在哪儿？

答：他在前面的某个地方。我猜他在印捕的前面。

问：位于印捕和群众之间吗？

答：可能吧，我不知道。

问：当有人报告劳合路和南京路的街角可能发生骚乱时，你在捕房吗？

答：当警钟响起，所有人准备出发时，我在捕房。

问：哪个警钟？

答：捕房里的火警。

问：当时有谁和你在一起吗？

答：我的房间里没有别人。

问：你的房间在哪里？

答：在楼上，二楼。

问：我记得史蒂文斯巡捕说过只有华捕住在二楼？

答：有两个地方。一个是华捕区，一个是西捕区。华捕区在审讯室上面，我们的区域在捕房空地的对面。

问：当有人来报告骚乱时你不在审讯室？

答：我不在。

问：警钟响起后你什么时候下楼的？

答：几分钟之后。

问：警钟响起后你做什么了？

答：我去了审讯室并且让正在值班的西捕前往南京路。当我到达大门的时候，我碰见了爱活生捕头，他命令我去协助驱散人群并且拘捕煽动滋事者。

问：你什么时候被命令站在印捕身后的？

答：差不多是下午三点半。

问：爱活生捕头什么时候命令你帮他驱散并拘捕群众的？

答：差不多是下午2点20分。

问：所以大概是1小时20分钟之后你被要求站在印捕身后的？

答：是的。

问：中间你在做什么？

答：我在协助拘捕学生。

问：你记得开枪的时间吗？

答：差不多是下午三点半。

问：你记得开枪之后发生了什么吗，有没有听到或者看到什么？

答：我看到有大波人群向捕房涌来。我在和别的巡捕一起试图阻挡人群向前。

问：除此之外呢？

答：我听到了爱活生捕头在用中文呼喊着什么。

问：你会中文吗？

答：不会。

问：你来中国多久了？

答：一年。

问：在你一年的服务期中你没有学过日常最基础的中文词汇吗？

答：没有。

问：你知道中文的"停"怎么说吗？

答："停"。

问：你听到这个字了吗？

答：听到了，但是之后爱活生说了什么我没有听懂。

问：你听到一次"停"还是两次？

答：我听到爱活生捕头喊"停"。

问：这是你听到的全部内容吗？就这一个字？

答：之后他还用中文说了其他的，但是我没听懂。"停"是我听到的第一个字。

问：然后发生了什么？你听到别人说什么吗？

答：我当然听到人群在高呼，声音十分刺耳。所有人都在高喊。

问：你听到"开枪"这个词了吗？

五、上海会审公廨审理五卅、六一惨案记录

答：听到了。

问：爱活生捕头从说"停"到"开枪"之间间隔了多久？

答：几秒钟，大概12秒。

问：你就知道这些吗？

答：是的。

问：你在老闸捕房见过灭火带吗？

答：见过。

问：你使用过吗？

答：没用过。

问：据你所知灭火带完好可用吗？

答：是的，我见过有人卸下灭火带做清洁。但我从来没见有人用过它。

问：你见过有人用它冲洗捕房的空地吗？

答：没有。我只见过有人把它卸下来清洁，但是我从来没见过有人用它。

问：大门旁有水龙头吗？

答：我不确定。

问：大门内灭火带旁边有水龙头吗？

答：有的，在住所旁边。

问：捕房有几个这样普通的灭火带？

答：我不知道。

问：如果下令放开灭火带，能够把它连接到水龙头吗？

答：可以的。

问：是普通的带有喷水头的灭火带吗？

答：我不知道，我没有仔细观察过。

问：据你所知，捕房里的灭火带是带有喷水头并且可以把水喷得很高的那种吗？

答：应该是的，但是我不确定。

问：除了那些被捕房收走的扁担，你还有没有看到别的武器或者凶器？

答:我没有看到过武器。

问:你亲眼看到被告席中的人犯罪了吗?

答:是的。有一个,左起第三个(瞿景白);他最初在市政厅那儿煽动群众向前走。他当时十分愤怒,他看上去像是人群的首领。我只能辨认出他。

会审官:第三个被告是什么时候被拘捕的?

答:我不知道,我没看到他被捕。

问:他是在开枪前一两个小时左右被捕的吗?

答:我不知道。我只看到他在市政厅的人群中。

西探帕普(Papp)的证词

问:你的全名是什么?

答:爱德华·帕普(Edward Papp)。

问:你是上海公共租界老闸捕房的侦探吗?

答:是的。

问:你和这些学生交谈过吗?

答:交谈过。

问:和哪一个学生?

答:他不在被告席上。

问:你从哪里过去的?

答:我在下午2点20分离开审讯室。越来越多的学生被逮到了审讯室,有些是自愿来捕房的。

问:你有没有从学生那获取什么信息?

答:有,有些学生来自同德医校,其中有一个学生和我用德语谈话。我用德语讯问他,他告诉我他们收到了北京学生会的命令,举行示威活动。

正会审官:你确定是北京吗?

答:是的。另外一个学生告诉我总共有三千多个学生参加了示威游行。

问：除此之外还有别的吗？

答：没了。

（梅华铨说他不必诘问。）

里弗斯（Reeves）总巡的证词

问：你的全名是什么？

答：珀西·威廉·里弗斯（Percy William Reeves）。

问：你是刑事案件稽查处的总巡？

答：是的。

问：搜查上海大学的时候你在场吗？

答：在的，我被派遣和别人一起前往上海大学驱逐学生，因为美国海军想要这块地方。

问：那是什么时候的事情？

答：6月3日。学生被告知他们必须离开学校并且配合搜查，然后他们被要求带走行李，他们也照做了。巡捕之所以这么做是因为18个月前上海大学自成立起就是发布煽动性言论和宣传布尔什维克主义的温床，他们组织了几乎上海所有的罢工运动。

问：你们搜查到了任何反常的或者煽动性的文字吗？

答：在搜查的过程中我们找到了呼吁华捕罢工的传单，我接下来会读出来。

会审官（向梅特兰问道）：在开始这个环节之前，你能不能告诉我们这些传单和这些被告之间的关系？你不可以把这个当作控告的理由。

梅特兰：不，我只是在展示这场暴乱背后的动机。这些学生被指控参与暴动，我有权利展示这场暴乱背后的动机。

梅华铨：我并不认为事件背后的动机和本案有关。

会审官：展示动机是合理的，但是呼吁华捕罢工不能成为本案的动机。请出示和本案相关的证据。

证人：在这些信件中有一份比较重要的文件，落款日期是1925年5月27日，是30日暴乱前三天的。

问：你可以读出来吗？

答：（朗读信件，见诉案之附件一）①。

会审官：谁写的信？

答：落款是个俄国人。

问：这首诗歌是谁写的？

答：上面没有说。

（梅华铨主张法庭不应该接受此项证据。）

（证人称这些证据证明了这些文件在5月30日前两三天出现在上海大学。）

梅华铨：原告的控告是暴动和发表煽动性文字。

证人：这封信件是上海大学的一部分学生参与中国布尔什维克党派并和境外勾结的证据。信件中提及的一些名字与部分被告的名字相同。

问：这封信哪来的？

答：来自德国。是寄给中国上海市西摩路上海大学的江教授的。

（朗读信件，见诉案之附件五）

会审官：信件是用中文还是德文写的？

答：中文。信件中提及了陈独秀。

会审官：他是被告之一吗？

答：没有。信件提到Chu Ts Pah的名字，但我不认为那就是Chi Ts Pah②。

梅华铨再次强烈反对把这些信件作为本案证据，会审官称法庭也同意梅博士的意见。他认为引入这些信件作为证据对本案的调查没有帮助。

梅特兰声称这些信件可证明酿成这起暴乱的真实动机和原因。

（法庭同意第一条证据。）

证人：我被命令告知法庭关于中国布尔什维克党内部分裂一事，租界里到处都是学生分发的传单，此事和暴动的动机有关。

（梅华铨再次反对。）

---

① 原文如此。——译者注

② 此句确切语义不详。据"Chu Ts Pah"和"Chi Ts Pah"语音推测，应指"瞿秋白"。——译者注

会审官说他仍旧主张巡捕房把这些作为证据是一个错误,中国政府已承认苏俄政府,此项事实不能推翻,且讲授布尔什维克主义并不触犯法律。巡捕把很严肃的问题牵入本案范围内,这个做法不当。法庭不认为把这些信件作为证据有任何意义。法庭已经注意到上海大学因散发扰乱治安的文字已被捕房控告,但是除此之外没有必要对此作进一步调查。

何飞在法庭宣布,明天早晨法庭继续审讯被告后,要求保释前三个被告。会审官认为被告并非不可保释,被告每人缴纳100元保释金后可予以释放。

(下午6点40分法庭闭庭。)

1925年6月10日(星期三)早上9点30分法庭重新开庭。

陈霆锐宣称他也将为所有的被告作辩护。其他的律师依旧维持不变。

会审官宣称昨天晚上捕房总巡提出关于宣传布尔什维克书籍的证据与本案被告无关,不能作为法庭审判的根据,但如果捕房执意将其作为证据提交,法庭也可以接受。

梅特兰说他认为这应是确凿的证据。

254号华捕的证词

问:你的全名是什么?

答:Zi Ah Kau[①]。

问:你是上海公共租界老闸捕房的254号华捕吗?

答:是的。

问:你还记得5月30日(星期六)发生了什么吗?

答:记得。

问:你那天在干什么?

答:我在南京路南侧巡逻。

---

① 中文名字不详。——译者注

问：什么时候？

答：下午1点25分的时候。我走到劳合路的街角，当我到达时，有几个学生在演讲。

问：这些学生现在在法庭上吗？

答：一个戴着眼镜的人在。

问：他当时在做什么？

他：他在说关于日本纱厂罢工的事。

问：你当时在做什么？

答：我告诉他："你已经召集足够多的人了，你不可以在这里演讲。"他说："你是中国人，你必须帮助中国人。"当我让他停下时，人们提高声音和我争吵，我没有和他们继续辩论，之后我回到捕房并且报告了此事。

（以下为何飞诘问）

问：你拘捕了这个戴眼镜的人吗？

答：不，我没有拘捕任何人。

问：你知道这些人什么时候被捕的吗？

答：当我报告此事后，捕头过去了，他找到了这些演讲的人并且拘捕了他们。

问：这发生在开枪之前吗？

答：大约是下午1点50分。

问：这些人之后被捕了？

答：是的。

问：你对此确定吗？

答：是的，我于下午1点50分报告此事，但他们当时没有立即拘捕学生。

问：学生是什么时候被拘捕的？

答：当我报告此事后，值班的西捕让我出去，捕头和别人一起过去拘捕了他们。

问：差不多发生在差几分钟就是两点的时候？

答：是的。

问：你看到有暴力行为或者有人被殴打受伤吗？

答：不，我没有看到。我不在现场。

216

问：你当时在那儿？

答：我去了别的地方。

问：你去了哪里？

答：我沿着南京路向东走。

问：你确定这些人是开枪之前被抓的吗？

答：我确定。

问：你能辨别得出这个戴眼镜的人吗？

答：我当时无法看清他的脸，他戴了顶草帽。

问：谁戴了顶草帽？

答：我当时无法看清。

问：我这么问你吧，你完全无法辨认出他？

答：是的。

问：我再确认一遍，你是否能起誓，你确定你没有办法辨别出那个你看到的人？

答：我当时急着回捕房，所以我没有仔细观察他。

问：所以你不能确定就是这个人？

答：我当时没有看清他的脸。

问：换句话说，你可能搞错了？

答：我当时急着回捕房。

问：你在5月30日下午1点50分在劳合路和南京路街角值班？

答：我当时路过那儿。

问：老闸捕房是你常驻的工作地点吗？

答：是的。

问：当你回到捕房汇报时，谁在捕房？

答：捕头在那儿。

答：你知道他的名字吗？

答：不知道。

问：是爱活生捕头吗？

答：是的。

问：威尔格斯西捕在那儿吗？

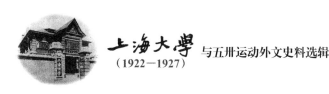

答：我不知道他的名字，但是的确有一个值班的西捕在。

问：门卫和他的助手在吗？

答：在的，一个门卫和他的助手在办公室。

问：翻译呢？

答：也在。

问：你到达捕房上报的时候有几个华捕在捕房？

答：一个都没有，因为当时没有事情。没有任何巡捕在里面。

问：你确定吗？

答：我在捕房只待了几分钟，当时没有巡捕在。

问：有印捕在吗？

答：没有。

问：是你搞错了还是史蒂文斯巡捕搞错了？他说当时有十几个印捕在场。

会审官：我们梳理一下时间。他当时在南京路上，离捕房只需步行几分钟。

梅华铨：我指的是他于下午1点50分回捕房汇报。

问：据你的观察，当时捕房没有任何印捕或者华捕在场吗？

答：印捕和华捕在他们的房间里，不在审讯室。

问：哪间房间？

答：他们在楼上的宿舍里。如果你有事要找印捕的话，可以按审讯室的电铃，他们随后就会下来。

问：当你于下午1点50分向捕房汇报的时候，西藏路和捕房之间聚集了多少人？

答：一百多个。我不清楚西藏路上的状况。我只注意到了劳合路和大庆里巷子前面的路段。

问：他们聚集在那里听演讲吗？

答：他们当时都在听演讲。发表演讲的人站在人行道上，听众站在马路上。人数众多以至于人行道都站不下了。当时我试图去驱散他们。

问：开枪的时候你在哪里？

答：我不知道。

问：你不知道开枪了吗？

答：我不知道。

会审官：你只能辨认出一个被告吗？

答：我无法辨认，因为我没有参与拘捕。

道格拉斯（Douglas）侦探的证词

问：你的全名是什么？

答：詹姆斯·道格拉斯（James Douglas）。

问：你是上海公共租界老闸捕房的侦探吗？

答：是的。

问：你能告诉我这些是什么吗？

答：5月30日（星期三）我拿到的传单。

问：你怎么拿到这些传单的？

答：我收集了所有巡捕带回捕房的传单。

问：有译文吗？

答：有的。

（以下为梅华铨诘问）

问：传单是否从被告身上搜得？

答：不是。

问：你只收集了巡捕带回捕房的传单？

答：是的。

问：你并不知道这些传单的出处？

答：我不知道。

梅特兰：对于除布尔什维克书籍之外的控诉已于昨日终结。

里弗斯总巡第二次证词

问：昨天你提出的关于上海大学搜查到的布尔什维克书籍，法庭已决定将其列入案卷之内。你可以再次向我们提交一次吗？

答：这些是搜到的上海大学传单的复印件。第一份传单是致自来水公司及电气处的传单。

问：这些传单的内容是什么？

答：他们呼吁自来水公司和电气处的员工罢工。还有两份传单，其中一份是致华捕的，另一份是致汽车司机和人力车夫的。致自来水厂和电气处员工的传单有300张，致汽车司机和人力车夫的有100张，还有30张致华捕的传单。第二份文件是昨日在法庭上已经读过的写给江教授的信件。这里是一份面向大众的关于布尔什维克党和国民党内部分裂的宣传单，于6月6号分发到法租界。下一份文件是从上海大学找到的一份未发出的致四川省荥经县中学的信件。下一份是致宝山路商务印书馆Pak Kwen①的信件。此外还有一份是由国民党中央执行委员会上海第四区印发的公文的译文，是死亡工人的治丧费捐款的收条。

（诉案之附件一至十被提交法庭）

（以下为梅华铨诘问）

问：这些文件是从被告身上或者行李箱中搜出的吗？

答：不，应该是从门卫室搜出的。

问：门卫室在校内吗？

答：门卫室里有个放信件的支架，学生在这收寄邮件。当然，鼓动罢工的海报是在大学办公室里搜查到的。

问：哪个办公室？

答：主楼的主办公室。

问：你不能确定这些海报是在校内印刷，或者这些印刷品和被告有任何关系，对吗？

答：不能，但是在几封信件中提到了宣传部。

问：他们可能有宣传部，但是你不能确定是这些被告印刷、出版或者分发了这些东西，对吗？换句话说，你不能指出你在法庭中提交的这些文字和控诉之间的关系，是吗？

答：不能。同对暴动的控告没有直接的关系。

---

① 中文名字不详。——译者注

问：当你搜查学校时，你是否向法庭取得搜查许可？

答：我明白这个，我们获得了搜查许可并向学生宣读。我想搜查证是由上海非常戒备总司令签发的。我不太确定。

问：不是本法院或者法租界的会审公廨签发的搜查许可吗？

答：不，我记得不是的。我看见马丁上校向学生宣读搜查许可。

问：文件的内容是什么？文件从何处取得？

答：我觉得对此你需要传唤马丁上校听他的证词。

问：你当时也参与搜查上海大学了吗？

答：是的，我奉马丁上校之命搜查的。

问：你听到他宣读文件了吗？

答：是的。

问：你不能告诉我们文件的大概内容以及文件是谁签发的吗？

答：我最好还是不说，因为很多地方我不太确定，我怕我会说错。

问：以后可以更正。

答：如果说错了那就纠正我。这是一份寄给上海大学的文件。因为上海大学的学生参与了租界的暴乱，万国商团认为逐出学生并把征用地皮划作美国海军临时住所十分有必要。我必须声明我不记得文件的具体内容了，但能将其提交给法庭。

问：上海大学的地址？

答：西摩路132号。

问：在公共租界内吗？

答：是的。

问：你也搜查南方大学了吗？

答：没有。

问：这是你协助搜查的唯一一所大学吗？

答：是的。

问：搜查肯定是出于某个人的命令。

答：是的，是防卫力量①作为紧急办法而下令搜查的。

---

① 指租界武装力量万国商团。——译者注

问：非常戒备的命令是什么时候下达的？

答：我不能立刻答复。

问：搜查是在紧急状态后才进行的吗？

答：我不知道。

问：据你所知，之前发生过紧急状态吗？

答：搜查是不可能在紧急状态前进行的，搜查许可是进入紧急状态后签发的。

问：谁签发的搜查许可？

答：戈登上校签发的。

问：换句话说，这不是一个法律程序，而是一份军事文件。

答：我不知道是否可以把它称为法律程序。

问：法律程序指的是由会审公廨签发的文件。

答：不，不是法庭签发的。

问：你知道这栋楼归谁所有吗？

答：不知道。

问：所以搜查此处并将其划给美国海军作为营房纯属军事命令？

答：我不知道是否算是军事的。应该属于海军，不属于民事。

问：你们告知这栋楼的房东相关信息了吗？你们向房东宣读文件了吗？

答：我们过去并询问校长的联系方式，我们被告知校长、教授和其他高层领导均不在学校。一个学生走过来，我们向他宣读告示并让他告诉别的学生。

问：你们没有将此告知这栋楼的房东？

答：没有，除非我们告知的那个人是房东。

问：你已经说了他是学生，然而你们没有尝试去联系房东吗？

答：除非他是房东，我也不知道他是不是房东。

（梅特兰告知法庭向原告取证已终结。）

（梅华铨现在被允许再次向爱活生捕头诘问。）

对爱活生捕头的诘问

（以下为梅华铨诘问）

问：你能否再说一遍你什么时候意识到5月30日发生的事情是暴动的？

答：下午1点55分。

问：你是怎么知道的？

答：审讯室打电话给我。

问：是有人汇报此事吗？

答：是的，254号华捕汇报的。

问：接到报告后，你采取行动了吗？

答：我下楼到审讯室。我看到谢尔维尔副捕头在他的房间里，我让他穿上外衣并且和我一起下楼到办公室去。

问：发生了什么？

答：我们到了办公室，然后我和谢尔维尔还有一个华捕一起去南京路。

问：然后发生了什么？

答：当我到达南京路的时候，我看见劳合路对面站着一大批人。

问：你大概什么时候到的。

答：下午2点钟不到，差一分钟。

问：你估计当时群众人数多少？

答：80～100人。

问：他们在做什么？

答：人群站在马路上，人行道上有些学生，差不多十几个或者更多。

问：在这80～100人中有几个是学生？

答：我很确定至少有12个，最多可能有20个。

问：12～20人？

答：是的。

问：其余的群众是什么人？

答：星期六下午在路上走着的普通人，还有一些苦力——相对混杂的人群。

问：据你的观察，人群有没有遵守交通规则？

答：有。

问：没有人举着旗帜吗？

答：有些学生有，群众没有。

问：学生手里总共有多少面旗帜？

答：差不多十面。

问：你是怎么对付群众的？

答：我看到一个学生在做演讲，我上前质问他。

问：你把这个人带到捕房了。

答：是的。

问：然后发生了什么？

答：还有两三个人被其他的巡捕拘捕了，他们一起来的。我在捕房询问了他演讲的内容。他说是反日的。我问了别人抗议示威的内容，他们说是反日的。

问：他们没有说任何关于反英或者大体上反外国的内容？

答：没有，只是反日的。

问：那我们直接进入主题。下午3点15分发生了什么？

答：下午3点15分的时候我们刚将审问室里的人驱逐出来，或是正在驱逐他们。我们把人群赶出了捕房，驱逐这些人十分困难。

问：当时捕房有几个巡捕？

答：我，还有一个西捕，我记得是帕普巡捕，可能还有三个印捕，当时不断有人从南京路涌进捕房。当我下令驱逐审讯室里的人群后，巡捕的总人数包括我在内不超过6人。

问：当时楼上有后备巡捕吗？

答：没有。他们都前往南京路附近去疏散人群，解散演讲了。

问：当时有雇工、仆役、门卫或者翻译在场吗？

答：门卫和他的助手，还有翻译在场。

问：他们是捕房的职员吗？

答：是的。

问：当时有仆役在场吗？

答：审讯室里没有。

五、上海会审公廨审理五卅、六一惨案记录

问：整个捕房内都没有吗？

答：他们可能在自己的住所那，离审讯室至少50码远。

问：平时一般有几个仆役在？

答：捕房总共有九个仆役，一般情况下有一半在值班。

问：他们完全服从你的命令吗？

答：是的。

问：你们将人群从捕房驱散后发生了什么？

答：然后我们去处理南京路向东这个地方的人群。

问：这里大概有多少人？

答：当时差不多有900~1 000人，也有可能是800多人。

问：这800~1 000人聚集在捕房前面吗？

答：当我驱逐人群的时候，差不多有200人在捕房里。

问：这么说捕房外面聚集了600~800个人？

答：是的。

问：他们占领了劳合路和南京路之间的广场，是吗？

答：他们占领了西侧，不是东侧。

问：那就是捕房到贵州路之间？

答：是的，根据人群的密度，他们应该之后继续往市政厅方向走了。

问：差不多是下午3点15分到3点20分之间？

答：我们用了10分钟才将人群从马路上驱散开，所以差不多是下午3点25分的时候。

问：这800~1 000名群众只聚集在捕房和市政厅之间吗？

答：应该是的。

问：当时从你的位置可以看到其他地方没有人群聚集？

答：是的。虽然街上到处都是行人，但是他们并没有加入当时示威的人群。

问：你什么时候下令开枪的？

答：下午3点37分。

问：下午3点37分时有多少人？

答：我估计有两千多人。

问：他们也是在相同的地方？

答：不，他们占领了更多的地方。

问：从哪里到哪里？

答：我下令开枪时，他们占领了从捕房到浙江路和南京路的街角的区域。

问：捕房西侧的群众相对少一些，是吗？

答：有100多个人聚集在那儿。

问：马路差不多有60～70英尺这么宽？

答：差不多60英尺吧。

问：浙江路东侧开外呢？

答：我当时看不到那么远，传单和旗帜纷纷扬扬，如下雪一般。我能从人群头顶看到电车顶。

问：无论怎样，在下午3点37分时人数不超过两千人？

答：我不认为一定不超过两千人，我估计差不多有两千人吧。

问：你认为人群从什么时候开始无法被控制了？

答：开枪前三分钟左右，我们完全无法控制人群了。

问：差不多是下午3点34分的时候？

答：是的。

问：当时捕房有多少人可供你差遣？

答：当时在捕房门口有11个印捕和12个华捕可供我差遣。

问：除此之外呢？

答：没有别人了。

问：没有别的西捕了吗？

答：捕房大门口没了。所有的西捕和剩下可供差遣的人都在维持秩序，阻止人群前行。这些是我临时召集的人员，我让他们守在捕房门口。

问：临时人员一直在值班吗？

答：不是的，我在他们前往审讯室时临时召集的。

问：你是什么时候召集些临时人员的？

答：开枪前两分钟。我在开枪后清点了一下人数。

问：当你在下午3点34分意识到群众完全无法被控制时，你是否有请求援助?

答:不,等一下,我需要解释一下我刚说的话。当我觉得人群失控的时候,我判断事态会迅速恶化,当时完全没有时间去向外界通信求助。

问:从你认为人群失控到你下令开枪,中间相隔了三四分钟,是吗?

答:其间群众试图殴打巡捕,我算得上是忍了很久才开枪的。

问:你什么时候意识到人群十分拥挤以至于他们想后退都没有办法?

答:当他们向前逼近离捕房距离仅5码的时候。

问:差不多是下午3点34分?

答:之后一会儿,也差不多是我下令开枪的时候。

问:下午3点35分?

答:差不多吧,或者下午3点36分。我差不多是在那个时候下令开枪的。

问:当时对你来说没有任何向外界求援的可能吗?

答:我根本没有时间。

问:你尝试过求援吗?

答:我无法离开捕房大门。

问:你想过向外界求援吗?

答:想过,如果我有四五分钟的时间能够回捕房打电话求援,我当然会。

问:你不需要亲自回捕房打电话,你可以下令让别人替你回去。

问:我差不多需要三分钟向印捕解释我需要他做什么,我担心他会搞错我的命令。

问:史蒂文斯和科尔这些西捕什么时候回捕房协助你的?

答:在开枪的时候。我在下令开枪前叫他们避开。

问:在你看到他们以及你让他们躲在印捕身后,之间隔了有一分钟吗?

答:没有间隔。他们当时在人群中。当他们过来找我时,我立即向他们喊道"避开",但是他们混在人群中间无法脱身。

问:当时值班的西捕在审讯室吗?

答：据我所知他在的。他当时应该在那里。

问：从审讯室那可以看到捕房大门吗？

答：不可能，中间隔了一栋大楼。

问：当时他知道外面的骚乱吗？

答：知道。

问：他知道你召集了11个印捕和12个华捕吗？

答：不，他不知道。

问：他在法庭吗？

答：不在。

问：他就一直坐在办公桌前没有出来帮你？

答：我不知道他当时是在捕房里还是到门口来了。他在审讯室工作，所以理应待在那儿。

问：你是在下令开枪之前还是之后拘捕这些被告的？

答：除了送去医院治疗后出院被捕的以外，其余都是开枪之后被捕的。我总共拘捕了46个人。

问：有一个人在开枪前六分钟被捕？

答：这个塌鼻子的人（瞿景白）。他当时在人群中窜来窜去，像疯了一样地煽动群众。我试图拘捕他。他是当时骚乱人群的领袖，但是我没能够拘捕到他。

问：星期六有半天是放假的？

答：大体来说是的。

问：当时警务处的管理层在哪儿？

答：马丁上校好像去跑马场了，我没有看到他。

问：之后有任何警力援助吗？

答：开枪之后有，开枪之前没有。我们没有获得外界的支援，只能靠我们自己。

问：如果巡捕用警棍从背后或者是从侧面打击人群，他们可能被驱散吗？

答：下午3点半之前我觉得是可能的。

问：据你所知，巡捕没有试图从背后或者是从侧面打击人群吗？

五、上海会审公廨审理五卅、六一惨案记录

答：没有。

问：下午3点36分时你警告人群要开枪？

答：不，这是我下令开枪的时间。

问：我记得你昨天说过你挥舞着手枪用中文向人群警告过"停，停，不停我就开枪了"。

答：是的。

问：你是用现在说话的声响说的吗？

答：更响亮一些。我记得我当时在大声呼喊，但是我从下午1点55分就开始喊叫，声音可能哑了。

问：在这差不多一小时四十分钟内，你一直在喊叫，所以你的声音有些嘶哑？

答：是的，我一直在喊叫。

问：你平时的声响和现在差不多吗？

答：是的。

问：你可以模仿一下你当时是怎么喊的吗？

（会审官说不必如此。）

问：你觉得你的声音能传多远？

答：当时人声鼎沸，不能传太远。

问：10英尺左右？

答：差不多。

问：当时你意识到前排群众哪怕想后退也没有办法吗？

答：当他们试图冲向我们的时候，我就知道了。当他们冲向我们的时候，我就决定开枪。

问：我记得你说了你让史蒂文斯和科尔巡捕避开，你面前的人群离你5～6码远，是吗？

答：是的，他们不停地向前涌。

问：他们是缓缓向前的吗？

答：不，他们是向前冲。

问：当时你知道如果你下令开枪，那么前排的人会被杀死吗？

答：知道。

问：你当时也意识到如果你下令开枪，那你肯定会伤及无辜吗？

答：我觉得很可能。

问：即使这样你也没有犹豫吗？

答：没有。此外还有一种可能。有四五辆电车被拦截。当时有外国人在电车上，路上还有坐在汽车里被阻拦的外国人，男的女的都有，当时他们也有被射杀的危险，但是我没有犹豫。

问：这些载有男人、女人和儿童的电车及汽车在哪儿？

答：有四辆电车在捕房和市政厅的东侧之间被人群拦截。

问：人群挡住了这些车，是吗？

答：人群拥挤在车的四周，但是他们无法挡住车窗，有些子弹甚至射入了工部局藏书室，当时有个女人在那儿办公。

问：捕房没有大喇叭吗？

梅特兰：没有，捕房也没爵士乐队①。

问：你当时声音十分嘶哑？

答：相当嘶哑，我当时已经喊了两个小时。

问：你朝人群大声警告？

答：我记得我当时大声喊叫了，但是我不确定。

问：你没有用任何增加音量的工具吗？

答：没有。

问：你有没有挥手？

答：没有。

问：下午3点37分你下令开枪？

答：是的。

问：一发还是两发排枪？

答：两发。

问：中间间隔多久？

答：排枪发射十分不齐，我说"开枪，准备开枪"大概需要三秒钟。正如我说的那样，排枪十分不齐，只有前面的几个巡捕能听到，后面的人

---

① 此句有诙谐之义。

跟着做。

问：开枪的巡捕在哪儿？捕房内还是捕房外？

答：他们有些人离大门4英尺远，其他人就在大门旁。印捕在右侧，华捕在左侧。

问：你当时害怕人群会冲上来？

答：是的。

问：大门有多宽？

答：差不多15～16英尺。

问：如果你和11个印捕、12个华捕并肩紧挨着站在大门后面，你觉得人群可能冲进捕房吗？

答：我们没有时间退到大门后，如果人群抢到了卡宾枪，那我们势必陷入危险。

问：你说的卡宾枪是什么？

答：是印捕和华捕配备的枪。

问：既然你可以让西捕后退，那你也可以让人群后退，是吗？

答：当时任何动作都很危险。

问：如果当时任何动作都很危险，那么命令西捕退到印捕身后不危险吗？

答：当然也是危险的。

问：他们安全地跑到印捕身后了吗？

答：是的，但是也很危险。

问：开枪之时，人群离捕房大门有多远？

答：差不多6英尺，或者4英尺多，反正不超过6英尺。

问：巡捕的枪装好刺刀了吗？

答：没有。

问：你是否想到如果令巡捕举枪瞄准，就能将人群震慑住？

答：他们当时已经举枪瞄准。

问：你什么时候下令开枪的？

答：当人群离我们10码远并向我们冲过来的时候。

问：是在大门内还是大门外开枪的？

答：大门外。

问：当时所有的印捕和华捕都在门外？

答：是的。他们中的一些人在捕房门口排成一直线，我记得没有人在捕房内。

问：你在上海巡捕房工作多久了？

答：到下个月19年了。

问：在你19年的警署工作生涯中，你不知道华人爱凑热闹，不管有什么事情都喜欢围观吗？

答：我知道。

问：你不管他们是否参与暴动，知道他们中的有些人只是好奇发生了什么吗？

答：是的。

问：开枪后的第二天，巡捕把一些灭火带拿出来了，是吗？他们把灭火带连在消防车上驱散人群？

答：两天之后。

问：你们试过用灭火带驱散人群吗？

答：没有。

问：我说下午3点半的时候。

答：没有。

问：你知道5月30日学生团在租界演讲一事吗？

答：我刚知道。

问：除了老闸捕房以外，别的警署区域都相对安静是吗？没有骚乱和暴动？

答：据我所知没有。我是这样理解的：学生中最勇敢的人前往了捕房大门并在那召集聚会，那里的人相比别的区域的更无畏一些。这是我的意见。

问：这是你推断的情况？

答：我尽可能地给出我的理解。

问：你们当时是否可以使用捕房的灭火带？

答：时间不允许。

问：你想过使用灭火带吗？

答：没有。

问：你当时是否可以让几个中国仆役、门卫或者他的助手去拿灭火带？

答：时间不允许。如果我在3点30分或者3点、3点15分甚至3点25分知道他们要做什么的话，我肯定会去拿灭火带。

问：这是你现在的推断？

答：如果时间允许我当时一定会这么做。

问：从下午1点50分有人汇报骚乱到3点37分你下令开枪中的4小时40分钟内，你没有想过申请支援或者使用灭火带吗？

答：我当时不觉得有必要。

会审官：我想问你一个问题并且希望你回答前三思。如果你们向群众的腿部开枪，你认为人群会散开吗？

答：这与我所奉命令相反。我得到的指示是不到没有办法可想之时不可以开枪。如若开枪，必射杀。这是我接受的命令，我必须遵守。

问：所以说如果开枪射向人群的腿部有违你接收的命令？

答：是的，有违命令。

会审官：我们之前提了许多关于在你命令人群后撤但是他们无法后撤的这段时间的问题。似乎人群是纹丝不动地站在那里的。你能告诉我们当时他们在做什么吗？这些问题似乎都在假设当时人群一动不动地站着。

答：人群没有一动不动地站着，他们半走半跑地涌向捕房。

会审官：所以你试图劝退的人群并不是呈半圆形站在原地的？

答：不，人群只停下了一次，他们在市政厅东侧暂停了一下——四五秒钟。从那时起到开枪前我们无法再次阻拦他们，据我观察没有人试图停下。

梅华铨：在开枪前有向空中鸣枪吗？

答：这个问题没必要重复回答。

梅特兰：你能告诉我们你没有向空中鸣枪的原因吗？

答：和我为什么没朝人群的腿部开枪一个理由——违背了我所接收

的指令。

问：你接收的指令依据的是什么？

答：如果我向空中开枪，可能伤及无辜。如果我向他们的腿部开枪，那么子弹很可能会弹到无辜之人。

（法庭于上午11点57分闭庭，下午2点继续开庭）

下午继续开庭后，梅华铨要求法庭传见英国律师亚瑟·科威（Arthur Covey）先生为被告作证。会审官令书记照办。

案件审理开始，梅华铨为被告辩护，他说道：昨日开庭受理本案时我未到场，造成了诸多不便，我没有听到梅特兰的辩词，但是他告诉我说他已把暴乱的原因归于布尔什维克主义的影响作为开头。昨天下午1点45分前我未能参与本案的审讯，出庭之前，我没有和这些学生或者上海的任何学生团体有任何职务上或者法律上的关系。正如我所说，昨天下午1点45分时我被要求出庭。在此之前我从未见过这些被告，也没阅读过和此案相关的任何文件。我毫无准备地来到了法庭并且请求展期再审，但是遭到了法庭的拒绝。在昨晚之前，我未曾和被告或者所谓的布尔什维克党领袖会面，也未见到布尔什维克运动的影响。但是根据我对本案的了解，我不能苟同关于本次罢工运动和暴乱行为皆因布尔什维克主义诱使而成的观点。除此以外，基于全国对此事变的激昂和愤慨的情绪，我想代表被告和罢工者申明，本次运动并无排外性质。可能有部分学生有激进思想并与境外布尔什维克分子有关联，但是我认为多数的罢工者并没有过激或排外的思想——学生看到自己同学被捕的，他们认为自己同学被逮捕的理由不充足或者是认为这违背爱国观念——不管他们的观点、想法正确与否，他们认为这是一场爱国运动。我们生活的这个时代，和1900年义和团暴乱不可同日而语，也不能再以义和团的思维理解现状。现在国际联盟已成立，世界各地人民心心相印，各个国家紧密联结。我认为将爱国主义运动视作源于排外或是布尔什维克主义是极大的误解和不公。在我来法院前，我被若干捕房人员告知——我不想说出他们的名字，我参与此案辩护表明我个人对爱活生捕头的极大恶意。在此我否认我对捕房的任何职员有恶意或仇恨之心。正如我昨日所说，我参与此案为时已晚，除了此案正反方的辩护，我对此案了解甚少。直到爱活生捕头作证我才知道他也卷入此案。当然我已有多年在本法庭出庭的经历,我们也相识。但是直到他出庭作证我才知道此案的爱活生正是爱活生捕头。

正如会审官所述,本法庭受理的是对被告的指控而不是全面调查此案的政治因素,所以如若捕房认为我参与案件旨在针对捕房或捕房的任何职员,则是对我极大的误解,我希望在此纠正他们的观念。作为参与法庭案件的一员和一名美国公民,我参与此案只希望能够查明真相,并没有别的私心,尽管我是华裔,但是我不会将私人情感掺杂到此案中。我秉公处理,只希望能查得真相。因为我极力反对将此案定性为排外的或者是受布尔什维克主义影响的运动,并把布尔什维克主义书籍作为证据。我的同行,被告方的其他律师们也与我持有同样的观点。我需要传见辩护者的第一位证人安德森先生[①]。

悉尼·雷蒙·安德森(Sidney Raymond Anderson)的证词,美国人,35岁,上海监理公会传教士

问:你在中国生活多久了?
答:11年。
问:在上海多久了?
答:3年。
问:你隶属于本地教会或者教堂吗?
答:慕尔堂[②]。
问:位于何处?
答:汉口路和云南路的街角,西藏路的方向。
问:你能够听说中文?
答:是的。
问:你是正式的教士吗?

---

① 为上海之教士。
② 教堂名,在云南路汉口路转角。

答：是的。

问：你可以用中文布道并且熟练使用中文吗？

答：是的。

问：5月30日（星期六）中午你在哪里午休？

答：在海军青年会。

问：你什么时候结束午休的？

答：差不多下午2点。

问：你之后做了什么？

答：我乘坐电车回到慕尔堂。

问：你在哪里搭乘的电车？

答：南京路和四川路的街角。

问：你在哪里下车？

答：我在西藏路的新世界下车。

问：你在四川路至新世界的路上有看到学生吗？

答：我在河南路和南京路的街角看到一小群学生。

问：大概多少个？

答：五六个。

问：他们当时在干吗？

答：他们似乎在和一名印捕争执。

问：你能听清他们争执的内容吗？

答：不，我听不清。

问：当时情况严重吗？

答：不，较为平静。

问：有人在打架吗？

答：没有。

问：你看到别的学生团体了吗？

答：不，在我回家的路上没看到。

问：你从新世界直接回家了？

答：是的。

问：你什么时候再次出门的？

答：大概30分钟后。

问：差不多下午2点半的时候？

答：是的。

问：你当时准备去哪里？

答：永安公司。

问：你是沿着西藏路，然后向东沿着南京路去永安公司的吗？

答：不是，我沿着九江路走，然后穿过一条狭窄的小路到南京路上的。

问：你顺利抵达永安公司了吗？

答：是的，非常顺利。

问：你是从侧门还是南京路上的入口进入永安公司的？

答：南京路上的入口。

问：你大概什么时候到南京路上的永安公司门口的？

答：应该是下午2点40分。

问：你那时看到有学生在闹事吗？

答：我看到一名西捕押送两名学生到捕房，就在永安公司后面。

问：这两个人是学生还是工人，他们是什么身份？

答：很明显是学生，两个男孩。

问：他们在被押往捕房的路上有反抗吗？

答：不，他们表现得十分平静。巡捕用手按着他们的后颈。

问：你记得有几名西捕吗？

答：不记得。

问：除此之外你在去永安公司的路上还看到什么？

答：有五名学生跟在他们后面。

问：他们有试图扰乱治安吗？

答：他们什么都没说也什么都没做，只是跟在后面。

问：他们手里是否举着旗帜？

答：没有。

问：所以这些学生只是温顺地跟在后面？

答：是的。

问：你什么时候从永安公司出来的？

答：我在里面待了差不多20分钟。

问：你是从哪个出口出来的？

答：南京路上的出口。

问：你出来的时候看到了什么？

答：我看到街上人群熙熙攘攘，在捕房的西侧似乎有骚乱。

问：巡捕有没有阻止人群上前？

答：当我离开永安公司有一段距离后，我看到巡捕在把学生向后推。

问：这些学生当时有反抗吗？

答：不，他们并没有反抗。

问：你估计那个时候有多少学生？

答：我估计有200个吧。

问：你看到他们有拿武器吗？

答：没有。

问：你看到旗帜了吗？

答：是的，我看到了一些。

问：多数手举旗帜的人是学生？

答：是的。

问：举旗帜的人中有一看就不是学生的吗？

答：我没有看到，没有。

问：这200人都是学生吗？

答：是的，我猜测都是学生。街上群众逐渐增多。

问：之后加入的人是学生吗？

答：不是学生。

问：你觉得他们是什么人？

答：我觉得都是路过的行人，他们看到这里有些混乱，于是就加入了。

问：……①

答：是的。

---

① 问语未详。

问：他们只是好奇的路人吗？

答：是的。

问：你大概是什么时间离开永安公司的？

答：下午3点多。

问：之后你在哪儿？

答：我在距离捕房东侧40步的地方。

问：你当时在捕房正对面吗？

答：是的。

问：那个时候人群有多少人？

答：学生差不多有200人。路上人头攒动，车辆难以通行，但是没有停下，只不过需要非常谨慎地行驶。

问：当你下午3点后在老闸捕房正对面时，除了这200多个学生，还有多少人聚集在那儿？

答：我猜有1 000～2 000人，但我不确定。

问：你看到任何好奇的路人、旁观者、非学生、手持棍棒或别的凶器的人了吗？基于你的观察，人群当时是否有遵守秩序？

答：并不是非常有秩序。他们威胁要将街道阻断，但此外没有做别的什么。

问：除了阻断街道之外呢？

答：没有了。

问：他们在呼喊或大声吼叫吗？

答：是的，很多人在呼喊。

问：你能告诉我们他们在喊什么吗？

答：我只能说有一个领头人举起双手在呼喊，其余人也跟着呼喊，但是我没听懂他们在喊什么，可能是"好哇"之类的。

问：你觉得那个时候人群可控吗？

答：是的，当时是可控的。

问：巡捕当时有试图控制人群吗？

答：我看到了三四个西捕和三四个华捕及印捕在把人群往永安公司方向赶。

问：他们当时能够得手吗？

答：是的，当时能够。

问：人群数量在不停增加吗？

答：是的，人数迅速增加以至于交通完全被堵塞。

问：基于你对学生的观察，你觉得学生聚集是为了什么目的？

答：基于我的判断，多数学生没有任何明确的目的，我猜是学生领袖带着他们声援之前被捕的学生。

问：他们是自愿声援的吗？

答：他们觉得不能离开和他们一起参与运动却被拘捕的同学。他们只是希望用非暴力的形式声援自己的同学。

问：你根据什么判断这些学生是在声援自己的同学？

答：当时学生被巡捕逼退，但是市政厅对面有几个学生领袖让他们不要继续后退，马路上十分拥堵，人群向捕房方向涌，我的判断是人群试图涌回到捕房。

问：他们当时是有序前进还是充斥着暴力？

答：我没有看到暴力的场面。他们一直在往前涌，后面的人不停推着前面的人向前。

问：前面的人是主动前进还是不情愿地被迫向前推进的？

答：离警棍近的人十分不情愿地向前的。巡捕当时对人群使用警棍，但是后面的人群一直想往前。除非有巡捕在那儿，不然他们都想往前。

问：你看到有学生受伤了吗？

答：是的，有一个。我看到有一个学生的脸上都是血。

问：他是怎么受伤的？

答：我没有看到他被殴打，但是我猜测是被警棍打的。

梅特兰：我认为这个证词是不可接受的。他说"我猜测"，但是这个学生很可能是被其他学生踩踏而受伤的。

梅华铨：我们暂时搁置这个问题。

问：你看到有六七个巡捕试图阻止人群向前，他们是否服从巡捕的命令？

答：在到达市政厅对面的时候，他们安分地服从巡捕的命令，之后除非巡捕使用警棍，他们才服从。

问：当人群后撤至市政厅的时候，他们能够离开吗？

答：我觉得如果他们所有人都想离开的话是可能的，但是如果只有一个人想离开那非常困难，他只能从人群中慢慢挤出去。

问：你听到枪弹的声音了吗？开枪的时候你在哪里？

答：还在原地，离捕房40步的地方。

问：开枪的时候你是在场的？

答：是的。

问：你一开始听到了一声枪声？

答：是的。

问：开枪前你听到任何警告了吗？

答：不，我没有，我当时站得太远了。

会审官：以法庭这个房间为参照，当时你站得有多远？

答：大概有这间房间长度的两三倍远。

（注：法庭所在的房间长41英尺左右）

问：你身边围满了人吗？

答：是的，交通也堵塞了。

问：电车轨道也被堵塞了吗？

答：是的。

问：当时轨道上有电车在行驶吗？

答：开枪之前没有。当时我没有看到任何电车。

问：你指的是开枪的时候？

答：是的。

问：劳合路和贵州路之间吗？

答：是的。

问：这段路上没有电车驶过吗？

答：我没有看到。

问：当时你面向捕房的方向吗？

答：是的。

问：如果当时有电车驶过，你可以看到吗？

答：是的，我觉得我能看到。

问：一辆电车都没有？

答：一辆我都没有看到。

问：一位捕房的证人说，如果在子弹射程范围内有电车经过你肯定能看到，是吗？

答：我觉得是的，我当时就在正对着开枪的地方。

问：第一声枪声和之后的枪声间隔多久？

答：几乎是同时的。我这时从商店门口立刻逃入店内。

问：你听到第一声枪声后立刻逃入店内？

答：是的。

问：逃入最近的商店吗？

答：是的。

问：你知道商店的名字吗？

答：我不知道名字。是一家电器店。

问：你知道门牌号码吗？

答：不知道，我之后就再也没路过。

问：当时有其他人和你一起逃入店内吗？

答：有，当时有差不多20个人和我一起试图逃入店内。

问：你到店内后还听到枪声吗？

答：是的，我当时站在门口，门的右侧。

问：你听到了几声枪响？

答：我不好说，差不多50～100声吧，但这只是我的猜测。

问：你什么时候从店里出来的？

答：大概半分钟后吧。

问：你出来的时候人群退散了吗？

答：是的，所有人都退去了。

问：你当时看到了什么？

答：我看到街上有10～12个男孩和成年男人躺在血泊里。

问：你在子弹发射的方向吗？

答：是的。

问：你有可能被击中？

答：是的，有可能。

问：基于你对当时人群的判断，他们是否想对巡捕使用暴力并攻占捕房？

答：我完全不这么认为。

问：你有没有看到学生暴动？

答：我没有看到。

问：根据人群当时的所作所为，你觉得当时巡捕应该向人群开枪吗？即3点37的时候。

答：我认为非常不应该。

问：你觉得如果当时巡捕向人群使用灭火带，能够成功驱散人群吗？

答：我觉得他们会向四处逃窜。

问：你看到巡捕使用灭火带了吗？

答：没有。

问：你观察到人群有攻占捕房的意向或者冲动吗？

答：我并没有看出。

问：人群是否有向巡捕示威或是试图攻占捕房？

答：都没有。

问：你当时站在人群中央？

答：是的。

问：你听到有任何"打倒外国人"或者"杀死外国人"的喊叫声吗？

答：都没有。

问：你觉得人群有排外的倾向吗？

答：我不这么觉得。

问：在作证词的过程中你是否偏袒捕房或者学生？我需要你的证词是真实而准确的。我希望你告诉法庭你是否有所偏袒。

答：完全没有。南京路上的老闸捕房和我工作的地方有良好的合作，我们非常感谢捕房的服务。

问：你在电器店门口是否能看到老闸捕房？
答：是的，捕房前站了一排巡捕。
问：大概有多少人？
答：我估计有20个。
问：他们是两人一排还是站成一排？
答：他们站成一排。
问：他们在捕房门前站成笔直的一排，对吗？
答：我记得是凹形半圆状，凹口正对南京路。
问：你估计开枪的时候站得最近的群众离巡捕有多远？
答：我没法回答这个问题，当时我能穿过人群头顶看到巡捕，但是我看不清他们之间的距离。
问：当时巡捕全副武装，随时等待开枪吗？
答：我的视线被人群阻挡，所以看不到巡捕的枪。
问：当时人群试图冲进捕房吗？
答：我没看到，但是人群逐渐向前靠近。
问：他们是缓慢前进，并没有疯狂向前冲进，是吗？
答：是的，他们慢慢向前。
问：你说的"慢慢"指的是以走路的速度前进吗？
答：他们缓慢地向前。
问：所以他们并没有迅速向前冲？
答：没有。
问：巡捕说人群有两三次向前迅速冲进并且试图攻占捕房，你看到这个迹象吗？
答：我没有看到。
问：你在电器店门口待了多久？
答：20～25分钟。
问：你在电器店门口待了25分钟直至开枪，然后迅速撤离了，是吗？
答：是的。
问：在这25分钟内你没有看到人群向前猛冲？
答：没有。

问：看到人群挥舞着竹竿了吗？

答：没有。

（以下为梅特兰诘问）

问：你和巡捕之间隔了约1 000个人？

答：我不确定这40步的距离能站多少人。

问：所以你看不到前排的人群？

答：开枪的时候我看不到。

问：所以你没法评判巡捕开枪是否合理，因为你当时看不到他们在做什么，是吗？

答：他们被捕押送至捕房之前发生了什么，我都没看到。

问：你知道他们是什么时候被送至捕房的吗？

答：我可以看到他们的脑袋。

问：大约1 000个人的脑袋？你会说上海话吗？

答：我会。

问：你听不懂当时人群呼喊的内容，是吗？

答：他们在喊着毫无意义的内容。

问：你听不清，是吗？

答：不，我能够听清。

问：他们当时在说些什么？

答：我说不出。

问：你并不知道他们当时是否有喊道"杀死外国人"，对吗？

答：我只能说我没有听到。

问：你以前是否经历过群众暴动？

答：我没有经历过一次真正的暴动。

问：所以对于捕头开枪是否合理一事，你的证词并没有价值。

答：我不这么认为。我之前也经历过这样的群众集会。

问：2 000个人在街上横冲直撞，难道这不是暴动吗？

答：我不这么认为。

问：你有多高？

答：6尺。

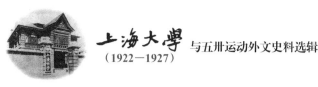

问：你之前就知道老闸捕房？

答：是的。

问：你认为捕房的职员都是理性的吗？

答：他们为我们提供了多次帮助。

问：你认识爱活生捕头吗？

答：不,我不认识。

问：你说人群在市政厅那里后退,然后在学生领袖的煽动下突然掉头再次向前。你认为除了想攻占捕房以外,还有什么原因使他们掉头？

答：我觉得他们想通过此举展现对被捕同学的关切。

问：我们之前听取了几个受伤巡捕的证词。其中有一个人声称他被推倒在地并且群众试图抢夺他手中的枪。你看到这个场景了吗？

答：没有。

问：你认为人群为何聚集？

答：我猜他们是好奇。

问：你能辨别出被告席中的这些人吗？

答：我认不出。我好像认出其中一个人很像那天我看到的两个被捕人中的一个,但是我不太确定。

问：在人群从市政厅向捕房前进的过程中,你就在人群当中。这是你看到的全部吗？

答：是的。

会审官：你看到任何竹子做的工具了吗？

答：我曾经看到人群的另一面有一根竹子撑着被撕碎的旗帜。

问：此外你看到别的竹竿了吗？

答：没有。

问：你看到过扁担吗？昨天有一个证人称他看到了四根扁担。

答：不,我没有。我看到人群的另一侧有人举着一根竹竿,但我不知道谁举着。可能是捕房的,我不知道。

问：你应该看过足球比赛吧,是否可以这样描述：人群起初聚集在市政厅附近,他们慢慢靠近捕房,然后在开枪前向捕房猛冲？

答：我没有看到猛冲之类的任何举动,应该更像是一个推球游戏,巡捕的人力不够阻止人群缓慢向前推进。

问：开枪的时候你正朝捕房门口方向看着吗？有些事情是转瞬间发生的。

答：我当时朝着那个方向看。

（以上是安德森先生的证词）

英国籍律师亚瑟·科威（Arthur Covey）先生的证词，在上海居留2年8个月

问：你可以告诉我们那天下午发生了什么吗？

答：我在下午3点15分至3点30分之间离开理查饭店，并在南京路上搭乘人力车前往黑石公寓。当穿过浙江路的时候，我看到2 000余人面朝西聚集在人行道边。人群在人行道上站了两三排。当时交通十分拥挤，马路上空无一人，到达市政厅的时候，我听到了开枪声。我听到了一排排枪发射的声音。去往市政厅的路走到一半的时候，我看到有一个男孩（或者是一个成年男子）提着一大袋传单，他将传单抛至空中。有些人中枪倒地，有15~20个中国人跑到马路上，为了避开他们，我的人力车夫不得不掉头离开。这个时候在我的右前方有一辆公共汽车驶过。当听到排枪发射的声音后，我预料会继续开枪，所以我立即吩咐人力车夫躲在汽车后面。他按照我的吩咐做了，随后我让他继续后退至市政厅左侧的边路。

问：开枪的时候你在市政厅那儿吗？

答：我在市政厅大楼和边路的角落处观察事态进展。

问：哪一条边路？

答：我不知道。我吩咐车夫去马路中央帮我拾一份传单。当时车辆被阻拦。我看到东西方向行驶的汽车突然停了下来。我从市政厅的这个角落望出去，可以看到这一段的南京路。我朝着老闸捕房看过去。

问：你可以看到捕房大门的前面吗？

答：不，我看不到。

问：为什么看不到？

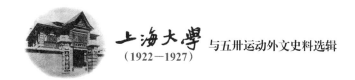

答：因为正好被位于我和捕房之间的汽车挡住了视线。我在市政厅的角落等了一刻钟左右，我看到一个伤者经过。我看到有一个背后受伤的男孩，他坐在人力车上，衣服脱至腰部。我不知道他是前面受伤还是后面受伤，但是伤口处没有流血。我不确定他是前面还是后面受到了攻击，但是我的第一印象是后面。他这样伸手摸后背，然后抽回看了看。（科威先生做出模仿动作）

问：他正面有伤口吗？

答：我没有看到这个男孩的正脸，我只看到了他的后背。他当时离我几码远。

问：你真的看到了他伸手摸背后的伤口，然后盯着手看吗？

答：是的，他伸手去摸自己的伤口，但是没有血。随后我沿着市政厅旁的边路右转来到了西藏路。我看到地上有血迹，我让人力车夫停车。我看到一个中国人在说着什么，他好像在叫他的朋友过来并给他们看自己流血了。之后我到达了黑石公寓并在下午五点半左右回到了南京路。我经过老闸捕房时，并没有看到任何骚乱。

问：车夫在市政厅的角落处停车时是什么时候？

答：当时我看过手表，枪击发生时正好是下午3点半。

问：你的手表正常走时吗？

答：是的，绝对准。

问：你是在开枪的时候到那儿的？

答：是的，我当时正朝着捕房方向走，离捕房的距离步行约一分钟。

问：你觉得那个时候人群的状态如何？

答：我当时只觉得他们情绪十分高昂，我还以为他们只是在围观强盗抢劫，因此传来枪声。

问：你看到人群试图向捕房猛冲吗？

答：没有，开枪的时候我看到大概有15~20个人在向前冲，那之后就没有看到有人向捕房冲击。

问：你在开枪前听到任何警告声吗？

答：没有，除了所有人都向西面看，一切看上去很正常。当时我以为老闸捕房附近发生了抢劫案。

问：人群是否有暴力行为？

答：完全没有。

问：你看到任何凶器或者武器吗？

答：我没有看到。

问：巡捕声称当时有四根苦力挑重物用的扁担，你看到了吗？

答：没有，我没看到。

问：你当时距离捕房很近，而且在人群当中，你觉得巡捕在这种情况下应该开枪吗？

答：我没法回答这个问题，因为我当时没看到巡捕在哪里。听到枪声的时候我也没看人群在做什么。那时我能够看清我的左侧和前面，但是右侧能看到的不到一半。

问：你刚才说你看到群众情绪激昂，他们只是十分兴奋而已，并没有暴动的倾向。你认为在这个形势下巡捕应该开枪吗？

问：我没法回答，因为我当时不在场。

问：你之前是否遇见过大量群众集会的场景？

答：很多次，包括打斗的场景。在政界时见过多次。

问：你在政界时你有没有经历类似的事情？

答：没有，我不记得我经历过。那天我看到有几百个人走在街上。

问：作为一名政治官员，你认为在什么样的情况下巡捕可以向群众开枪？他们之前需要采取什么举措？

答：就我的职务经历而言，根据英国国王章程（the King's Regulation），除非群众有人开枪，否则不可以开枪。

问：这是哪方面的管理规章？

答：所有的官员都须服从这一规章。我之前有相关的经历，因此知道。

问：在开枪之前，你会说让巡捕排成方阵，宣读暴动条例或者给予类似的警告吗？

答：我的任职期主要任务是在发生骚乱之时调遣军队，并让军队接管城市，但是我们都知道，如果在不被枪击的情况下主动开枪，那么将会有被革职的危险，对于因此所造成的损害和生命损失政府将作赔偿。我

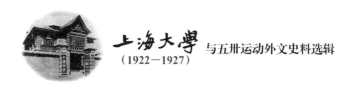

曾经在未被枪击的情况下主动开枪,因而在任职尼日利亚司令部期间接受咨询委员会的讯问,从这一经历来说,情况并不一定如此。当时我失去了四名送信人,并且收到了一份来自当地长官的侮辱性的公文,我将城市交给了军队。我率领一支全副武装的军队,那时军队没有受到枪击。在我们到达的时候,我们也没有被枪击。我要说的是当时我下令开枪射击或者是把城市交给军队,因为我当时没有别的办法。

问:英国国王章程关于军队的规定也适用于警察吗?

答:如果我带领警察或者士兵前往,我也得接受咨询委员会的讯问。

问:对于你在南京路上的人力车中看到的人声鼎沸的情景,你认为巡捕应该开枪吗?

答:我不好说。起初我以为巡捕在开空枪。当我看到有人受伤时,我意识到他们发射了实弹。我也不知道巡捕是否应该开枪。这个应由法庭评判。

会审官:你觉得群众有无攻占捕房之意?

答:我不知道,当时我离捕房较远。

(以下为梅特兰诘问)

问:你当时在市政厅?

答:我正巧路过市政厅。

问:你在东侧还是西侧?

答:我当时想向西面走,但之后我掉头向南面走了。

问:开枪的时候你在市政厅靠外滩那侧吗?

答:我就在市政厅旁边。

问:市政厅离老闸捕房距离300码左右,是吗?

答:我不清楚。相隔距离足够远到开枪的时候我误认为是在开空枪。

问:你知道当时发生了什么吗?

答:完全不知道。

问:你会说中文吗?

答:不会。

问:你听不懂他们在说什么吗?

答:我听不懂。

问：除了你提及的那部公共汽车之外，你还看到别的公共汽车吗？

答：当时我前面有几辆小汽车，但是在我要转弯的岔路口前的那辆小汽车在公共汽车后面22～23码。这使我可以绕到小汽车的后面。

问：当捕房申请去上海大学搜查三百余本布尔什维克书籍时，你是为上海大学作辩护的，是吗？

答：我是为上海大学的校长邵力子作辩护的，我想他是代理校长。

问：当时只搜查出了三百余本和布尔什维克主义有关的书籍吗？

答：是的，差不多这么多。但是我不能说这些书籍是否和布尔什维克主义有关，因为我不知道书籍的内容。

问：这是法院所缴获的。是因为上述理由被缴获的？

答：是的。

问：我记得你也为日本纱厂罢工工人辩护，是吗？

答：很早的时候，我为上海大学的四名学生作辩护，代表他们认罪，并且请求他们的案件能当天审讯。他们以一百元的保释金而被保释。我也为内外棉纱厂的工人领袖作辩护，虽然我在两件案件中都代表被告认罪，但是两件案件均延期开庭。

会审官：我想你的证词主要是说在开枪之前，大概有10～15人试图冲击捕房？

答：是的，当时有传单被抛至空中。

问：在开枪前你看到整个人群有什么异样的举动吗？

答：没有，抛传单是我看到的唯一一个举动。

问：你估计人数有多少？

答：从永安公司到老闸捕房，从先施公司和永安公司的人行道这一角度观察，我估计大概有750人——肯定超过500人。

问：我们不管永安公司，你的位置和捕房之间聚集了多少人？

答：我当时没法看得很清楚，但是我记得有两辆公共汽车，我不太确定，但是当时我的视线被挡，没法看到捕房。

正会审官：你刚刚说总共有700～800人。你能告诉我们人群当中大多数是什么人吗？

答：我认为多数人只是好奇的围观者。人群中有些人穿着精致，就

是一些想在周日穿着最好的衣服出门的普通人而已。

（以上是科威先生的证词）

外科医生牛惠生的证词，中国人

问：你毕业于哪所学校？
答：哈佛大学。
问：你当外科医生多久了？
答：1918年至今。
问：是从1918年起在上海当医生的吗？
答：1920年开始。
问：之前在哪里工作？
答：在北京协和医学院。
问：你和红十字会医院有关系吗？
答：我是那里的外科医生。
问：是海格路上的总医院还是天津路上的医院？
答：我在两处都工作。
问：那是一个中国的公立医院，由中国红十字会开设，是吗？
答：部分属于红十字会。
问：你看到伤者被转送至红十字会医院吗？
答：是的，5月30日有四名，6月1日有两名。
问：他们是受伤者还是死亡了？
答：受伤了。
问：你细看过死者的尸体吗？
答：没有。
问：那我们来看5月30日的伤者，他们是怎样被带到医院的？
答：三个人在下午4点钟被送往天津路上的医院，他在我们这待到下午6点。随后我将他们用救护车转交至海格路上的医院。
问：另外一个人呢？
答：他自己去海格路的。

问：你陪同他去的吗？

答：我的助手陪他过去的。我先亲自诊治，然后将他们交给我的助手治疗。

问：你认为你检查的这四个人是后背中枪的吗？

答：两人是后背中枪。另外两人我不确定。

问：你凭什么判断那两个人是背后中枪呢？

答：其中一个人在右肩处有一个打入的伤口，并穿过皮肤从前面穿出，伤口大概有4英寸长。

问：你非常确定他是背后中枪的吗？

答：是的。

问：那另一个呢？

答：他的右肩胛骨被击中，子弹从右侧腋下穿出。伤口的出口一般会宽于入口。我猜测他中枪时是这样举着手臂的。

问：据此他十分可能是后背中枪。他有可能是别的部位中枪吗？

答：通常伤口的入口比出口小。

问：那第三个人呢？

答：那个人在头顶处有一处擦伤。我无法判断他是前面还是后面中枪的。

问：他受伤严重吗？

答：不。第四个人的大腿处有一处伤口。我无法判断他是怎么受伤的。

问：除此之外还有别人被送至医院吗？

答：那天没有了，6月1日又来了两个。

问：他们怎么来的？

答：他们是自己搭乘人力车从海格路过来的。第一个人后背左肩胛骨处中枪。子弹穿透身体并穿过心脏左侧。子弹并没有穿出，嵌在皮下。当伤者来的时候我们都以为他只是流血而已。我让助手割开他的皮肤并清除血块后，子弹才被取出。第二个人是右臂中枪，我们之后用X光检测，发现子弹依旧嵌在右臂中。我至今还没做手术帮他取出子弹。

问：你参与诊治的六个人中有四个是背后中枪的？

答：是的。

问：你参与别的伤者的治疗了吗？

答：我没有。

会审官：根据你的医学经验，那个由你取出子弹的人是相隔开枪者多远中枪的？

答：我没法评估距离。

问：但是很明显他一定是远距离中枪的，是吗？

答：是的，弹道速度并不足以穿透身体。

会审官：你现在可以告诉我们这些人的年龄吗？

答：他们都处于25～35岁之间。

问：你是否问过他们的职业？

答：我问过。一个是豆腐店的员工，一个是一品香旅馆的仆役。剩下的我不记得了。没有人是学生。

（以下为梅特兰诘问）

问：我们回到第一个伤者。你刚才说他右肩中枪。你可以在翻译身上指明伤处吗？

答：在背后，差不多在这。（在翻译身上指明位置）

问：子弹从哪里穿出？

答：距离前部4英寸处。子弹嵌在皮肤下。

问：子弹弹道是笔直的吗？

答：不，不是完全笔直的。

问：子弹可能是从侧面打入的吗？

答：从子弹的弹道方向来看，的确有个小小的偏斜。

问：这样的伤口有可能是人群外侧的人侧面中枪的结果吗？

答：这个问题很难回答。

问：那我这么说吧，如果有两千余名暴徒向前涌，你们这些开枪者在此，暴徒们从各个方向被击中，伤口的弹道因此不是笔直的，这有可能吗？

答：这取决于举枪的方位。

问：如果巡捕呈半圆形站立，子弹可能从不同方向发射吗？

答：是的。

问：像太阳的射线一样？

答：是的。

问：子弹发射轨迹会十分分散，并不是笔直的火力，是吗？

答：可能是，也可能不是。

问：如果他们呈凹状的半圆形站立，并且沿着圆的半径轨迹方向开枪，那么子弹弹道就不会是笔直的。人群以各种姿势向前涌进，他们则可能侧面中枪。

答：我不明白你在说什么。

问：我的意思是如果人群向前冲进并且子弹向各个方向发射，那么有可能有人会侧面中枪，或者如果他试图转身，那么就有可能背部中枪。骚乱之时，有人可能因为半转身而侧面中枪。

答：是的。

问：伤口可能是因为子弹反弹造成的吗？有可能是子弹射到墙上然后被弹回来而导致有人被射伤吗？

答：我不能确定，对这种情况我没有太多的经验。

问：那我们现在看第二名伤者。你可以用手指指一下子弹是从哪里射入的吗？

答：从这里射入的，穿过皮肤然后从这里出来，子弹伤及手臂的后侧。如果他的手臂平放，那么子弹肯定会完全穿透手臂，但是手臂只有表皮的擦伤，所以他当时肯定高举着手臂。

问：所以这个伤口肯定是从侧面射来的子弹造成的？

答：是的。

问：那么你可以和我们说一下那位左肩胛骨中枪的伤者的情况吗？

答：子弹大概是从这里射入的，并且嵌在身体前侧。当他到医院时，我看到伤口处有一个2英寸左右的凸出处，可以用手摸到皮下的子弹。

问：没有一位伤者非常严重，对吗？

答：我不好说。6月1日送来的一名伤者受伤较为严重，如果子弹弹道稍微向右偏移一些，那可能就会碰到心脏。如果我们当时没有及时为他止血，那他将会有大出血的危险。

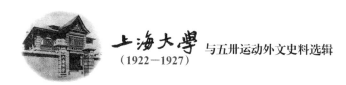

问：即使如此,他还可以自己坐人力车来医院？

答：是的。

问：好吧,那你问过那些人他们当时在干什么吗？

答：我问了其中的两个人,我不记得是哪两个人了。他们说他们看到很多人聚集在那里,只是出于好奇,他们便凑上去看发生了什么。

(以下为梅华铨再次诘问)

问：如果那名伤者体内的子弹没有被取出,那他可能会因流血过多而有生命危险吗？

答：有可能。

问：如果子弹没有被取出,那他可能会因为血毒而死去吗？

答：这取决于子弹是否有毒。

问：你诊治的六个人中,除去两个受伤的,剩余的四人如果没有被送至医院治疗会有生命危险吗？

答：有一名胸膛中枪的伤者情况较为严重,他在医院待了两三天才出院。他肺部出血。

问：另一名伤者,后背中枪、子弹从前面穿出的那一位,很明显他是近距离中枪？

答：……①

问：那名右臀部中枪的伤者伤势严重吗？

答：不,子弹嵌在关节旁边并且现在仍未取出,我们还没有为他做手术,因为除非有必要,尽量不要在关节旁边动刀。

问：所以你的结论是六名伤者中四名是背后中枪的,是吗？

答：是的。

(以上是牛惠生医生的证词)

约翰·卫斯理·克莱(John Wesley Cline)的证词,57岁,美国籍

问：你是苏州东吴大学的前任校长吗？

---

① 答语缺。——译者注

答：是的。

问：你在中国待了多久？

答：我是1897年来中国的。

问：你会中文吗？

答：是的，我会上海话。

问：你能告诉法院5月30日（星期六）中午12点到下午4点你在哪里吗？

答：我当时途经多处。我想你应该会对和南京路上有关联的事情有兴趣。下午2点钟我从虹口小菜场搭乘电车前往跑马场。我走到永安公司前的交叉路口时看到人们在散发海报和传单。

问：大概是什么时候？

答：2点多，我记得我是2点半在虹口集市坐上电车的。我当时从永安公司的一侧走到南京路上，当离永安公司还有一点距离时，我看到几个年轻男生在分发传单，他们给了我几张。我记得当时只有两三个男生。他们毫不犹豫地把传单递给了我，就好像他们递给别的中国人一样。我边走着边观察他们，并大概知道了他们的用意。当时我撞见了一个美国朋友并停下和他攀谈起此事。我们在前往跑马场的路上也聊了纳税人会议和其他的一些事情。

问：你的美国朋友是谁？

答：安德森先生——我们是在事发前后恰好遇到的。我们要去的地方在不同的方向。在捕房大门对面时，我看见两名西捕押送两名学生，这引起了我的注意。我看着他们走进了捕房。他们抓着学生的领子走进捕房，通常只有罪犯才会被这样对待。我看到有十几个学生跟在他们后面。我继续前行并在半个小时后到达了跑马场，大概是下午三点一刻，肯定不晚于三点半。我先往反方向去了一次公济医院，然后我前往跑马场方向。我对时间记得十分清楚，是因为我当时在医院做过预约。当我经过跑马场看台的时候，我看到先施公司和永安公司之间聚集了很多人。

问：在你向跑马场方向西行前，有多少人聚集在马路上？

答：有很多人站在人行道上，但这群人根本不像是一群暴徒。当时人群也没引起我的疑心。有很多人聚集在那儿，但是马路并不像群众暴

动的场景那样拥挤不堪。

问：你觉得当时人群看上去就像外出购物的普通人？

答：我并不经常去南京路，但是我当时以为那只是星期六外出的一大波普通人而已，我并没有感觉到有什么特别的。

问：你看到人群像是一群暴徒或者是乌合之众吗？

答：我完全没有看到这个景象。

问：当时马路两侧是什么样的状况？

答：我看不到马路的另一侧。巡捕押送学生时，并没有人群聚集在那儿。当时路上的人很多，但是交通通畅。我完全没有感到任何异样。我看到几名学生在分发传单，当我看到两名男学生被押送时，我意识到可能有令人不快的事情发生了。我从医院回来沿着永安公司那一侧向东走，我看到两家公司中间聚集了大量的人群。马路的另一侧人群稀少，我注意到空中飞舞着的传单，并且听到人群在喊叫着什么。当时有大量传单飘扬在空中。

问：当时你听到有人在喊"打倒外国人"或者"杀死外国人"之类的口号吗？

答：我完全没有听到这类呼喊声，当时我在马路的另一侧。

会审官：如果有人当时在喊叫，你能听得到吗？

答：我现在很难判断。我从远处走来，当时周围十分嘈杂。如果有，我也听不到。我沿着南京路一直走到人群旁边，也就是开枪前不久。我完全没有想到不能前行。我没有看到中间有学生被驱逐的一系列骚乱。我对情况完全不了解。开枪时我在跑马场。我与人群的距离和我与你（会审官）之间的距离差不多。在开枪前，我没有听到有人喊这类内容。我当时在路的另一侧，正对捕房大门的位置。我除了人群的嘈杂喧闹声外，没有听到别的。当时我很难得知会发生什么。我记得当时我听到了排枪发射的声音，这是我完全没有想到的。我并没有从马路另一侧正在撤退的人群中逃出来。我夹杂在人群中，没有面向捕房，所以我没法看清捕房那里发生了什么。我看到人群后退，但是不知道是因捕房所致。我以为他们只是跟在巡捕后面。当时有15～20个巡捕在那里，多数是印捕。我能看到他们的制服，他们似乎在阻拦人群向前。

问：你同人群相向而行，他们以什么速度接近你？

答：我不知道，我当时以正常步速前行。

问：他们朝你走来吗？

答：他们当时没有停止不前，他们在往前推挤。当我走向捕房时，我看到捕房门口有几个穿制服的人把守着。

问：你有没有看到人群向巡捕或者捕房冲击？

答：我判断不出。当时我不知道他们前往捕房。在我向人群走去的时候，他们突然开枪了。我当时以为是机关枪，枪声听上去像是机关枪。

问：如果人群试图向前冲，人群肯定会相互碰撞，是吗？

答：可能有吧。大多数人都站在马路的另一侧。我并没有感到惶恐或者危险，也没有逃入任何建筑里。

问：你觉得你在人群中是安全的吗？

答：我没有逃掉。我当时肯定不愿意在现场，但也没有逃入任何建筑里。事情发生得太突然了。

问：你当时感到有生命危险吗？

答：没有，当时人群让我感觉很烦，但是完全没有觉察到危险。

问：开枪后发生了什么？

答：他们迅速散开，像雪花融化一样快。我当时站在一个受伤的人的旁边，在警戒线旁边。

问：开枪的时候你在哪里？

答：我在捕房西侧的对面。我并没有被射中的危险，没有人朝我这个方向开枪。

问：开枪前你听到任何警告了吗？

答：没有，就算有我也听不到。我完全没有想到巡捕会开枪。我当时没法看清人群所有的动作。

问：开枪之前你朝老闸捕房方向看过吗？

答：我不好说。在开枪前我看到巡捕站在大门口。

问：你看到巡捕挥舞手枪示意警告了吗？

答：没有，我没有看到任何开枪的迹象。开枪时我感到非常惊讶。我以为他们是在开空枪。我没有想别的，甚至当我看到有人倒地时都是

这么觉得的。我以为是有人失去知觉倒下或者被人打倒了。

问：你说枪声听上去像是机关枪？

答：我不熟悉机关枪，但是当时我以为是机关枪开空枪的声音。

问：你看到人群推搡捕房大门前的巡捕了吗？

答：没有，我没有看到。我看到人群涌向西面。

问：人群吗？

答：是的。

问：从永安公司向西涌吗？

答：是的，我当时以为可能是巡捕拘捕了很多学生，人群想夺回他们。我当时是这么想的。

问：但是实际上他们并没有抢夺被捕的人？

答：我不知道，当时我是这么认为的。我听到枪声时非常惊讶。我没有看到是否有人在殴打他们，但是很明显事态并不像聚餐那样轻松。我没有看到学生或者群众殴打巡捕。

问：他们有暴力抵抗巡捕吗？

答：我没有看到。

会审官：你看到巡捕殴打中国人吗？

答：我也没有看到。我意识到肯定会有争执，但是我没有看到单个人之间有任何冲突。

问：从你当时对人群的观察和他们的喧嚣声来判断，你觉得人群的状态如何？

答：他们情绪非常亢奋。

问：你觉得他们表现得很暴力吗？

答：我没有看到任何暴力行为。当时我以为他们只是想向前而已。我并没有意识到此事和捕房有任何关联。我不知道他们想去哪里。我以为他们只是朝着我的方向走来，并且在我面前经过而已。

问：根据当时的情况，你觉得巡捕应该开枪吗？

梅特兰：证人无法对此作出判断。

答：我不知道怎么回答这个问题，但是我完全没有想到他们会开枪，他们开枪的时候我非常震惊，并对此感到难过。

问：当时人们是否很高兴？

答：我不这么认为。他们可能没有表现得很高兴。人们当时较为愤怒，并不让人感觉很愉悦，但是我没想到巡捕会开枪。直到我看到地上的血迹后，我才相信有人被枪击了。

问：你看到人群中有人携带凶器了吗？

答：没有。

问：有人拿着扁担吗？

答：我没有看到。

问：有人举着旗帜吗？

答：我从地上捡起了几面旗帜。

问：很细的旗杆？

答：是的，我没有看见有人把旗帜的杆当作凶器。

问：开枪的时候你是否经过捕房的东侧？

答：没有，我只经过了捕房大门口，人群被驱散时，我正好在捕房的正前方。

问：在捕房的对面吗？

答：是的，差不多。我几乎是站在正中间的位置。当人群离去后，我身边到处都是死伤者。

问：如果巡捕从后面或者侧面获得警力支援，你认为可以在不开枪的情况下驱散人群吗？

答：我想应该可能吧，我不能苟同巡捕的行为。

问：如果巡捕使用灭火带驱逐人群，你觉得人群可能会被驱散吗？

答：我希望是这样的。

（以下为梅特兰诘问）

问：你知道接下来的那个星期一捕房使用了灭火带，但并没有效果吗？

答：我只是觉得星期六应该使用灭火带。

问：你听说过这件事吗？

答：是的。

问：事实上你当时并没有太关注暴乱的事态，对吗？

答：没有，我以为我说清楚了。我并不知道他们在针对捕房。

问：你没有意识到那里有个捕房吗？

答：我之后才看见。

问：老闸捕房的大门并不引人注目，除非你走上前，否则很难注意到？

答：如果不常来这块地方的确不会注意到。我知道捕房在这里，但是我没有想到此事和捕房有关。我看到有几个巡捕站在里面。

问：我的意思是你看见在马路南侧的人群了吗？

答：他们都站在马路上并且面朝北。这条路的东南侧挤满了人。

问：当人群散了之后你没有意识到你离老闸捕房有多近吗？

答：我距离人群比距离捕房更近。当时我在看人群而不是看捕房。我知道我在捕房附近，因为我看到有几个巡捕站在门口。

问：正如你所说，你和巡捕之间有人群，因此你看不到巡捕？

答：也不完全是。多数人都聚集在东侧，但在我和巡捕之间有三五个人。

问：你和安德森先生在一个教会吗？

答：是的。

问：所以处于人群边缘的人或者离捕房东侧有一定距离的人，并不太清楚发生了什么，是这样的吗？

答：我不确定，当时我在西侧。

梁郁华（被告）的证词，22岁，江西人，上海大学学生

问：你在上海大学学习多久了？

答：一年。

问：你记得5月30日下午离开学校后的经历吗？

答：记得。

问：请告诉法庭当时的情形。

答：一点多的时候我和几个同学一起到南京路去，想在那儿演讲。我们当中的几个人刚演讲了几分钟就有捕房的人过来拘捕我们。我并没有发表演讲。我们一队总共有七个人。我们当时想说："现在的中国贫弱。我们必须唤醒同胞团结起来抵御外国带给我们的苦难。我们必须要爱国。"

问：你说的外国人是指哪国人？

答：日本人。

问：仅仅是日本人？

答：是的。

问：为什么是日本人。

答：说真的，我们反对的是杀死我们同胞的日本人，而不是所有的日本人。我们必须把同胞们团结起来反抗日本人。

问：除了日本人之外你们是否还反对其他的外国人？

答：没有。

问：你们的哪位同胞被日本人杀死了？

答：在一次纱厂罢工时，一个叫顾正红的工人被杀害。

问：你是想前往参加他的葬礼还是仅仅就他的死发表演讲？

答：我没想去他的葬礼，但我想告诉大家他是怎么被杀死的。

问：你那一队人都是上海大学的学生吗？

答：是的。

问：其中有女生吗？

答：有，四个。

问：三个男生？

答：是的。

问：从大学走来时，你们有没有携带任何凶器？

答：没有。

问：你们口袋里藏了凶器吗？

答：没有。

问：你们当时手上有没有拿东西？

答：我没拿任何东西。

问：你的同伴呢？

答：两个人手里举着小旗子，上面写着"学生演讲团"。

问：除了你们之外，你们的大学还有其他的演讲团吗？

答：有的，还有五六个。

问：在离开大学去做演讲之前，你们有没有参加过关于上街做演讲的会议？

答：没有。

问：所以你们是自发上街演讲的？

答：是的。

问：事先完全没有计划过吗？

答：没有。

问：在你上街演讲前，你和其他演讲团的成员私下沟通过吗？

答：没有。

问：你们上街演讲是否受人指挥？

答：没有。

问：有没有苏联组织或者布尔什维克机关指挥你们上街演讲？

答：没有，我不知道布尔什维克主义是什么。我不知道这个词语什么意思。

问：有没有苏联人鼓动你们做演讲？

答：没有，此事完全出于自己的爱国心。

问：除了爱国情怀和因工人死亡一事对正义公平的诉求以外，你们的演讲是否含有排外性质？

问：不，完全没有。

问：你们对英国人、美国人、法国人、意大利人或者其他外国籍的公民是否怀有仇恨？

答：完全没有，我们只是想传播顾正红死亡的消息。

问：你们当时在哪里演讲？

答：大通制帽公司前面。

问：在哪里？

答：新世界旁边。

问：巡捕驱逐你们之前，你们在那里演讲了多久？

答：十多分钟。

问：谁是演讲者？

答：他不在这里。他只是呼吁我们的同胞要爱国。他没有传递任何排外的或者布尔什维克主义的情感。

问：你和你的组员喊过"打倒外国人"或者"杀死外国人"吗？

答：没有。

问：你知道别的演讲团说过此类话吗？

答：我没有听到。我在那里没待多久，下午两点的时候我就被巡捕拘捕了。

问：你那天听到枪声了吗？

答：听到了。

问：当时你不在人群中，是吗？

答：不在。

问：被拘捕时你有没有反抗？

答：没有。

问：你有没有殴打拘捕你的巡捕？

答：没有。当他们要我去捕房的时候，我和他们说："你们安静点，我跟你们走。"

问：当你被押送到捕房时，你看到了多少个巡捕？

答：大约七八个。两个华捕，还有五六个西捕。

问：看到印捕了吗？

答：捕房大门里有一两个。

问：当你被捕时，你是否缓慢地走到捕房？

答：是的。

问：当你进捕房大门时，你有没有注意到一扇铁门？

答：我没注意。

（以下为梅特兰诘问）

问：你和你的同学们试图以日本人为借口扰乱秩序，是吗？

答：没有，我们的目的是演讲，而不是扰乱秩序。

问：但是你们想煽动工人闹事，是吗？

答：没有，我并没有煽动工人。我们只是在演讲。

问：你们这些学生已经因日本纱厂一事煽动工人闹事长达数月，是吗？

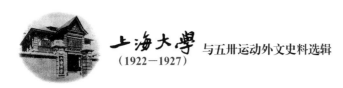

答:我不知道此事。

问:你开始的时候告诉我们,你演讲时说中国应该赶走外国人。如果外国人制造了那么多痛苦,那么你为什么住在外国的租界?

答:这个地方是我们的,这里是中国的。

问:如果外国人真的制造了那么多痛苦,那你为什么要居住在中国为外国人设立的租界里?

答:这个地方是中国的,没有外国人说中国人不可入内。

问:那你为什么不去你们中国当局管辖的地方?

答:上海属于中国,我们的政府说了,"虽然我们把它租给了外国人,但是领土的主权仍旧是我们国家的"。

问:你[1]能回答我的这个问题吗?你为什么喜欢生活在外国人的管辖区域而不是中国人的管辖区域呢?

答:我们之前就住在这里,并没有人赶我们出去。

问:你更喜欢住在外国人管辖的地方。

答:不,我住这里并不是因为我喜欢,而是因为我的大学在外国人的保护之下。

(梅华铨反对继续深究这个和本案无关的问题——《新闻报》6月11日。)

问:你在大学学习什么?

答:中国文学。

问:有很多学生学习俄语吗?

答:我不知道。

问:你知道别的学生学什么吗?

答:英语和绘画。

问:你们大学为什么会有布尔什维克主义的文学作品?是派什么用的?

答:我们大学没有布尔什维克主义的文学作品,我们所有的书都可

---

[1] 原文为第三人称"he",应是通过法庭翻译表达的意思,因此这里均译为第二人称"你"。——译者注

以在书店买到。

会审官：你知不知道没有巡捕许可的上街演讲或者示威游行是违反公共租界章程的，这一点也是获得中国政府认可的。

问：我不知道，我没有读过捕房章程。

会审官：如果你和你的同伴想上街演讲，那么在此之前你们应该阅读捕房章程。

答：我们只是在校学生，不知道捕房章程一事。

问：你上街只是为了抗议日本纱厂一事，是吗？

答：是的。

问：你上街只是为工人伸张公道，是吗？

答：是的。

问：你有没有想到就此作出判断之前应该听取两方的理由？

答：是的，我们当然知道，但是我们的同胞被害，日方没有被追责，我认为这是非常不公平的。

问：你知道关于日本纱厂华工是否无辜被杀一事的调查吗？

答：我听说过。

问：这位华工的死因是工人提出一些无理要求后回到纱厂，损坏价值五万两千元的财产和机器，殴打日本和印度门卫，并将其中的一名门卫扔进河中，因此日方关闭了工厂。这是他被杀前发生的事情。你知道吗？

答：我不认为这是真相。

问：你调查过此事吗？

答：据我所知，一些日本纱厂的工人回纱厂继续工作，日本纱厂方面拒绝了他们。后来他们在白天回到厂里，厂方付给他们一半的薪水。那天工人来值夜班，被厂方再次拒绝，于是工人们说："如果你不让我们工作，那你要给我们一半工资，像日班工人一样。"厂方拒绝工人的要求，双方发生争执，并且起了冲突。

问：你年龄多大？

答：22岁。

问：一个年仅22岁的年轻学生，试图通过演讲来解决七八百年来世

界各国最聪明的大脑都未能解决的工业化问题?

答:是的。

问:你是否想过向经验阅历较丰富的年长者讨教有无更好的办法来处理此问题?

答:有过,我当然知道解决这类问题并不容易。我知道我们这些年轻人资历阅历不足,但是我们只是想呼吁同胞关注此事,并令他们了解工人的处境。

会审官:牢记我的话。将来如果他们还有此类举动的打算,须先考虑此行为是否违反了现有的章程法规,除此以外,你们需要和商会或公会之类成熟的组织事先沟通你们的计划是否被法律所许可。你们这些年轻人还是孩子,应该向华人组织中的年长者请教。

答:知道了。

正会审官:你听到雅克博先生的话了吗?你同意吗?

答:是的。

正会审官:爱国运动是没有错的,但是应有更好的行动方式。如果你们遵从正常的流程或是向年长者请教,那就能够避免这类事情。爱国运动没错,但是你要运用正确的方式。

星期三的审案于下午6点20分结束。

1925年6月11日早上9点30分继续审理案件。

继续开庭后梅华铨说他想传见威尔格斯巡捕,并请求审判官到事发地点勘查。法庭驳回他的请求,因为此事与捕房行为是否正当无关。

曾立群医生的证词,29岁,就职于宝隆医院

问:你在宝隆医院就职多少年了?

答:三年。

问:你是否治疗了送往宝隆医院的伤者?

答:治疗了其中两个。一个叫陈宝聪,伤口不严重,他没有生命危险。

问:子弹是从前面还是后面射入的?

答:他的一处伤口在头上,另一处在左耳上方4厘米左右处——2

厘米长、3毫米宽。伤口从前至后呈平行状。伤口的出入口不及中间这么深。

问：你觉得子弹是从前面还是后面射入的？

答：我无法判断。

问：另一名伤者呢？

答：他的左肩上有一处小伤口，看上去不是子弹导致的。

问：伤口是什么引起的？

答：我无法判断。

问：你治疗过一名名叫陈鹤群的19岁伤者吗？

答：是的。

问：他是如何中枪的？

答：他左肩胛骨后侧中枪。他身上只有一处伤口，在腋下的皮下第三根肋骨和第四根肋骨之间。我们在手术中找到了子弹并把它取了出来。我们一开始不知道子弹穿过了肺。

问：他发烧了吗？

答：他发了高烧。当我们为他治疗的时候，他体温较低，但之后又高了起来。我不知道他的身体状况是否会变得更糟糕。他的伤口化脓严重。

问：是什么原因引起的伤口化脓？

答：当子弹穿透人的身体时，有些微生物会进入体内导致化脓。

问：你认为子弹带病菌吗？

答：我们只能说化脓是因子弹造成的，无法判断子弹本身是否带病菌，但是子弹上的微生物可能带有病菌。

问：伤口在肺旁边吗？

答：我们发现子弹穿透了他肺部的左叶。

（以下为梅特兰诘问）

问：你认为伤口是从侧面遭枪击而造成的吗？

答：伤口入口在左肩的后侧。

问：子弹进入体内后的弹道是怎样的？笔直的还是斜的？

答：我只能判断伤口的入口处。

问：你知道的肯定比这更多。我希望你能够诚实地告诉我们。

答：我说的是实话。我不知道子弹在体内的弹道。

问：你不能判断子弹是什么方向射来的,是吗？

答：不能。

（梅华铨申请致信华界检察厅长,让他来法庭作证。）

蔡鸿立的证词,24岁,广州人,上海大学学生

问：你在上海大学学习多久了？

答：两年。

问：你学习什么专业？

答：英语。

问：你还记得5月30日午休后,你离开学校之后发生的事情吗？

答：我大概下午一点多离开了学校。我当时和12名同学一起来到新世界和西藏路附近。我们当时准备去那做关于一个名叫顾正红的华工在日本纱厂被日本人杀害一事的演讲。

问：作为学生,你为什么对这个感兴趣？

答：我是中国人,他也是中国人。我们的兄弟姐妹被外国人杀了,我们想唤醒我们的同胞。我不知道当时是否还有别的演讲队。在我们出发演讲之前我们并没有和学校里别的同学商量讨论过。

问：在别的地方也有类似的演讲吗？

答：没有。

问：你们一起上街并且演讲,仅此而已吗？

答：是的。

问：你们的学校是男女同校吗？

答：是的。

问：你的小组里有女生吗？

答：没有。

问：谁是你们小组里的演讲者？

答：我们还没演讲就被捕了。我们当时刚到新天地的跑马场一侧。

问：你们什么时候到达的？

答：下午两点不到。

问：哪个巡捕和你们交涉的？

答：一个戴着眼镜的西捕和两个华捕。我不认识那个西捕。

问：他们做什么了？

答：那个西捕让华捕拘捕我们，然后我们跟着他们走了。

问：你们有没有反抗巡捕？

答：没有。

问：巡捕说过拘捕你们的原因吗？

答：当我们被捕时，他们问我们知不知道公共租界章程。我说不知道。

问：你的同伴跟随你们到了捕房？

答：是的。

问：有人试图在捕房反抗吗？

答：没有。

问：你当时携带凶器了吗？

答：没有。

问：你有没有拿旗子？

答：我是我们组唯一一个拿着一面小旗子的人。

问：上面写着什么字？

答：学生演讲团。

问：被捕时你在做什么？

答：我们当时在马路上走着并想找一个合适的地方做演讲。

问：你们小组或别的小组是否企图在租界暴动或者扰乱秩序？

答：没有，我们只想和平地做演讲。

问：你们组有没有喜欢惹事好斗的人？

答：没有。

问：你们的演讲是排外的吗？

答：不是。

问：你是否受布尔什维克主义或者苏维埃思想的影响？

答:没有,我不知道什么是布尔什维克主义。

问:你们被捕前有人喊叫吗?

答:没有。

问:有人试图扰乱秩序吗?

答:没有。

问:你的同伴们为什么跟着你?

答:他们想知道我被捕的理由。

问:你记得穿过一个有两扇门的大铁门吗?

答:我没注意到。

问:去捕房的路上你是否被抓住衣领?

答:是的,他们开始抓住我的衣领,然后我告诉他们:"你们不必这么做,我会跟着你们走的。"

问:被捕后你被关押在捕房里,是吗?

答:是的。

问:你在捕房听到枪声了吗?

答:听到了。

问:开枪前你听到喧哗声了吗?

答:我没有听到。

问:你有没有听到"杀死外国人"或者"打倒外国人"之类的话语?

答:完全没有。

(以下为梅特兰诘问)

问:你的意思是到租界演讲的学生在演讲前并没有私下商量安排过,是吗?

会审官:我要说一下,学生来自各个不同的大学。

答:我不明白什么意思。

问:演讲一事是偶然的,事先没有商讨过?

答:我并不知道别的学生也准备去演讲。当时我只知道我们学校的几个人会去。

问:你能够发誓你没有收到来自北京的组织学生上街演讲的命令吗?

答：我没有收到。

问：你学了两年英语？

答：是的。

问：那我想知道你能不能听得懂英语。用英语回答我，你当时有没有带传单？

答：（英语）没有，我没有带传单，只带了一面旗子。

问：你除了英语之外还学了什么？

答：（翻译后）没有别的了。

问：除此以外你在大学还学了别的吗？

答：没有。

问：根据教育部《大学令》，你应该学习一门文科、一门理科、一门法律科、一门商科、一门医科和一门农科。你在大学学习过这些课程吗？

答：我们学校有四门课，一门中国文学、一门英国文学、一门社会学和一门艺术学。

问：除此之外，法令规定的其他学科都没有吗？

答：尚未成立。

问：你们学校有没有书店，有没有可以买书的地方？

答：我们所有的书都是外面买的。

问：学校里有买书的地方吗？

答：没有。

问：你能够告诉我为什么前段时间巡捕在你们学校买到书了？

答：这个我不知道。

问：你们学校教授共产主义课程的是谁？

答：我们学校不教授共产主义课程。

问：那么那些传单和信件是怎么回事？难道是里弗斯西捕自己制造的吗？

答：我不知道。

问：谁是江教授？（出示信件上的地址）

答：我无法辨识这个名字。

问：你在学校见过布尔什维克主义的书籍吗？

答：我没有见过类似的书。

问：你去过学校内的书店吗？

答：我从校外买书。

问：你还记得巡捕几个月前来学校搜查并查获了许多书吗？

答：我不知道。

问：你听说过一个名叫邵力子的人吗？

答：我听说过这个名字。他是代理校长。

问：你知道他陷入麻烦并被带到会审公廨吗？

答：我知道，我在报上看到了。

问：你知道他为什么被带到法庭吗？

答：我知道他有诉讼案件在身，但是不知道具体内容。

问：你难道没有兴趣知道吗？

答：我不想回答和本案无关的问题。

问：你的意思是法庭在上海大学缴获300余本布尔什维克主义的书籍，但是你对此浑然不知？

答：我只是一个英语系的学生。我不知道关于这些书的事情。

问：你肯定对此有了解，学校里所有的书学生都能阅读。

答：如果有人对这些书有兴趣，他当然可以去阅读。大学生应该能够对任何知识都有自己研究、自己学习的能力。

问：你说你就星期六的事情感到非常无辜，你并不想以日本人为借口惹事？

答：我们从没想使用暴力。

问：你是否想以此为借口惹事？

答：没有，我们只是想向同胞发出呼吁。

问：你们学校有学生试图以日本人为借口在罢工时期惹事吗？

答：我不知道，我们这组没有。

问：你认为你完全是无辜的并且不知道你们自己做错了，对吗？

答：是的。

梅特兰：可能你来世就和长着翅膀的天使一样神圣无辜了。

（以下为梅华铨诘问）

问：这个学校成立至今只有一年半,是吗?

答：三年左右。

问：但是规模不像圣约翰大学之类的学校那样健全,是吗?

答：规模尚未完善。

问：这就是你们没有独立的法律系、工程系、科学系的原因。

答：是的。

正会审官：中国内地有没有学生演讲和游行的习惯?

答：有,但不是在同一天。

问：你们之前有没有就组织演讲团或者演讲地点举行过会议?

答：没有。

问：几天之前没有吗?

答：没有,我们从来没有开过类似的会议。

(以上是此被告人的证词)

威尔格斯(Willgoss)西捕的证词,隶属于老闸捕房,英国籍公民,25岁

说：你在捕房工作多久了?

答：差不多两年半。

问：你是5月30日下午一点到四点时在捕房审讯室值班的巡捕吗?

答：下午1点10分至2点钟,我在午餐。

问：你确定是在1点50分返回的?

答：是的。

问：那个时候有没有人来汇报南京路上的骚乱?

答：一个华捕向我汇报有人在外面演讲,我随后将此事电话汇报给爱活生捕头。他说他会立即过去查看情况。他与谢尔维尔副捕头、史蒂文斯捕头前往,我想他在路上碰到了一个包探。我之后就没有再看到他们。几分钟后华捕走进来。塔布隆包探走了进来,但我相信他之后又出去了,因为之后他带了几个人进来,但我没有看到他出去。有很多人进来,我不知道谁把他们带进来的。

问：通常有几个巡捕在捕房？

答：当时只有我和西捕史蒂文斯在值班。我去午餐时他代替我值班。当有人前来汇报时我们两个都在审讯室。

问：捕房的院子里有多少人居住？

答：十四五个左右，包括侦探与捕头。他们当时不一定都在捕房。

问：一般有几个人在捕房的院子里？

答：我不好说。我不知道他们在不在。

问：有多少个印捕？

答：我不知道。

问：大概呢？

答：我说的可能不对，我对此不太了解，我从来没去过印捕的住所。

问：你被分配至老闸捕房多久了？

答：差不多一年。

问：你在那儿工作了一年，你不知道捕房里有多少个印捕？

答：这和我无关。我只是个巡捕。

问：差不多20～50个？

答：应该有这么多吧，包括值夜班的巡捕，总共有20～50个。

问：有多少个华捕？

答：我不认识他们，我对他们没兴趣，他们和我无关。

问：差不多有50个吗？

答：可能吧。

问：捕房里有一个门卫、门卫的助手、翻译，还有一些仆人和苦力？

答：是的。我不知道总共有几个仆役。那个时候没有几个仆役在场。有些巡捕合雇一个仆役和苦力。我不知道有多少个。有些是捕房的苦力，还有一些是巡捕雇的仆人。

问：所以捕房通常差不多有50～100个人？

答：差不多。

问：这些人中有些是可以随时召集来执行任务的。你认为有多少人可以召集来呢？

答：不到一半。其中有一半人正在值班，四分之一的人出差在外，因此捕房可以召集的人数可能是四分之一多点。

问：审讯室离南京路的人行道差不多100～150英尺远？

答：是的。

问：朝着南京路方向、距离审讯室25～30英尺左右的地方有一面很厚的砖砌的大门，配有两扇很重的铁门，是吗？

答：是的。

问：你知道大门有锁吗？

答：大门上有一把挂锁，里面有一个门闩。

问：所以可以立即关闭大门，将捕房和马路隔开？

答：是的，如果必要的话。我从来没见过大门被关闭过。

问：你觉得大门可以很容易被关上吗？

答：大门应该没有坏掉。

问：从这扇带铁门的大门到南京路差不多有100英尺的距离，是吗？

答：是的。

问：铁门是从里面打开的？

答：是的。

问：大门有8～9英尺宽，汽车可以自由出入，是吗？

答：是的。

问：从南京路路面通向捕房的道路差不多有15英尺宽？

答：是的，差不多。

问：这条15英尺宽的道路的两侧都有房子吗？

答：不是，道路的一侧有一条弄堂。道路的东侧是一幢房子，另一侧是一条弄堂。在弄堂靠近路口的地方有围起来的篱笆墙，此处有一座门房。

问：当铁门关闭的时候，可以进入捕房的院子吗？

答：是的，容易的——那儿有一堵墙。如果垫着一个箱子之类的东西就可以爬上去。

问：可以从房子这里翻进来？

答：我自己也可以。

问：除了用箱子垫着爬上铁门翻进来，还有别的进入捕房的办法吗？

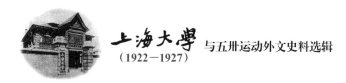

答：除非他们有箱子或者梯子，否则翻不进来。他们需要借助工具。

问：如果有一群人试图爬进来呢？

答：那也很简单，他们可以踩着其他人的背翻进来。

问：在下午1点50分至3点45分发生骚乱的时候，铁门是关着的吗？

答：我没有下令关门。

问：如果铁门关了，你能听到吱嘎的关门声吗？

答：我不知道，我从来没有听到过铁门关闭的声音。

问：据你所知，骚乱当天铁门没有关闭，是吗？

答：可能关了，我不知道。

问：从你的审讯室的办公桌那儿可以看到铁门吗？

答：不能，办公桌在左侧，并且在门后。

问：如果你走出来，可以看得到铁门吗？

答：是的，如果我走到路上是可以的。

问：如果你走到门口，你可以看到铁门，是吗？

答：是的。

问：当这些学生在下午1点50分被押送至捕房时，有六个人紧随着他们？

答：是的，差不多有5～10个人跟在后面。一刻钟后审讯室里就站满了人。他们很快进来了。

问：他们没有被拘捕，是自行进来的吗？

答：有一些是的。

问：他们遵守秩序吗？

答：没有，他们似乎不把这里当作捕房。

问：他们试图暴力反抗吗？

答：没有，他们想和被拘捕的人交流。他们开始制造噪声，并且那些没有被拘捕的人自愿想被捕。他们用英语说"我们都是一样的"。

问：有武器被带至捕房吗？

答：只有巡捕有武器。

问：只有插在竹竿上的旗帜吗？

答：是的。

问：当时电话可以通话吗？

答：可以，但是当时声音过于嘈杂，我根本就听不清。是桌上用的电话。

问：有电话总线吗？

答：有的。是位于角落的一个玻璃小盒子。如果捕房有任何声音就会变得非常吵。

问：如果声音过于嘈杂，那么你可以去捕头的房间打电话吗？

答：不，除了另一侧捕头的住所有一部电话外，捕房唯一的一部电话在审讯室。

问：必要之时你可以去捕头的住所打电话吗？

答：不可以，捕头的电话是和审讯室连接的私人电话，如果审讯室的电话坏掉了，那他的也不能用了。

问：审讯室站满人的时候大概有多少人？

答：五六十或者一百个。我在桌前完全无法挪步。只有我一个人在桌前。当第一批42个人进来的时候我们把他们关进拘押所，但是审讯室立即又站满了人。

问：拘押所可以容纳多少人？

答：我想差不多60人吧，如果必要的话。

问：之前电话从来没被弄坏过？

答：没有。

问：你是下午2点到4点的时候在值班吗？

答：是的，我下午4点签字交班。

问：值班时你就一直坐在桌前？

答：是的，有时候我会去用外面墙上的公共电话打电话，但是从未离开审讯室。

问：除了你提及的电话之外，捕房还有一部公共电话？

答：是的，一部是私人的，一部公共的。

问：你有没有打电话召集后备巡捕？

答：我无权召集他们。我打电话给所有值班的人，并且向总捕房与总巡汇报了情况。

问：你向总巡汇报了？

答：是的。

问：你汇报了什么？

答：我向他们汇报抗议示威一事。

问：你当时知道有人群聚集在南京路上？

答：我听到他们的声音了，开始声音不大，后来十分嘈杂以至于我无法忍受。

问：你只是向总巡汇报了这些情况？

答：是。因为有几个人被拘捕了，我知道他们在游行示威。

问：你向总巡请求过援助吗？

答：我当时不认为我们需要援助，我没有意识到外面情况有多严重。

问：你觉得你们不需要援助，所以你没有求援，是吗？

答：不，请求援助不属于我的职责。

问：捕头有没有命令你打电话求援？

答：我在审讯室看不到捕头，他在外面值班。

问：谢尔维尔副捕头是你的上级吗？

答：是的。

问：他有让你打电话吗？

答：没有，他一直在外面。

问：捕房有灭火带吗？

答：捕房住所那里有。

问：有水龙头吗？

答：有的。

问：你用过吗？

答：我用它来冲洗过空场地。

问：那天使用灭火带了吗？

答：差不多下午4点左右开枪后，灭火带被拿了出去。

答：之前没有使用吗？

答：没有。

问：你们动用了中国雇员吗？翻译、门卫、雇工、捕房的仆役之类的。

答：没有，所有的雇员都在后面。

问：必要之时，可以召集他们，令他们担任巡捕的职务吗？

答：必要之时可以召集所有人。

问：据你所知，下午2点到4点之间他们在捕房吗？

答：他们可能出去了。当时我很忙，不知道他们去哪儿了。

问：你说大门差不多有八九英尺宽？

答：是的。

问：爱活生捕头说他当时和西捕史蒂文斯、科尔以及11名印捕和12名华捕站在门外。这27个人①可以退后到铁门处并且将门口拦住吗？

答：如果他们身后没有东西应该可以。

问：如果他们把门关了，他们可以站在门后，对于翻墙进来的人，他们可以开枪或者是阻止其进入，是吗？

答：是的。

问：你听到枪声了吗？

答：是的。

问：你一开始听到了一发枪声吗？

答：我一开始听到了几声枪响，然后又听到了两发排枪的枪响。我一开始听到的枪声来自排枪。

问：捕房里有放空弹这类的事情吗？

答：据我所知没有。

问：你在老闸捕房执勤差不多一年了？

答：是的。

问：你剩下的一年半在做什么？

答：我在杨树浦当巡捕。

问：外勤吗？

答：是的。我在老闸捕房多数时间需要外出。我上个月开始第一次值内勤。

问：你可以告诉法庭，如果你遇见了一群武装的盗匪，你会先向空中

---

① 原文如此。——译者注

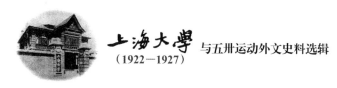

开枪让他们停下吗?

答:我自然会直接向他们开枪的,将他们射杀。

问:你听说过巡捕向空中开枪威吓或者阻止武装劫匪之类的事情吗?

答:从来没有。

问:你有遇到过暴徒吗?

答:没有。

问:有没有流氓或者无赖混在学生里?

答:当时没有,之后有的。

问:据你所知,他们都是学生吗?

答:星期六那天都是的。

问:你确定当时没有人携带枪或者危险的武器?

答:我没有看到。

(以下为梅特兰诘问)

问:刚刚法庭问你巡捕是否可以退至门后并且待在捕房内。你认为巡捕应该躲在捕房里并将南京路交给暴乱的群众吗?

答:当然不是。刚刚法庭问我此事是否可能,我的回答是"是"。

问:那么如果巡捕这么做了,他会被上司革职吗?

答:这是不尽职的行为。

问:开枪后有很多苏联人出现在那儿,并且他们被带到捕房接受审问,是吗?

答:是的。

问:他们为什么被带到捕房?

答:因为他们在事发地点游荡。

(以下为梅华铨再次诘问)

问:他们被拘留了多久?

答:直到结束对他们的审问。其中一人因曾犯案而被驱逐出租界,所以将他拘捕。

问:总共有多少个人?

答:五六个。

问：你查明他们和游行示威活动有任何关系吗？

答：没有。帕普包探命令我释放他们。

问：你认为当时巡捕后退是可能的。

答：据我所知路上什么都没有。行走很容易，就像走在任何一条路上一样，但是他们的任务是拦住人群，不让他们进入捕房。

问：爱活生捕头说人群移动非常危险，你不同意他的观点，是吗？

答：当然是十分危险的。这么做会鼓舞人群的士气，虽然这么做不是不可能的，但是非常危险。

（以上是威尔格斯西捕的证词）

俞茂万的证词（被告），安徽籍，机器匠，居住于上海南市

问：你知道这个星期六会有人做演讲吗？

答：不知道。

问：你是什么时候从家里出发去市中心的？

答：差不多下午2点。

问：你去哪里了？

答：我从我家去了十六铺，然后沿着外滩和南京路走。我搭乘一号电车在下午3点多到了永安公司。

问：你在永安公司门口看到了什么？

答：我看到了很多人，差不多有两三百个。

问：其中有学生吗？

答：我不确定，但是我觉得大概有十几个学生。

问：这些学生在做什么？

答：我看到他们被巡捕抓着衣领。

会审官：当时你在电车里吗？

答：是的。

问：电车在哪里停下的？

答：一个茶馆前。

问：你下车了吗？

答：是的。

问：你和这些学生有任何关联吗？

答：不，我没有。

问：之后你去了哪里？

答：很多人跟着学生，我跟在人群后面。

问：你只是想看这些学生为什么被捕？

答：是的。

问：当时马路上有多少人？

答：一千多人。

问：你当时能看到老闸捕房的大门吗？

答：不能。

问：你之后做了什么？

答：一开始人群向前进，然后又退后。当学生后退的时候我也跟着后退。之后我听到人群中有人呼喊学生被巡捕打了，然后人群又继续向前。我被人群推搡到同昌车行。那个时候我站在路边，看不到发生了什么。我被四面八方的人群推搡着。

问：学生或者人群是否试图冲进捕房？

答：我问了我身边的人为什么要向前进，他们说有些学生被关押在捕房里，他们希望捕房能够释放他们。

问：之后发生了什么？

答：我听到了枪声。

答：我听到了好几声枪声。当我听到枪声后，我立即失去了知觉。①

问：你逃跑了吗？

答：是的，然后我感觉有人从背后抓着我的领子。我不知道是谁抓我的，因为我在逃命的时候失去了知觉。

问：是抓着你的人把你押送到捕房的吗？

答：当我被抓住领子后我被殴打了。

问：你知道是用什么东西打你吗？

---

① 原文缺"问"。——译者注

284

答：不知道，我被打后就失去意识倒在地上了。我摔倒在地，嘴里流血。

问：你知道之后发生了什么吗？

答：不知道，我被送去了医院。医生问我哪里受了伤。我告诉他我背部和头有疼痛感。他告诉我我的膝盖在流血，但是我没有觉得膝盖痛。

问：你什么时候被送到捕房的？

答：星期天。

问：你没有做演讲？

答：没有。

问：你治好后被送往捕房了，是吗？

答：是的。

（梅特兰说他希望由法庭来诘问）

会审官：你并不同情这些学生。你没有加入他们，也没有分发传单，是吗？

答：是的。

问：你问了身边的人他们在干什么，他们告诉你他们希望捕房释放被拘捕的学生，是吗？

答：是的。

问：你看到学生试图把巡捕推回捕房吗？

答：一开始我在前排，我试图往后挪。在到达捕房之前人群在互相推搡。到达捕房后人群逐渐停了下来。

问：你[1]有看到棍子或者竹竿吗？你认为人群是平和的吗？

答：根据我的观察，凭良心说他们看上去不是暴动的学生。

问：你认为他们是平和的？

答：是的，我看到有几个人在推搡外国人。学生挥手和他们说"不要推外国人"。

问：你说你看到有人推巡捕。你承认你看到有人在推，但推搡巡捕

---

[1] 原文为第三人称"he"。考虑到具体语境及转译的实际情况，因此后文译为第二人称"你"。——译者注

的不一定是学生,是吗?

答:人群中有各种各样的人。有些人想上前去看发生了什么。

问:你听到有人喊"杀死外国人"吗?

答:没有,我没有听到。

(以上是此被告人的证词)

瞿景白的证词(被告),20岁,常州人,上海大学学生

问:你在上海大学读书多久了?

答:一年。

问:你学习什么专业?

答:社会学。

问:你通常会同情布尔什维克主义吗?

答:不会。

问:你有苏联朋友吗?

答:没有。

问:你星期六那天下午准备做什么?

答:星期六下午是节假日,我想出去玩。

问:你什么时候出去的?

答:下午2点。

问:你去了哪里?

答:我从西摩路走到卡德路,然后搭乘电车去先施公司。

问:你们几个人?

答:我一个人去的。

问:当你走到先施公司的时候你想过做演讲吗?

答:没有。

问:你分发了传单或者类似的东西吗?

答:没有。

问:你看到你的同学在演讲吗?

答:是的,我看到了几个。

问：当你看到你的同学在演讲时,你有没有加入他们?

答：没有。

问：大概是什么时候?

答：大概是下午2点40分到2点50分。

问：发生了什么?

答：他们被巡捕拘捕,所有路过的人都在询问发生了什么。

问：巡捕连你一起拘捕了吗?

答：没有,我在人群中。有些旁观者问我这些学生为什么做演讲,我说我也不是很清楚。

问：你跟随人群到了捕房吗?

答：是的。

问：什么时候?

答：下午3点多。

问：你什么时候被捕的?

答：差不多下午3点半。

问：你看见巡捕在捕房大门前站成一排了吗?

答：是的。

问：他们整齐地站着吗?

答：是的,站成一条直线。

问：你看见外面的人群试图冲进捕房吗?

答：没有。

问：谁拘捕你的?

答：一个没有穿制服的西捕让另外一个巡捕拘捕我。

问：人群有反抗吗?

答：没有。

问：开枪的时候你在哪里?

答：在审讯室里。

问：外面的巡捕有没有表现得非常惶恐警惕?

答：没有,他们看上去十分平和。

(以下为梅特兰诘问)

问：你真的什么都没做？

答：我当时在做些事情。

问：你在做什么？

答：我在和旁边的人说话。

问：煽动人群制造麻烦吗？

答：我告诉他们不要扰乱秩序。

问：你知道为什么巡捕说你比任何人都能制造麻烦、扰乱秩序吗？

答：我希望巡捕能够解释。

问：你可以解释为什么有人说你总是跑到安静的人群那里并且煽动他们吗？

答：我站在前面，当巡捕驱赶我们的时候我需要挪动。

问：你在这个大学学习一年了？

答：是的。

问：你有阅读过布尔什维克主义的书吗？

答：没有。

问：你听说过吗？

答：没有。

问：你知道巡捕搜查过上海大学吗？

答：是的，我知道。

问：你知道他们缴获了什么吗？

答：不知道。

问：你不感兴趣吗？

答：不。

会审官：开枪前你和你的同学是否有冲进捕房解救学生或者自投捕房和他们一起被捕的想法？

答：没有。

问：你当时在做什么？不管人群是否有暴力行为，你为什么要召集近两千名群众示威抗议？

答：我只是想知道学生为什么被捕。

正会审官：你希望你的同学被释放是很正常的，但是你应该说实话你为什么想去捕房。

答：我只是想知道巡捕在对我的同学做什么。

会审官：你说你20岁并且在这所学校学习社会学？

答：是的。

问：你有没有学习中国经典或者儒学之类的内容？

答：学过。

问：你记得孔子说过他不同年龄会做不同的事情吗？二十岁的时候做某些事情，三十岁的时候他已是而立之年。六十而耳顺。

答：是的，我知道，但这是两千年前的格言了。我们不能把它用在现在这个时代。

会审官：正会审官和我自己以及还有很多人都认为即使这句话是两千年前说的，但至今仍旧很适用。

正会审官：按照中国人现在的状况，你觉得这是一个应该试着去建设或者是破坏的时代？

答：这是一个很大的问题，我没有办法用短短几字回答，但是简而言之，应该是说一些旧的东西不破除，就无法立新。

会审官：如果有一个人身患重病并且需要做手术开刀治疗，这个病人一定不会去找十七八岁的医生，而是去找最有能力的医生。他会去找最有经验最能干的医生。你和你的同学不管是否正当，鲁莽的举动使得很多在中国的外国人——很多对中国人很友好的外国人处于严峻的形势当中，而中国人在整体上，特别是在上海，与外国人很友好——因为你们草率的举动几乎把我们带入战争并成为仇敌。

（证人的证词结束）

杨思盛的证词（被告），18岁，四川人，上海大学学生

（以下为何飞诘问）

问：你学习什么专业？

答：中国文学。

问：星期六你们几个人一起出校的？

答：六个,三名女生、三名男生。

问：你带传单了吗？

答：没有,我拿了一面小旗子,还有一个同学也拿了一面小旗子。

问：你多大了？

答：18岁。

问：你来过南京路吗？

答：我不知道那条路的名字——只知道它对着捕房。

问：你为什么去南京路？

答：去演讲。

问：演讲是关于什么的？

答：一个日本人杀害了一名华工。

问：你想找到补救的办法吗？

答：不,没有补救的办法。我们只想让大众获悉此事。

问：除此之外你还有别的想法吗？

答：没有。

问：你什么时候被捕的？

答：下午1点30分。

问：你试图反抗了吗？

答：没有。

问：当巡捕审问你的时候你告诉他们事实了吗？

答：是的,他们把我关在拘留室里。

问：你们的队伍中有几个人被捕？

答：三个。

问：你知道在街上演讲是违反租界章程的吗？

答：不,我不知道。

（以下为梅特兰诘问）

问：你试图煽动群众反日,对吗？

答：没有。

问：其他的学生说他们是在抗议日本人,是吗？

答：我不知道别人的情况。

问：你昨天有没有听到他们说他们的演讲是反日性质的？

答：没有。

问：你有没有做过关于强盗绑架中国的妇女儿童并且勒索他们的演讲？

答：我不知道和强盗有关的事情。

问：你听说过武装劫匪在租界杀害中国人的事情吗？

答：没有。

正会审官：你有看报纸吗？

答：我在报纸上看到过很多关于武装劫匪的报道，但是没有对此做过调查。

问：那么你对中国的大局挺无知的。

答：我对国事非常感兴趣。

问：你不是一个很好的演说者。

答：我觉得以我的学识足以就此事做演讲。

问：你知道去年夏天有场战争吗？

答：是的，我知道。

问：当时你在做什么？

答：当时我在四川读书。

问：你是因为躲避战乱来上海的吗？

答：我是今年来上海的。

问：你在大学读过布尔什维克主义的书吗？

答：我没有。

问：你知道布尔什维克主义是什么吗？

答：不知道。

正会审官：你是否同情布尔什维克主义？

答：我完全不知道那是什么。

会审官：我把我之前和别的学生说的话再说一遍给你听，这些话对你更重要。你太年轻了，不适合独自一人在学校读书，你应该回老家和父母待在一起。

正会审官：任何爱国主义运动需首先考量，有些是好的，有些后果是

有害的。

（以上是此被告人的证词。法庭于12点25分闭庭午休并在下午2点35分继续开庭）

王宇春的证词（被告），20岁，浙江湖州人，上海大学学生

问：你在上海大学学习多久了？
答：半年。
问：你学习什么？
答：中国文学。
问：你是星期六几点离开学校的？
答：下午1点45分。
问：是否有人叫你出来？
答：没有，我受良心召唤自己决定出来的。
问：你去哪里了？
答：我沿着南京路走。
问：你都做了什么？
答：演讲。
问：你带传单了吗？
答：没有。
问：你演讲的内容是什么？
答：一个日本人杀死了我的中国同胞。
问：你仔细调查过这件事情吗？
答：对此我非常了解。
问：你希望通过演讲产生什么样的结果？
答：我只是希望大众能够知道事实真相。
问：你煽动大家仇恨日本人，对吗？你讨厌外国人吗？
答：没有。
问：你演讲了多久？
答：五分钟。

问：有几个巡捕过来？

答：三个。

问：你试图拒捕吗？

答：没有。

问：你到达捕房后发生了什么？

答：巡捕问了我们几个问题，然后我们被拘禁在拘留所里。

问：你听到外面有骚乱吗？

答：听到了。

问：你听到枪声了吗？

答：听到了。

问：你先听到一声枪声，停顿后有更多枪声响起，还是枪声同时响起？

答：我听到枪声连续不断。

问：你听到枪声的时候在做什么？

答：我没有做任何事情，我只是内心感到十分难过。

问：你知道在租界演讲是违反工部局章程的吗？

答：不，我不知道，当时我只是凭良心做事。

（以下为梅特兰诘问）

问：你演讲了些什么？

答：我说了关于日本人杀死了我们的一个同胞的事情。

问：你是怎么样演讲的？

答：我只是阐述了事情的经过。

问：什么经过？

答：日本人是怎么杀死华工的。

问：你怎么描述华工被杀死？

答：我很难重复，因为我们的演讲没有准备过。

问：你告诉人们这个华工在纱厂内损坏了价值数千元的机器吗？

答：这不是真的。

问：你怎么知道这不是真的？你调查过吗？

答：很多人都这么说。

问：你知道他给纱厂造成了数千元的损失吗？

答：如果纱厂受到小损失，那也是因为他们虐待华工导致的。

问：你称数千元为小损失？

答：我对此不清楚。

问：你在上海大学学习六个月了？

答：差不多。

问：你学习什么专业？

答：中国文学。

问：除此之外呢？

答：还有很多书要看。

问：你看过苏联的书吗？

答：我对此一无所知。

问：你在大学里看到过布尔什维克主义的书吗？

答：我没有看到过。

（以上是此被告人的证词。注：本记录中前面的王儒京均应改作王宇春）

蒋明卿的证词，内外科医生，毕业于山东路仁济医院附属大同医校

问：你在山东路的医院工作多久了？

答：14年。

问：5月30日那天你在值班吗？

答：是的。

问：自5月30日起你医治过学生吗？

答：总共来了大约20名学生。

问：你协助多少个医生救治学生？

答：大概五六个外科医生和几个英国医生。

问：穆尔医生吗？

答：他是其中之一。

问：你医治了多少个？

答：据我回忆大概六个。

问：今天法庭传令你到庭作证，是吗？

答：是的。

问：你医治的六个人中有几个是背部中枪的？

答：有一个人背部有伤口。子弹从前面穿出，因为前面的伤口比背部的大。这个人不久之后就死了。子弹从他的右肩胛骨射入并从前面左侧穿出来。伤口是从右到左的。我们试图医治他，但已无力回天。

另外一个人背后中枪，但是这个人已经痊愈并且离开医院了。伤口很深，不在表面，差不多有 $2 \times \frac{3}{4}$ 厘米这么大。子弹可能从身上擦过。

第三个人是子弹从左侧射入，穿过臀部左侧。这个手术是我和谢医生一起做的。

第四个人的右臂肌肉都撕裂了，所以子弹肯定是后面射入的。谢医生和我一起为他治疗，我们为他做了一台手术后他被移交给另一个医生诊治，我相信他后来死了。

问：你刚提到的四个人中有三个人死了？

答：是的，第五个人左腿后部受伤了，伤口有点倾斜。

问：你给他做的手术吗？

答：是的。他还在医院。

问：伤势严重吗？

答：比较严重。里面的骨头都断了。

问：他能否被治愈，伤口是致命的吗？

答：目前来看情况比较乐观。

问：请讲讲第六个人的情况。

答：他的皮肤有轻微擦伤。我们为他医治后他就离开了医院。

问：你认为这些伤口是近距离还是远距离的子弹射击造成的？

答：如果他们靠近枪口，那么伤口的入口会被火药灼烧。他们的伤口没有这样的伤痕，所以他们应该没有靠得很近。

（梅华铨给证人看了几张照片，但是梅特兰对此表示反对，陪审官说不应在法院里提交照片，但是医生在证明他所诊治的伤者的伤势时是可以的）

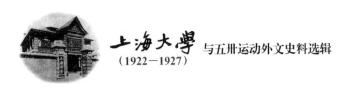

问：你在医院里只诊治了这六个人？

答：我记得是的。

问：那天有多少人被送往你们医院？

答：二十人，会计员记录了人数。

正会审官：穆尔医生是否参与了诊治？

答：是的。

问：你有没有看过他诊治的伤者？

答：我对此不太清楚。

（以下为梅特兰诘问）

问：第二个人是唯一一个背部受伤的。你说他伤势不严重，是吗？

答：他是由一部小汽车带来的，当时流了不少血。

问：但是伤口很小。

答：伤口长度两厘米左右。

问：子弹打到伤者时已是强弩之末了，是吗？

答：我不清楚。

问：如果他离枪口很近，那么子弹将会打穿他，是吗？

答：有可能因为他当时弯着腰，所以子弹擦伤了他。

问：你说后一名伤者是右臂中枪的？

答：是的。

问：如果他高举着手并在空中挥舞，那么他的手臂内侧会中枪吗？

答：我没有看到他在做什么，我只看到了他的伤口。

问：我没有问你他中枪时是否在空中挥舞手臂，我想知道如果这个人将手举起，那么子弹能否打中他的手臂内侧。我只想要你公正地回答这个问题。

答：因为我什么都没有看到，所以不好说。

问：我们希望你能够公正。如果像这样举起手臂（展示），你从前方向我开枪，那么子弹能够打穿我的手臂吗？

答：如果你这样举着手臂，当然会穿过你的手臂。我说的所有的话都是公正的，因为我是基督教徒。

（以下为梅华铨再次诘问）

问：你有没有问手臂受伤的这个人他是否因为将手举起导致受伤？

答：我没有问他。

问：他在接受治疗的时候是有知觉的，对吗？

答：是的。

问：他是学生还是工人？

答：我没有问他。我们当时在专心工作。

问：你说这六例病例中，四人是背部中枪，两人是侧边中枪？

答：是的。

问：你确定吗？

答：是的。

（以上是蒋医生的证词）

谢应瑞的证词，英国皇家外科医学会会员，英国皇家内科医学院会员，1914年毕业，隶属于山东路仁济医院、杨树浦圣心医院，仁济医院麦克肯思基（Mckinstry）医生的助理。

问：你在仁济医院工作多久了？

答：我在仁济医院做不住院医生才一年多。里德尔（Liddell）医生是住院的外科医生。

（应梅华铨要求传令里德尔医生出庭作证）

答：他们在下午4点30分的时候打电话给我。随后我连续接了四五个电话。我六点回家并打电话给他们，问他们是否还需要我。他们告诉我有二三十个伤者并且急切需要我去。我做了三台手术。①

有一个人的骨盆被子弹穿透。我们都以为他体内出血。我给他做了手术并且发现他体内没有出血，所以我们把切开的部位缝了起来，但是发现他的直肠出血。我以为这位伤者状况良好。当我离开手术室的时候，我突然被叫住并发现他因为心跳衰弱而昏厥。他很胖，脂肪有三尺厚。

第二个人的腿部受伤。子弹穿透了骨头，一根动脉破裂。大腿骨粉

---

① 原文无"问"。——译者注

碎性骨折。我们把他的大腿截肢了,伤者在慢慢康复。

问:是侧面受伤吗?

答:我记得前后各有一个伤口。医生们都没有注意伤口是来自前面还是后面。我们当时忙于为伤者止血和救命。

问:你的意思是这个人身上有两处伤口?

答:是的。

问:伤口大小一致吗?

答:我不记得了。

问:那么第三名伤者呢?

答:他手臂受伤——右臂粉碎性骨折,但是动脉没有破裂。

问:子弹从什么方向射入?

答:我已经说了我没有注意伤口,我不好说。

(以上是谢医生的证词)

陈铁梅①的证词(被告),宁波人,广济小学教师,21岁

问:你在这所学校教书多久了?

答:差不多两年。

问:你星期六有没有参加演讲?

答:没有,我和演讲没有任何关系。

问:看到别的学校参与演讲,你为什么没有干涉?

答:因为我在小学教书,学生都是小男孩。我下午一点的时候离开西门去静安寺路看一个朋友。返回的时候我搭乘电车到了南京路。

问:当时那里聚集了很多人?

答:我在新世界下的车,因为那里有很多人。

问:那是什么时候?

答:大概下午2点30分。

问:你在南京路的时候有没有跟随着人群?

---

① 法庭记录所列被告中无此人。——译者注

答：是的，我沿着南京路一直走到了新新公司。

问：你在马路上看到了什么？

答：我看到巡捕拘捕了两名学生。我不知道他们是谁。

问：之后发生了什么？

答：人群在互相推搡。

问：当时有多少人聚集在那儿？

答：应该超过一千人。

问：你也是老师，当你看到学生被拘捕时，你是否想过把他们救出来？

答：我有这样的想法，但是没有任何行动。

问：你当时手里拿着东西吗？

答：什么都没拿。

问：就学生被捕一事，你是否对此发表了意见？

答：没有，我只是在观看。

问：开枪的时候你在哪里？

答：我在先施公司。

问：有没有别的学生试图闯进捕房？

答：我没有看到。

问：当你经过南京路的捕房时，你看到捕房大门前的巡捕了吗？

答：是的，我看到有几个巡捕在拘捕学生，然后我看到印捕在捕房大门前站成一排。所有的印捕都配有步枪，在街上拘捕群众的巡捕都拿着警棍。

问：你有没有看到有学生在拘捕的过程中进行反抗？

答：我没有看到。他们仅仅挥着手，并且说"拜托，拜托"。

问：你听到枪声了吗？

答：听到了。

问：两发排枪之间间隔了多久？

答：几乎是连着开的，中间隔了一分钟左右。

问：你那天有没有被捕？

答：没有。

问：开枪后你在哪儿？

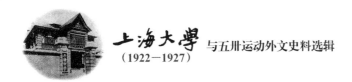

答：我站在原地。

问：你为什么站在原地？

答：因为已经开枪了，我试图慢慢地后退。在人群互相推搡时我摔倒在地。

问：你有没有受伤？

答：是的，我受伤了，我背上被打了三四下，然后我跑开了，但是我跑到先施公司后面的香烟店后就没法再跑了，我失去了知觉。我想我是被店里的人放上了人力车。

问：他们把你送回家吗？

答：是的，然后我家里人把我送去了医院。

问：哪个医院？

答：山东路上的医院。

问：你在医院里待了多久？

答：四天，我觉得恢复得不错了就想回家，然后医院的人打电话给巡捕并且告诉我，如果我想回家我要事先通知巡捕。巡捕来到医院并且把我带到捕房，之后我被关押在拘留所里。我和学生的抗议活动完全没有任何关系。

问：你是自己去医院的吗？

答：是的。

（以下为梅特兰诘问）

问：你去过上海大学吗？

答：没有，我和上海大学没有任何关系。

问：你当时留在南京路上，你没有离开，对吗？

答：因为那儿站了很多人，我很好奇发生了什么。

问：巡捕让你离开的时候你不走，是吗？

答：我立即离开了。

黄儒京的证词（被告），22岁，上海大学学生，广东籍

问：你记得5月30日午饭后你离开学校之后做了什么吗？

答：记得,我和几个同学去新世界做演讲。

问：你和别人结队去的吗？

答：是的。

问：你们想做关于什么的演讲？

答：日本人杀害了我们的同胞。

问：你有没有鼓吹罢工或者扰乱治安？

答：没有。

问：你是演讲者之一吗？

答：我们刚准备演讲,巡捕就拘捕我们了。

问：你们小队有几个人？

答：12个。

问：你们带武器了吗？

答：没有。

问：你们有没有带凶器或者能够伤害他人的工具？

答：……①

问：你们带旗子了吗？

答：是的,我的一个同学带了一面小旗子。

问：他也是被告吗？

答：是的,蔡鸿立。我们属于一个小队。

问：你有没有拒捕？

答：没有。

问：你有没有袭击巡捕？

答：没有。

问：你有没有做演讲？

答：没有。

问：巡捕指控你是暴动的领袖。对此你想说什么吗？

答：我能告诉你的是,我们想一起做演讲,但是在开始之前我们就被拘捕了。

---

① 原文缺。——译者注

问：是谁拘捕你们的？

答：一个西捕，我跟着他回了捕房。

问：你没有被拘捕？

答：是的。

问：为什么巡捕控告你为暴动的领袖？

答：我不知道。

问：你跟着两个被拘捕的人来到捕房？

答：是的。

问：你在捕房里有没有受到指控？

答：我没有听到。

问：如果你没有被捕，你为什么跟着他们到捕房？

答：因为我的同学被捕了，我想知道他们为什么被捕。

问：除此之外，你去捕房还有别的目的吗？

答：没有。

问：你是否有意袭击捕房？

答：没有。

问：你们几个人一起去的？

答：12个左右。

问：你们在出发做演讲之前有没有事先在大学或者别处集会商讨？

答：没有。

问：为什么会上街演讲——你们12个人？

答：出于自己的良知。

问：你有没有喊"杀死外国人"或者"打倒外国人"之类的话？

答：没有。

问：你有没有随身携带扁担或者可以伤害他人的工具？

答：没有。

问：你们12人有没有阻断交通？

答：没有。

问：你在大学学习多久了？

答：两年。

问：在此期间你有没有阅读过布尔什维克主义的书籍？

答：没有。

问：你知道布尔什维克主义意味着什么吗？

答：不知道。

问：你有看过布尔什维克的书籍或者听过布尔什维克的演讲吗？

答：没有。

问：你们大学里买得到布尔什维克主义的书吗？

答：买不到。

问：你有没有攻击巡捕？

答：没有。

问：你有没有率领这些人制造暴乱？

答：没有。

问：你有没有任何可能煽动暴乱、工人罢工或类似事情的书籍？

答：没有。

问：你有没有听到枪声？

答：听到了。

问：你听到了几声？

答：我听到很多声枪声同时响起。

问：你在上海有亲戚吗？

答：没有。

问：你是否想做有关排外的演讲？

答：不。

问：你是原先就定好的演讲者吗？

答：我只是和同学一起上街演讲而已。

问：你是广东人，看上去是个很安静的人，似乎并不善于辞令。

答：我听不太懂上海话。

问：所以你不是原先计划的演讲者？

答：我准备过演讲。

问：你想演讲什么内容？

答：我想告诉大家关于日本人杀害我们的同胞顾正红一事。

问：除了告诉大众他被杀害一事，你还想演讲些别的内容吗？

答：没有了。

问：你和你的同伴是否有反对外国人的想法？

答：没有。

问：你是否想呼吁抵制某个特定国家的货物？

答：没有。

问：你在学校内是否学习过有关共产主义的内容？

答：没有。

梅特兰说证人否认了他所有想问的问题，所以他希望由法庭来诘问。

会审官：巡捕控告你煽动暴乱、扰乱秩序。你做过这样的事情吗？

答：不，完全没有。

问：根据那天人群的态度，你觉得是否可能出现暴动？

答：根本不可能。

问：当时有一千多人聚集在那儿。你觉得有多少个学生？

答：当我被捕时，有很多人在街上。我不知道当天下午有多少个学生在场。

问：你在做演讲前有没有开会或者为演讲做准备？

答：没有。

问：旗子上的字是谁写的？

答：我不知道。

问：你有没有喊过"杀死外国人"？

答：没有。

（证人的证词结束）

陈韵秋的证词（被告），大世界南方戏剧俱乐部演员

问：你被指控是暴动的参加者？

答：我不是。

问：你是演讲者之一吗？

答：不是，这和我毫无关系。

问：你不是学生吗？

答：不是。

问：你是怎么被拘捕的？

答：我并没有被巡捕拘捕。下午一点到三点，我在大世界演出结束后准备穿过南京路回七浦路家中。我在南京路上看到有很多学生，巡捕在打学生。我看到很多学生被打。

问：当时你是在南京路的南侧吗？

答：是的，斜对着捕房。突然我看到十几个武装的印捕走到了大门前，我和我的朋友说"事态十分危险，我们快走"。我的朋友说"好吧，那我们走"。这时我们听到了枪声。我们十分害怕并且开始逃走。我的大腿后面中枪受伤。我被送往医院。

问：子弹从什么位置射入？

答：从后面。我当时穿着长衫。我以为有人向我扔石头，所以我没注意。我跑到照相店并坐了下来。店员问我是否被子弹射伤。我看了下我的腿，我的腿在流血。我叫了一部人力车去医院。我告诉车夫随便拉我去一家医院都行，然后他把我带到了山东路上的医院。

问：给你检查的医生有出庭作证吗？

答：蒋医生当晚给我看病。我非常失望并希望第二天能够出院。外国医生告诉我第二天早上可以出院。当我去医院的时候，我认为子弹还在我的体内。

问：子弹留在体内？

答：是的。

问：你说你是后面中枪的？

答：我的长衫上有一个洞。后面的洞口比前面的小。

问：那你的腿呢？

答：子弹并没有穿透我的腿，只是轻微擦伤而已。

问：擦去了一块肉？

答：是的。

问：你什么时候被捕的？

答：医生告诉我第二天早上可以离开。第二天早上我问他是否可以

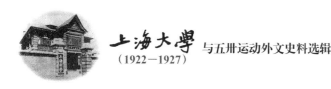

出院,他说"好吧"。然后我用公共电话打给大世界,告诉他们我今早可以出院。这个时候两个西捕乘车来医院,把我带到捕房关了起来。

问:中枪的时候你在人群中吗?

答:我正好在照相馆门前的人行道上。

问:那里有人聚集吗?

答:是的,很多人。我想过马路但是过不去。

问:你有没有听到人群中有人呼喊"杀死外国人"或者"打倒外国人"之类的话?

答:没有。

问:你有没有看到学生或者其他中国人拿着扁担之类的东西?

答:没有。

问:你有没有看到人群冲向捕房?

答:没有,我看到几个巡捕在殴打学生和其他人的头部。很多人想往西走但巡捕不让他们走。

问:你当时离捕房有多远?

答:到捕房的距离差不多有南京路这么宽。

问:你可以看到通向捕房的小路吗?

答:是的,我看到有几个印捕站在捕房门前举枪待命。

问:你有没有看到一个西捕挥枪警告人群?

答:我没有看到。

问:你有没有听到有人喊"停"?

答:没有。

问:开枪的时候你有没有往捕房的方向看?

答:我当时没有往捕房的方向看,我只看到几个印捕举枪待命,我和我的朋友说我们最好离开。我非常害怕并且想逃跑,但是无路可逃。

问:在你转身逃离之前,有没有看到中国人冲向巡捕?

答:他们都被外国人拦了下来。

问:人群离他们多远?

答:当时我在人群的第二排。他们和巡捕隔着两条电车轨道宽的距离。

问:巡捕和人群之间隔着两条电车轨道的距离?

答：是的。

问：你有没有看到人群袭击巡捕？

答：没有。

会审官：除了他在那里之外，你对此人没什么问的了？

梅特兰：是的，就这些。

正会审官：你当时只是在走路，还是打算做一些事情？

答：我刚离开大世界，只是走在马路上而已。

问：开枪前你有听到警告声吗？

答：没有。当我听到枪声的时候，我立即跑到照相馆里。我不知道骚乱是怎么产生的。当时前排的人群都想后退，但是被后面想向前涌的人群堵住。

（证人的证词结束）

罗伯特·维克多·里德尔（Robert Victor Liddle）医生的证词，24岁，英国医学博士，山东路医院的住院医生

问：星期六下午你在医院值班吗？

答：我下午休息。

问：你是什么时候回岗的？

答：下午4点。

问：下午4点的时候有人被送到医院吗？

答：我被突然告知有很多人被送到医院。

问：你看到多少伤者？

答：我说不出具体数字。

问：当时除了你以外还有别的医生吗？

答：穆尔医生比我早到一些。

问：你诊治了几个伤者？

答：15个左右。

问：他们受伤了或者死了吗？

答：我看到他们的时候没有人死去，之后有几个人死了。

问：有几个？

答：好像有2个。

问：是在你诊治之后死的，还有入院后就死的？

答：入院后死的。

问：是在你诊治之前死的？

答：是的，一开始他们由几个中国医生诊治。

问：你医治的15人中，包括死去的那两人，你能告诉法庭有几个人是背后中枪或者背后受伤的？

会审官：有几个人背后中枪？有几个人侧边中枪？有几个人正面中枪？

答：大多数人是前面或者侧面中枪的。

问：在这15个人中你能记得有几个是前面或者侧面中枪的吗？

答：我和穆尔医生一起做了很多台手术。我记得那天晚上有5个。

问：你能告诉我们大概有几个人正面中枪吗？

答：我记得有四个正面中枪，八个侧面中枪，还有3个不确定。

问：他们可能是背后中枪吗？

答：是的。

问：总共有多少人接受医治？

答：20个。

问：另外5个的情况你不清楚？

答：我不清楚，我根本没有看到他们。

问：你仔细检查过可能是背后中枪的那3个人吗？

答：是的。

问：你可以告诉我们他们是怎么中枪、哪里中枪的吗？

答：一个人子弹的入口与出口在同一个位置。他当时可能弯腰了，子弹射入他的后背中间。子弹没有留在体内。

问：子弹射入后背？

答：是的，子弹将他的后背打穿。另一个人臀部中枪，他可能是侧面中枪的。第三个人腹部中枪。

问：他是如何中枪的？

答：我记得子弹是从侧面斜着射入的。

问：你对这3个伤者的伤势十分确定吗？

答：我不确定。

问：他们也可能是背后中枪的？

答：是的。

问：你不能肯定他们是前面中枪的？

答：是的。

（以上是里德尔医生的证词）

西塞尔·约翰·达文波特（Cecil John Davenport）医生的证词，英国皇家医学会会员，山东路仁济医院医务主任

问：你能说一下这40名左右伤者的情况吗？

答：可以，我是医务主任，所以我需要详细了解所有伤者的情况，我有伤者的名单。

问：在这40人中，有多少人背后中枪？

答：对于此事我作了一份报告，法庭应该有这份报告。

问：你可以告诉我们多少人背后中枪吗？

答：星期六第一批伤者送至医院的时候我不在医院。我是在他们受到初次诊治后才到的。之后有些人接受了手术，有些人死了。很多伤者我并没有亲手诊治，所以我不能对他们的情况做出个人的判断。我问了帕特里克医生、穆尔医生、蒋医生和里德尔医生，他们对这些伤者的情况比较了解，他们给了我关于这些伤者的报告，我将其附在我的报告中。

问：根据你和别的医生的报告，你可以口头告诉我们有多少人背后中枪，有多少人前面中枪，有多少人侧面中枪吗？

答：这些报告里都有。

梅特兰：最简单的方法就是把报告出示在法庭上。

证人继续说道：

星期一我自己细看了几乎所有提交给我的伤者报告，但是我无法区

分伤者。我口袋里装了一些可以帮助我的小便条,是参与诊治的医生为了让我方便了解伤者的状况给我的。

第581号伤者后背皮肉擦伤,这个可能是从前面或者后面射入的子弹造成的。

第582号伤者胸部被打穿,我认为是前面中枪。

第583号伤者骨盆和直肠被打穿,因此应该是前面或者背后中枪。

第584号伤者胃和肝被打穿,我认为是前面中枪。

第585号伤者腹部被打穿,我认为是前面中枪。

第586号伤者侧面中枪,子弹伤及身体前侧。

第587号伤者大腿上方中枪,子弹经过大腿动脉并从身体后面穿出,所以子弹应该是从正面射入的。

第588号伤者直肠肌右侧被打穿,肠子上有十个穿孔,所以子弹应该是从前面射入的。

第589号伤者双腿粉碎性骨折,他需要截肢,双腿都是前面受的伤,子弹嵌在腿前侧。

第590号伤者右边的肱骨断裂,子弹嵌在前侧。

第591号伤者膝盖骨有两处伤口,关节被穿透,子弹从前面射入。

第592号伤者胫骨被打穿,子弹也是从前面射入的。

第593号伤者臀部受伤,我不清楚子弹有没有穿透皮肤。

会审官:那是从后面受的伤?

答:不一定。子弹可能是从后面,也可能是从前面射入的。

第594号伤者胸部有个小伤口,皮肤擦伤,可能是前面或者后面中枪。

第595号伤者和第596号伤者身上有多处瘀伤。

第597号伤者腹部有一个穿孔,肠子破裂,诊治医生告诉我他是前面中枪的。

第598号伤者大腿骨破裂,应该是前面中枪。

第599号伤者皮肤轻微擦伤,可能是前面或者后面中枪。

第600号伤者被送至医院后就已濒死,没有有关他伤势的报告。

这些是5月30日星期六送来的伤者的伤势报告。

五、上海会审公廨审理五卅、六一惨案记录

梅特兰希望法庭能够接受达文波特医生的报告并当庭出示。梅华铨医生对此强烈反对,但是法庭同意在审理第二起案件的时候(六月一日的案件)将这项报告纳为证据,以便节省听审医生证词的时间。

(以下为梅华铨诘问)

问:你一开始说你没有亲眼看到星期六送至医院的伤者的情况?

答:是的。

问:所以你作证词时非常谨慎,比如你一直说"我认为""我觉得""子弹可能是从前面射入的"。

答:我的发言依据的是诊治医生的报告。

问:所以换句话说,你现在汇报的内容和你对伤者伤势的观点并不是在诊治中亲自获得的,而是由你的下属上报的。

答:确实如此。我需要纠正一下,他们不是我的下属,是我的同事。

问:当伤者死去之后,是否很难判断子弹是从什么方向射入的?

答:我对死后检验伤口没有经验。

问:你有没有参与过验尸?

答:几乎没有。

问:你有没有验过尸?

答:我没有验过因枪伤而死的尸体。

问:所以你无法判断因枪伤而死的死者的两处伤口是子弹的入口还是出口,是吗?

答:对此我没有经验。

问:关于你刚才说的话我还有一个小问题——有一名伤者腿骨前侧被打碎,你说伤口可能子弹是从前面射入而造成的。你是外科医生吗?

答:是的。

问:如果伤口在后面,子弹出口处的伤口在前面,那么出口的伤口会比入口的伤口大一些?

答:这和子弹的属性及距离有关。

问:我们现在只考虑步枪和手枪,步枪和手枪射出的子弹造成的伤口有什么区别?

答：据我对欧战①的经验，伤口的出入口的大小没有太大的区别，但是我觉得手枪子弹造成的伤口入口比出口小。

问：你又说了"据我理解"。你参战过吗？

答：没有。

问：当你提及手枪子弹的时候，你也再次使用了"我觉得"这一表达。你看到过手枪子弹造成的伤口吗？

答：看到过很多。

问：所以就手枪伤口问题，你和我的观点相同（入口比出口小），但是就步枪伤口而言，你只是认为出口和入口的伤口大小区别不大。那么我们说说步枪吧。如果子弹从后面射入、从前面穿出并击碎了骨头，根据我们刚刚达成的观点，步枪子弹在前面造成的伤口不会比手枪子弹造成的伤口损伤更严重。

答：我认为现代步枪短距离射击破坏力非常大，我不认为前后的伤口会有很大的区别。

问：你没有太多的步枪实战经验，你的评价会不会太武断？

答：不，我不认为我很武断。

问：据巡捕的证词，他们发射了40颗左右的步枪子弹，对伤者中枪的方位的判断你是不是有一些武断？

答：我不认为所有的伤口都是步枪子弹造成的。我只是说伤口。

（以上是达文波特医生的证词）

魏春庭的证词（被告），失业船夫，27岁

正会审官：请你说一下你是怎么受伤的。

答：下午3点的时候，我从劳合路街角转到南京路去。当我走到云南路的街角，也就是捕房正对面的时候，我看到很多人聚集在那里。我在那里站了颇长时间，没有看到有人演讲。我只看到先施公司前面聚集了很多人。我看到三四个西捕回到了捕房，有很多人跟在他们后面。我看到

---

① 指第一次世界大战。——译者注

巡捕站成两排站在捕房前,第一排是印捕,第二排是华捕。开枪的时候我中弹受伤。我认为子弹在射向我之前应该先打到了别人,因为子弹威力不是很强。我穿了一件长夹袄和短衫,子弹穿透了我的衣服并留下了一个小洞。我当时不知道子弹是否还在我体内。我看到我在流血,就用手帕掩住伤口。

问:人群是否在往前涌?

答:后排的人只是想上前看发生了什么。

问:你看到暴力行为了吗?

答:人群表现得十分文明。

答:当时情势那么危险,你觉得你应该待在那儿不离开吗?

答:如果我知道情势那么危险,我肯定不会继续停留在那里。

问:有人喊叫吗?

答:那么多人聚集在那里,肯定十分嘈杂。

问:你是否在人群堆里停留了超过半个小时?

答:我在捕房对面停留了20分钟。

问:开枪前几分钟你有没有看到一名西捕挥舞着手枪示意群众后退?

答:一开始事态的进展我可以看得很清楚,但是后面人越来越多,我没有办法看到。我没有看到有人在挥舞手枪。

问:你有没有听到巡捕让群众停下?

答:没有。

问:近两千人聚集在街上并且向捕房涌去,多名巡捕在捕房前配步枪站着,就这样你还不觉得事态危险吗?

答:我看学生演讲时十分平和且举止文明。我没有想到巡捕会开枪。

(以上是此证人的证词)

范张宝的证词(被告),英美烟公司影戏部职员

问:你能不能告诉我们那天下午发生了什么?

答：我在下午1点左右离开家门，3点多到了南京路先施公司的转角处。那里聚集了很多人，因为是星期六下午，是个节假日，所以我在走到新新公司门口前都没有发现异常。我看见有些学生手里拿着小旗子试图演讲，还看见一些传单散落在地上。我捡到一张，但是是破的，就把它扔掉了。当我走到同昌车行门口时，我看到一些学生被捕。我就往前去看究竟发生了什么。我没有料想到事态会如此严重。当时我后面和两旁的人都在向前挤，站在我前面的人又想后退，我被包围在人群里。当我想往回走时，我突然听到了枪声并摔倒在地上。我站起来摸了一下自己的后背，发现后背在流血。我立即叫了一部人力车去医院，我就是医生所说的那个后背擦伤的人。

会审官：中枪的时候你在做什么？

答：当时我不想往前，但是我被人群推搡着，无法自由行动。

会审官：你当时面对巡捕还是别的方向？

答：我面对着新世界。

问：如果你面对巡捕，那么巡捕在你前面，你为什么会背部中枪？

答：当我听到枪声的时候我便摔倒在地，并且失去了知觉。

问：如果你说的是实话，那么你为什么会背部中枪？

答：我站在同昌车行前面。

问：你是否背朝巡捕？

答：我背朝同昌车行的大门。

问：你在那儿站了多久？

答：差不多20分钟。当时人很多，我没法走开。

问：从先施公司过来一路上都是人，你能从先施公司走到捕房，却声称人群太拥挤没有办法走出去。你看到配步枪的巡捕了吗？

答：越过人群的肩膀可以看到，总共有20名。

问：你听到有人高喊"停下"吗？

答：当时人很多，我没注意听。

问：你听到有人在喊叫吗？

答：当时有人在喊叫，但我没听懂他们在喊什么。

（以上是此被告人的证词）

五、上海会审公廨审理五卅、六一惨案记录

梅华铨说除了同德医校的两个学生之外，其他人都承认是上海大学的学生。

会审官：那天下午他们是接受何人的命令外出上街的？

梅华铨：不，他们没有受到任何人的命令，据我所知，学生都是自发上街的。

法庭称愿意接纳大量证据，仅仅是因为法庭认为大家应该能够发表不同的意见，但是法庭不会调查巡捕驱散人群的行为是否正当，因此争论只能限于捕房所控告的案情。

每位律师都有十分钟的时间做总结。

何飞先生通过翻译称他对于原告的控诉有两点需要回答。他将先驳斥原告的指控。

原告律师声称这些学生受到了布尔什维克主义的影响，校园里流传着布尔什维克主义的书籍，而他们也查获了来自德国的信件。根据中文翻译应该是描述苏联共产党恐怖行为。按照中文翻译，意思是他们想做的事情就是杀人。

在世界各国，这样的书未被禁止，是图书馆里的参考书。至于来自德国的信件，这只是一份关于革命的私人信件。信中没有有关布尔什维克主义的内容，因此他认为并没有布尔什维克主义的证据。

关于巡捕的行为，只有在万不得已的时候巡捕才能开枪。

根据法律，只有当学生试图杀害巡捕的时候，巡捕才能开枪杀死学生。开枪的六分钟前，巡捕还是能够控制局势的。

被告席上坐着两类人。一类是年轻的爱国学生，他们上街演讲，想让民众了解此次枪击的真相。这样的演讲不仅在中国，在各个国家都很常见。他们没有采取任何暴力的手段，他们只是用语言和文字呼吁大众。如果巡捕只是给学生建议，没有那些过分举动的话，那么问题应该容易解决。学生并没有任何暴力行为。

第二类是坐在被告席上的人，他们是受枪伤后从医院被送往巡捕房的人。如果他们违反了捕房章程，那么巡捕之前就将他们拘捕了。他们受伤是因巡捕所致，他们不应因为受伤而被指控。无论指控何罪，均应有证据证明，并且指控这些人是完全没有证据的。他们不仅没有犯法，而且

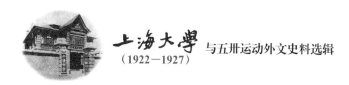

巡捕应为他们所受的伤害负责。

梅华铨：我试图在十分钟内讲完。法庭已经耐心听完了这起案件的始末，我并不想延长此惨案庭审的时间，但是法庭允许传唤大量证人上庭，就巡捕向不幸的被害人开枪一事发表自己的观点，并且接纳了关于子弹射入方向的医学证词。如果法庭没有深入细节，只是专注于法律上的控告，那么这仅仅是一起与暴乱和张贴标语等有关的案件，那么我早就申请注销此案件了，不必再收集各证人的证词。鄙人认为巡捕没能证实对我辩护的这些学生的指控。一两名巡捕指认三四个学生，说这些学生是被他们或他们交付其他巡捕拘捕的，但是这些为巡捕所指出之被告，则又经被告方面之证人一致否认。所以我恳请法庭声明被告方面之证据的分量远胜于原告的证据。

但是我不能够想象法庭审判这样冗长的案件，我也不能够想象中国人民仅仅对法庭如何处置这些被控骚乱的几名学生及其他人感兴趣。这个国家现在面临着更为艰巨的问题，这些问题比区区的法律问题更为严峻，我希望法庭能够让我在这十分钟内讲一下这些问题。正如我所说，我提议法庭能够驳回这些控告，因为证据明显对被告方有利，我对此不想再说更多，但是我想说一下当今中国人面临的更严峻的问题，我认为外国人和中国人对此都很感兴趣——在这些问题中我只提出两点。

一是模糊的平等观念。我们生活在和1900年不一样的时代，在20世纪的今天，不能再运用镇压义和团的方法。在这过去的二十年中，中国人民的心智成熟了很多，伴随着人们心智上的普遍成熟，我们对于外界的影响越来越敏感，不管是布尔什维克主义的、经济的、社会的。他们很容易察觉外来的势力。其中最为显著的影响是对于人道主义的考量、爱国主义的概念和情怀。当我提及平等的概念，我指的是不应期待人们——不管他们在哪里，抛开政治、社会生活方面的不平等来看待平等问题。

外国人在中国确实享有很多中国人没有的权利，我并没有排外主义的情绪或者批判外国人。我只是想说，随着心智的成熟，经济、社会和政治方面的进步，中国人见此不平等之待遇，当然不能容忍。中国人不再像过去一般无知和死气沉沉，在这个国际联盟和新的世界力量崛起的新世纪，华盛顿会议和其他会议发挥着巨大影响力，和世界上其他民族一样，他们对未来充满期待和渴望。就本地的情形而言，他们（中国人）应该受到平等对待。

另外我想简单提及的是当下中国人对于平等的炽热追求。国人所要求的公道并不是要以流血为代价，或是意在控告任何巡捕。他们只是在寻求同样的平等。在此前提之下，公众会根据法庭的判决作出判断，有责任心的中国人也声明他们不排外或者是布尔什维克主义者，他们想要的是我所说的平等和公正，鉴于此，我提请法庭就此案作出判决，此刻空气中弥漫着苦涩、仇恨和民族偏见的气氛，我想读一下几个中国政治家发表的声明的结语，这篇宣言的文字和精神十分和缓，我想以此来结束我的发言：

"基于中外之间相互理解和信任，外国人在中国拥有优厚的福利和贸易利益，即使不是出于公正，至少是作为权宜之计，在中国享有在其他大国都不可能享有的治外法权的外国人或者外国机构应该努力理解中国人的想法，并且在对他们有严重影响的问题上以某种方式观照中国人的利益，尤其是在外国租界中出现的问题，作为一个规则，在外国租界，即使工部局多数税收来自华人，但是只有外国纳税人有投票权，华人无权参与。"

"然而同样重要的是，不管什么社会阶级的中国人都不应仅因外国人的特殊权益而仇视在华的外国人，或是他们的国家。不能通过任何一方的威迫、仇视或是武力的方式来使双方都满意地解决修约和中外关系的调整等这样的大问题。只有友好的磋商、同情之理解和双方的妥协才是解决问题之道。"

只有出于和解的精神并且试图了解这个过渡时期中国人的心理，才能够摆脱仇恨的氛围并得出公道的结论。

梅特兰：控告已经提交法庭，某些人被控是暴乱领袖。我不管法庭如何处置这些被告，我希望能够把这些人逐出租界。法庭已经听取了关于这些人所作所为的证据，并且我们也都知道上海大学的学生在同一天下午结伴外出并在公共租界内做演讲，毫无疑问他们事先有准备。法庭有足够的证据来判断什么样的书籍在这所大学里盛行、流传。我公开说过，他们的所有行为都受布尔什维克主义影响，此点不容反驳。同时法庭也有南京路上散发的传单，在搜查上海大学的时候我们也搜获了同样的

传单，所以毫无疑问是学生在散发这些传单。

（法庭休庭半小时来商议本案判决，回庭后先由正会审官宣布本案判词）

（以下是正会审官判决的翻译，从1925年6月12日的《新闻报》中摘录）

* "关炯之正会审官宣布本案判词云：本案应分两个问题：（一）对于捕房拘解被告人等是否有犯罪行为，应由本公堂审判。（二）对于捕房开枪行为之是否正当，应俟外交当局调查解决。兹本公堂讯得被告人等，大多数系属青年学子，因日人工厂内工人被杀，在租界内结队演讲，散发传单，本公堂认为无欲暴动之意，且其拘入捕房时间，均在发生开枪时间以前，尚有少数被告，讯系马路驻看闲人，被告等着一律具结开释，保洋发还。本埠发生此不幸重案，本公堂甚为惋惜，汝等青年学子，具有爱国思想，宜为国珍重，力持镇静，听候解决，是所厚望。"

雅克博先生继续说道：

法庭并不会在此案中判断巡捕的行为，对于梅律师在辩论时所提出的问题，法庭也不会发表意见。法庭现在只受理捕房控告的案情，决定被告是否犯罪。法庭认为5月30日一些学生因在捕房附近做演讲、散发传单而被巡捕阻止并拘捕一事，仅是因为学生想抗议日本纱厂华工被杀的惨案。这些学生只是年轻的男孩，法庭认为他们起初并没有意图制造暴乱。至于那些非学生身份的被告，法庭认为他们只是出于好奇偶然混入人群中。基于上述评估，法庭只要求被告签署个人担保，以后不再闹事。

我当了七年的会审官，有很多中国朋友，也对中国人较为了解，我觉得本案的重要性已超出了案件本身，我对于中外人士之间的关系感到十分惋惜，我也希望这件事情能够得到冷静平息，上海能回到原来的秩序。

判决——"未出庭者保释金充公。其他人签署保证书。"

6月1日事件

1925年6月9日(星期二)会审公廨记录摘要
会审官：雅克博先生①，正会审官：关炯之。
(第一次审讯：1925年6月2日，星期二)

被告

张瑞卿，仆役，24岁。

俞加明，厨师，23岁。

沈定忠，仆役，30岁。

陈炳恒，苦力，30岁。

余德义，店员，19岁。

控告

聚众暴动——违反《中华民国暂行新刑律》第164、165条。被告于上午9点20分到10点45分在当局明令解散后在南京路上聚集，蓄意暴动。

进一步指控：被告于1925年6月1日与其他没有被拘捕的人抛掷砖头和石块故意伤害他人，此行为违反《中华民国暂行新刑律》第313条。

第二项进一步指控：被告于1925年6月1日在街上散发传单，试图扰乱社会治安，此行为违反《出版法》第16条。

第三项进一步指控：被告于1925年6月1日故意损坏他人财产，其中包括摩托车一部，此行为违反《中华民国暂行新刑律》第406条。

被告

胡宝根，铜匠，33岁。

张永绥，棉花中间商，23岁。

控告

聚众暴乱——违反《中华民国暂行新刑律》第164、165条。被告于

---

① 美国副领事。

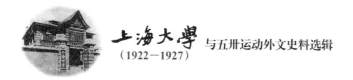

下午2点05分到2点40分在当局明令解散后在南京路上聚集,蓄意暴动。

（注：在第一次审案时捕房要求展期审问,以便与其他案件一起审问。法庭核准了当天案件的展期再审,但是由于五卅案的审理,此案件直到1925年6月12日［星期五］才开庭审讯）

1925年6月10日

冈本律师代第三名被告[①]请求保释,其理由为他是日本纱厂的雇员并被令外出调查学生的态度。被告是纱厂的得力雇员,日本纱厂愿担保其届期必到庭候审。原告律师梅特兰因被告在拘捕前及拘捕时均有暴力反抗而反对保释。

冈本律师：被告不是苦力一类的底层阶级,他是日本纱厂的中文老师。他不可能有暴力行为。

会审官：法庭将此被告的保释金额设定得比其他被告高。法庭允许此被告以300元保释。

1925年6月10日

陈霆锐律师代第七名被告申请保释直至庭审。原告律师梅特兰说他不反对100元的保释金。

判决

被告可以以100元的保释金被保释。

1925年6月11日

因无法支付100元,陈霆锐律师要求减少第七名被告的保释金。

被告告诉正会审官他只有5元——最多20元的钱可以用来保释。

此外陈霆锐律师为第六名被告申请保释。陈律师说这名被告没有钱,也没有朋友用店铺来为他做担保。

判决

第六名和第七名被告保释金减少到50元。

---

① 即沈定忠。

江一平律师为第一名、第二名和第四名被告申请保释。
判决
第一名、第二名、第四名被告可以以300元的现金或铺保保释。

1925年6月12日(星期五)的诉讼
梅特兰代表原告方起诉。
陈霆锐律师为第七名被告作辩护。
江一平律师为第一名、第二名、第四名和第五名被告作辩护。
冈本律师为第三名被告作辩护。
裴斯为第五名被告作辩护。
梅特兰首先发言：

所有的人都因于6月1日(星期一)在南京路上参与暴乱被指控。他们因欲和尚未拘捕的人一同投掷砖石故意伤害他人，被指控触犯《中华民国暂行新刑律》第3章第313条。

第二名被告还被指控发行扰乱治安的文字，触犯《出版法》第16条第11款B，此外第一名、第二名和第三名被告因损坏汽车被指控触犯《中华民国暂行新刑律》第406条。

根据指控，南京路上发生了十分严重的暴乱，街沿被人撬起，巡捕被投掷砖块，永安公司和先施公司楼上也有人向巡捕投掷石块。事态十分严峻，巡捕不得不开枪。法庭应该记得昨天达文波特医生关于每名伤者伤势的医学报告，虽然此报告不影响对这些人的指控，我希望法庭将这份报告记录在案。

(经法庭核准，同意将这份报告作为本案附录)

工部局警务处麦克吉利瓦里(W. D. Mcgillivary)副捕头的证词

问：6月1日那天你是不是在南京路上值班？
答：是的。
问：你看到了什么？

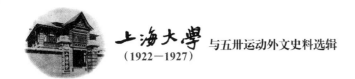

答：早上9点刚过，我收到了老闸捕房的消息，得知南京路上有人暴动。我召集了几个印捕和华捕前往南京路。浙江路到福建路这一段的南京路的两侧及旁边的小巷站满了人。有些人在打砸汽车和电车，到处都是石块和碎玻璃。单单我自己的帽子就被砸了三次。

问：被什么东西砸到的？

答：砖头和碎玻璃。当我们到达福建路的时候，有一辆电车从东边开过来。第二名被告率领人群将稻柴铺在街上。我和其他几个巡捕将人群驱散，被告被两个便衣西捕拘捕。

所有的被告都是那时在南京路的不同区域被巡捕拘捕的。

我回到了南京路浙江路街角。当时应该是上午10点半过点，我没有看手表。我们看到湖北路九江路靠近南京路南侧的街角有许多人聚集。当时出动了消防车，灭火带装好了，但是人群对此似乎无动于衷。

问：消防员是否使用了灭火带？

答：是的，他用了灭火带。空中只见砖石粉在飞，他们用砖石袭击消防员。我令巡捕站齐并且我自己掏出了手枪，将手枪指向人群，但丝毫没有作用。他们再次试图冲击消防车。我相信有一两个消防员受伤了。差不多三分钟后，我意识到事态愈发严峻，如果我不开枪，那么消防车和消防员，还有我，可能会被杀害。开枪能够驱散人群。

问：有多少人开了枪？

答：我下令我的巡捕小队待命开枪之后，又有几个巡捕到达事发现场，他们也开枪了。总共开了三四十枪。

问：之后人群解散了吗？

答：是的，我们发现有四个人受伤了。

问：你可以告诉我们石头是从哪个方向扔过来的吗？

答：石头从四面八方被扔过来，但主要是来自湖北路南侧。事发之后，我立即叫救护车把伤者送至仁济医院。

（以下为江律师诘问）

问：所有的被告中只有第二名被告是被你拘捕的？

答：他不是被我拘捕的。

问：你说他因为将稻草铺在电车前面并欲点火燃烧而被指控？

答：我看到他往电车前面铺稻草，我当时立即想到他们可能是想让电车出轨并且纵火点燃电车。

（以下为冈本律师诘问）

问：是谁拘捕第三个被告的？

答：我不知道。

问：他是否被押送至捕房？

答：是的。

（以下为陈律师诘问）

问：你是否拘捕了最后一名被告？

答：没有。

问：他是在这个事件中被拘捕的？

答：他在那天早上九点半到十点之间被拘捕。拘捕这些人的巡捕现在就在法庭上。

便衣西捕贝彬彬（Bebinbin）的证词

问：你是总捕房的便衣西捕？

答：是的。

问：6月1日你在捕房吗？

答：是的。

问：你在那儿做什么？

答：早上九点之后我和特尔夫（Telfer）便衣西捕在中区巡逻。当走近河南路的时候，我们看到老闸区方向有很多人聚集。我们认为有必要上前查看发生了什么。当到达永安公司的时候，我们看到有两千多人聚集在那里，巡捕只有几名。我们立即决定帮助他们，因为人群在制造骚乱，巡捕根本无法控制局势。

问：你做了什么？

答：越来越多的人从小巷涌了过来并且试图扰乱交通通行。我们试图把领头的人推开，他比别人更加活跃。

问：你有没有拘捕任何人？

答：有，拘捕了三个。

问：哪几个？

答：第一名、第二名和第四名被告。最后一名被告也是我拘捕的，另外一名巡捕帮我把他押送到捕房，他一直试图逃跑并且多次让人们要求巡捕释放他。

问：第二名被告被拘捕的时候在做什么？

答：在拘捕他的20分钟前，我看到他试图拦截一辆电车。他站在电车轨道上。我把他推开，然后人群又拦截了一辆私人汽车。我不记得车牌号了。车被迫停在马路中央，汽车司机试图把车停在路边。这个人是拦截车辆的领头人，几百个中国人差点把这辆车毁掉。把他押送到捕房的过程十分困难。他多次试图反抗并且寻求人们的帮助。我们拔出手枪以防止群众来解救他。当他被押送到捕房时，他叫我"主子"，他说他只是个被雇佣的"仆人"。之后他变得非常安静。

第四名被告是后来被捕的。当时没有人投掷石块。

（以下为江律师诘问）

问：你说当时大概有两千个人聚集在南京路上？

答：两千多人。

问：南京路有多宽？那么多人是怎么挤在这一小块区域的？

答：你说的是到河南路的距离吗？

问：我说的是南京路的宽度。

答：从西藏路到河南路有一片很大的空间。

问：你可以清点人数吗？

答：不，但是我从人群中穿过。

问：在你拘捕第一个被告的时候，实际上大约有多少人在那儿？

答：南京路差不多有一个街区那么宽，大概有一千个人聚集在那儿。

问：不仅是人行道，马路中央也都是人吗？

答：是的。汽车被人群截停在路中央。

问：第一名被告没有站在电车轨道上，而是站在人群里？

答：当我刚看到他的时候，他一个人站在路旁，然后他跑到路中央并煽动其他人过来。因为他是第一个跑到路中央的人，所以我把他推开了。

问：然后人群相继跟了过来？

答：是的。

问：如果他当时想后退，他有办法吗？

答：是的，他完全可以后退。

问：你说他试图损坏汽车。

答：称不上试图，因为他真的这么做了，他把汽车尾部毁坏了。

问：他用什么工具毁坏汽车？

答：用手。

问：你觉得他可以用手毁坏汽车吗？

答：我不这么觉得，但是我确实看到了。

问：他在被捕的时候试图反抗了吗？

答：他多次试图反抗但是没有成功，因为我比他强壮多了。

问：有多强壮？

答：我体格十分强壮。

问：你有没有抓着他？

答：是的，我抓着他的大衣和双手。

问：他是不是不想让你抓着他的衣领，只是想让你放开他而已？

答：不，他试图逃跑，他逃脱了一次，但我又再次抓住他了。

问：我没有听到你对第二名被告的控告证词。

答：我并没有控告他的证词。

问：是你拘捕他的？

答：是的。

问：他当时在做什么？

答：很多中国人在往电车轨道上扔稻草，当巡捕到达的时候，场地差不多清理干净了，但是这个人继续扔稻草。巡捕告诉他不要这么做，但是他继续扔，所以我拘捕了他。

问：你说第四名被告躺在电车轨道上欲阻拦电车前行？

答：是的，当巡捕差不多把群众控制住的时候车辆已能通行。他看见别的中国人不想再拦截电车，他就冲出人群自己躺在电车轨道上。当他看到巡捕过来的时候，他立马跳了起来并飞速逃跑。我为了抓住他不

得不一起跟着跑。

问:当他躺倒在电车轨道上的时候,有那么多人聚集在那儿,你应该看不到他吧?

答:我刚说过当时巡捕差不多已经控制住人群了,路上没有人——我指的不是整条路,而是电车轨道上没有人了。

问:所以你能够看得很清楚?

答:是的。

问:他躺了多久。

答:从我站的地方到走上去的时间内。

问:差不多有10秒?

答:可能10秒,也可能15秒或者20秒。

问:当时有电车驶过吗?

答:是的,这就是他躺在那里的原因。

问:他是否想自杀?

答:没有,我很确信如果电车真的驶过来他会跑开。他知道电车会停下,电车行驶得十分缓慢。我知道他并没有想自杀,因为他看到巡捕过来的时候立刻跑开了。

会审官:你说第一名被告,差不多算个领头的人,是第一个脱离人群跑到电车轨道上的吗?

答:是的。

问:爬上汽车后,他都做了什么?

答:他开始试图拉掉汽车的车篷,然后和其他人合伙将车篷扯下撕碎。当巡捕过来的时候,除了他以外的所有中国人都跑开了。

问:你是否看到他亲手撕扯车篷?

答:是的,他当时抓着汽车,我命令他离开。

问:你看到他撕扯车篷了吗?

答:是的。

问:他造成了破坏?他有没有打碎玻璃?

答:我不确定。我没有足够的时间来观察,车子迅速被肢解。我甚至都没时间记下车牌号。

问：谁在车里？

答：一个华人车夫。

问：除了他以外还有别人吗？

答：没有。

正会审官：车篷是用什么做的，木头、布料还是皮革？

答：几片木头和皮革，是一辆敞篷车。

问：你觉得一个人可以用手把车篷撕下吗？

答：他们确实做到了。

问：车子还在吗？

答：不在了。

问：电车（*文本残缺）①。

答：不，我们拔出手枪阻止人群。

问：他们有没有殴打汽车司机？

答：我没有看到。

问：第二名被告做了什么？

答：他被捕的原因是他和一群人往路上铺稻草，当巡捕把其他人驱散开后他还继续在铺。

（以下为江律师诘问）

问：6月1日的事件后，有汽车车主抱怨他们的车辆被损毁吗？

答：我不知道。我不那么认为，因为司机是中国人。

正会审官：你知道车主是中国人还是外国人吗？

答：不，我不知道。如果是外国人的话，他肯定会抱怨的。

（以上是此证人的证词）

总捕房便衣巡捕特尔夫（Telfer）的证词

问：你当时和上一名证人在一起吗？

答：是的。

---

① 原文如此。——译者注

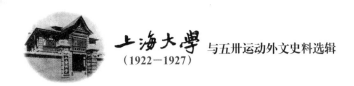

问：你有没有协助他拘捕人？

答：有。

问：谁？

答：第一名和第二名被告。

问：他们当时在做什么？

答：让我从头说。我当时和贝彬彬巡捕一起在南京路上巡逻。当到达中区边界处，也就是山西路那里的时候，我们看到在福建路附近有很多人聚集。当我们向西边人群聚集的方向走去的时候，看到第一名被告在人群中极为活跃。他站在前面向群众挥舞双手。他时而背朝我们，时而面向我们。这时候我对我的同僚说"我觉得我们要注意这个人"。我们碰见了西探帕普西，并和他一起前往捕房。我们在捕房门口转弯并再次往东走。当我们到达福建路的时候，我们看到电车被截停。当时电车过了福建路停在电车线的北面，我看到有一个身穿蓝色长衫的家伙和第一名被告走到电车轨道前。第一名被告十分活跃。那时一辆福特车从南向北行驶。我们看到人群往那部车涌去，我特别盯着这个家伙。这部车子的车篷和普通福特车的车篷样式相同，后面有两扇塑料玻璃的窗子。我看见被告用手把玻璃击碎并把车篷扯了下来。此时贝彬彬巡捕冲入人群将被告逮捕。当时我们拔出手枪，命令人群离开。汽车司机将车掉头，我相信他改道向西了。

会审官：被告扯下了车子的车篷？

答：是的，玻璃车窗。车窗明显被他用手推了进去（展示）。他从开口的地方把整个车篷拉了下来。

问：他只是把车篷往下拉吗？

答：是的。

（以下为江律师诘问）

问：你看到他把车篷扯下来了吗？

答：是的，我看到他和一个身穿蓝色长衫的人走在一起。他是带头的那个。

问：你一眼就发现了他，因为他个子很高，是吗？

答：不，因为他是带头的。

问：你看见他从电车轨道那儿走到路边，然后扯下了车篷吗？

答：是的，他和人群一起向前涌，在人行道上互相拥挤着。这个人极为活跃。

问：他并没有意图截停任何电车，是吗？

答：很明显他想这么做，但是他看到人群走过来时，他竭力把车篷撕破。

问：事后你亲自检查过这辆车子吗？

答：没有，车辆急忙离去，唯恐不及。

问：你知道车牌号吗？

答：不知道，我当时忙于应付被告。比勒（Beale）副捕头在车子里。

问：他能够出庭作证吗？

答：是的，他刚结束长假回来。

问：关于第二名被告，你看到他向人群挥舞双手吗？

答：我从位于正东的老闸捕房回来，看到有一辆电车停在福建路。我看到有数担稻草堆在地上。我跑上前看到这个人弯着腰。贝彬彬巡捕朝他追了过去并拘捕了他。差不多离人群还有10尺的时候我抓住了他，一个万国商团队员过来帮我们把他押送到了捕房①。

会审官：你看到他在铺柴草吗？

答：没有。当我到现场时，他正弯着腰试图提起一两担稻草并扔在路中间。

问：有多少捆？

答：我不知道具体有多少。稻草散布在两条轨道上，约九英寸厚、一码长。

问：只有一捆稻草吗？

答：不，我说的是一捆稻草有那么多。

（以上是此证人的证词）

工部局老闸捕房西捕卡德（H. Cadd）的证词

问：你拘捕了第六名被告，是吗？

---

① 此句似与前一句矛盾。原文如此。——译者注

答：不，我拘捕了第三名被告。

问：他当时在做什么？

答：6月1日上午九点多的时候，我和捕房的几个巡捕还有印捕一起外出。我们接到通知，去驱散南京路上从浙江路到福建路一段上的人群。我和几个印捕在路的北侧。196号特警也和我在一起。路的北侧有很多人聚集在那里，我们慢慢把他们往东面驱赶。第三名被告在人群中，并且不停往前挤，还朝人群用中文喊叫。

问：你听到他在说什么吗？

答：我听不懂他在说什么。我们继续往南京路走了一小段，人群转入旁边的小巷。被告混在人群中，他站在小巷里继续向后面的人群喊话。

问：当时有人投掷石头吗？

答：没有，只有被告扔了一块。

（以下为冈本律师诘问）

问：你能不能从地图上指出这条小巷？

答：恐怕地图上没有这条小巷。

问：当时有人聚集在小巷里吗？

答：是的，有很多人在那儿。

问：有多少？

答：我不清楚具体有多少人，大概两三百个吧。

问：小巷十分狭小吗？

答：是的。

问：人群是否安静平和？

答：不，他们一直在呼喊。

问：他们在喊叫？

答：是的。

问：你可以清楚听到被告的呼喊声吗？

答：是的，他站在前面向人群挥手高喊。

问：当他向你投掷石头的时候，你距离他多远？

答：他站在小巷里，离我只有几码远。

问：石头有多大？

答：比我的拳头大一点。

问：地上有石块吗？

答：小巷的地上有一些碎石。

问：不是砖头？

答：是石头。

问：他戴着什么样的帽子？

答：他戴了一顶低帽檐的帽子。

问：不是草帽？

答：不是。

问：他有没有参与损坏汽车？

答：没有。

（以上是此证人的证词）

196号万国商团队员、儿安氏西药公司职员尔湾·约瑟夫·碧灵顿·斯科特（Irwine Joseph Billington Scott）的证词

问：第三名被告被捕的时候，你和前一个证人在一起吗？

答：是的。

问：请告诉我们拘捕的过程。

答：差不多上午九点半的时候，我奉命和万国商团其他队员驱逐南京路上的人群。我们从浙江路西侧开始，然后往东走。当时我在浙江路的北侧，卡德巡捕的旁边。我们驱赶人群，之后到了小巷口。被告的举动非常引人注目，他多次从我身边走过，同时他呼吁其他人向前走，然后他沿着小巷一直走。我那时在卡德巡捕稍前面一些。因此我特别注意到他，他对我喊道："过来，我要杀了你。"还向我投掷石头。我转头看到卡德巡捕，他跟和我说"走"，然后我们跟着被告。我们沿着小巷走了一段。当我们试图拘捕被告时，他试图暴力反抗，他踢了我的脚踝，在押送他至捕房的路上，他试图尽力挣脱。卡德巡捕后来还向后面的人群喊话。我没有拘捕其他人。

（以下为冈本律师诘问）

问：当你试图拘捕他的时候，他有没有想杀害你？

答：没有。

问：拘捕的过程中他竭力逃跑？

答：是的。

问：你注意到他的帽子了吗？

答：不，我没有，我注意到他的脸。我记得他说他的帽子丢了。

问：他没有戴帽子？

答：我们拘捕他的时候，他没有戴。

（以下为正会审官诘问）

问：他朝你扔了一块还是两块石头？

答：只扔了一块。差不多拳头大的花岗石。我在往小巷方向看的时候，看到他在扔石头。石头应该被人捡起了。

问：今天早上石头有没有被带上法庭？

答：没有。

问：你确定这个人就是第三名被告？

答：就是他。

（以上是此证人的证词）

193号万国商团队员、哈华托律师处帮办律师克里福德·曼塞尔·里斯（Clifford Mansel Reece）的证词

问：你拘捕了哪个人？

答：我拘捕了第五名被告，那个小个子。

问：是在这个月的一号吗？

答：是的，星期一早上。

问：什么时候？

答：差不多上午十一点。

问：他们在做什么？

答：他们在南京路边上的小巷里散发传单。

问：你得到了那些传单吗？

答：这些传单最后被放在一起，我们辨认了出来。

问：他有没有试图反抗？

答：是的，在被押送到捕房的路上他试图逃跑。他也的确跑掉了。

问：你又把他抓了回来吗？

答：是的。

问：当时人群的状态怎么样？

答：南京路浙江路的街角聚集着几千个人，当我们沿着南京路走的时候，人群跟在我们后面并试图把我们包围。

问：他们在做什么？有没有投掷石头？

裴斯：我的委托人并没有被控告投掷石头。

答：人群在投掷砖头和石块，当我们经过永安公司的时候，有人从上面的窗户扔砖头下来。

问：有人从先施公司扔东西下来吗？

答：我没有看到。

裴斯：我没有别的问题了。

会审官：他只是在分发传单？

答：我们看到人们手上有传单，我们就追踪他们来到这条小巷，看到被告在那儿分发传单。

问：这里离暴乱中心永安公司那儿有多远？

答：二三十码。

问：那挺近的？

答：是的。有两个巡捕和我在一起，他们刚刚已经做了证词。

（以上是此证人的证词）

237号万国商团队员、高易律师事务所帮办律师悉尼·杨（Sideny Young）的证词

问：你拘捕了第七名被告？

答：是的。

问：什么时候？

答：下午2点35分或者2点40分的时候我在南京路值班，我注意到有一群人聚集在南京路和福建路的街角。我走了过去并且看到被告和其他几个人与出防的万国商团队员发生冲突。万国商团队员向被告和其他人警告了三次，说不能向南京路前行。第三次做出警告的时候，其他人走开了，但是被告在语言上极为强硬、激烈并且试图硬闯南京路。他声音很大，态度极其强硬，使得路上很多行人驻足观看。当我拘捕他的时候，他和别人试图抗议示威。我把他带到了老闸捕房并拘押他在那儿，两个西捕认出了他，他们说当天早上他们和这个人也有过冲突。

问：当时拉响警笛吗？

答：没有，当时暴动还没有开始。

问：是开枪之后开始的吗？

答：是的，是在下午发生的，中国人被禁止穿行南京路。

问：你说人群在抗议示威，情况是怎样的？

答：他们开始大声喊叫并动用武力。

（以下为陈律师诘问）

问：当你拘捕他的时候有多少人聚集在那儿？

答：街角处大概有两百个人吧，不断有人涌过来。也有很多人和车聚集在那儿。有一些车辆，也有人力车夫。

问：当时被告在做什么？

答：他试图强行穿过万国商团的防线。

问：你知道他为什么和万国商团队员发生冲突吗？

答：当我到达的时候，我看见商团队员告诉被告不能走南京路，还挥手让他离开。他们这么做了三次之后，被告变得非常暴力并且试图硬闯。

问：这些万国商团队员都是什么人？

答：我不知道，我相信他们是"A"队的成员。

问：他们今天不在法庭吗？

答：不在。

问：你说被告在大声喊叫？

答：是的。

问：他在喊什么？

答：我听不懂中文。

问：你说他试图硬闯南京路？

答：是的，当时中国人禁止穿行南京路。他们可以在福建路南京路的街角穿行，当时有很多车辆在街角处行驶。

问：被告事先有没有被告知中国人不得穿行南京路？

答：不知道。

问：外国人可以穿行南京路吗？

答：只有穿制服的外国人可以。

问：有外国人在那儿吗？

答：我不知道，我没有看到。当时南京路上除了军队和巡逻的巡捕外空无一人，车辆不得通行。

问：当时这些万国商团队员是否携带武器？

答：是的。

问：你说他和万国商团的两个队员发生冲突？

答：是的，我记得是两个。

问：你觉得他有可能穿过吗？

答：我不认为他有可能穿过。万国商团队员让我拘捕他，因为他们不想用刺刀阻止他硬闯。

问：他在被捕时有没有反抗？

答：没有。

问：除了试图硬闯，他没有做别的事情，是吗？

会审官：你说三个人试图硬闯？

答：他有两三个同伴，当万国商团队员告知他们不能穿行的时候，他的同伴退回了。我不认为这个人试图煽动群众。只是他的声音太响了，人群听到他的喊叫声后都凑了过来。

问：当时有人说中文吗？

答：没有，除了我和万国商团的两名队员外，没有别的外国人。

会审官：可不可能因为语言不通才造成了他这样的态度？

答：马路上空无一人，他一定明白他不能穿行。有可能是因为他不被允许穿行南京路而非常生气。

（以上是此证人的证词）

工部局巡捕查尔斯·爱德华·比勒（Charles Edward Beale）副捕头的证词

问：6月1日早上你在哪里？

答：差不多十点的时候我在离浙江路街角东侧10码左右。

问：你在什么车里面？

答：一辆从环球车行租来的车子里。

问：什么样的车？

答：我记得是福特，但是我不确定。

问：发生了什么？

答：当我们来到十字路口东侧的时候，我们看到一大波人群，所以不得不停下。汽车被人群包围，他们把汽车后面的车篷扯下来撕得粉碎。汽车后面的备用轮胎也被拉了下来。汽车司机被人群殴打。有人用力往他耳朵方向打。我后背被打了好几拳。人群中有人试图偷走我车里的包。当时万国商团的一个队员走了过来，我不知道他的名字，随后他拔出手枪并驱走了人群。

问：你刚结束休假？

答：是的。

问：之后汽车是否开向总捕房？

答：是的，我将汽车受损一事汇报给捕房后，又从那里开回车行。

（以下为江先生诘问）

问：你说有几个中国人攻击汽车并且扯下了车顶。你有没有看到是谁做的？

答：我无法辨认出是谁干的。

正会审官：汽车在哪里？

答：汽车是环球车行的。我租来从码头开回家。

问：汽车被带到法庭了吗？

答：没有。

（以上是此证人的证词）

工部局毛里斯·奥斯瓦德·斯普林菲尔德（Maurice Oswald Springfield）的证词

问：6月1日你在事发现场吗？

答：我在。

问：详述你所知的一切。

答：早上总巡派我巡查各个捕房。我从静安寺路西侧走到老闸捕房。我看到很多人聚集在老闸捕房东侧，我从万国商团得知浙江路和湖北路街角的事态较为严重。

问：你带地图了吗？

答：是的。（将地图交出）

问：然后你做了什么？

答：我打电话向总巡汇报情况并建议应该将灭火带运到街角。

问：之后有这么做吗？

答：是的。我率领万国商团的一些队员前往西藏路和南京路的街角处并且阻止车辆向东行驶。消防车到达的时候我到了浙江路、湖北路和南京路的交界处。消防员将灭火带接在水龙头上。人群试图威吓消防员。消防员打开了水龙头，然后我和一名消防员一起去了河北路。一开始群众后退了一段时间，然后他们跑上来试图用花岗石和电车轨道上的石头攻击我们。消防员和我都被投掷石头。我们把灭火带拿了回来并躲在电车杆后面。当时乱石纷飞。我们背后的海报和头顶阳台上的广告灯都被砖石击碎。所有的东西都被扔得粉碎。之后有消防员右眼被砖头击中并晕倒在地，然后我拿起他手上的灭火带。

问：华人消防员？

答：是的。人群把我们包围，带头者离我们只有20～25尺远。剩下的人站在带头者身后5～6码远的地方帮助他们。据我的观察，他们试图

围困我们,将我们与别的巡捕隔绝。

问:除了受伤的消防员外,还有别人在你身边吗?

答:没有。

问:最近的巡捕离你多远?

答:我当时正在弄灭火带,所以我不清楚。随后我的右边有人开枪。

问:你知道是哪里吗?

答:我环顾四周,看见我的右侧站了一排巡捕。人群在开枪后散开,随后我叫了一部救护车,不久之后车就到了,然后我把伤员送到救护车里。

问:你在警署工作很久了,是吗?

答:19年。

问:你认为如果巡捕没有开枪会发生什么?

答:消防车会被砸得粉碎,我们必被人群包围。我都不知道我们能不能活着出来。

会审官:你没有拘捕任何人?

答:没有。

(以上是斯普林菲尔德先生的证词)

麦克吉利瓦里(McGilliveray)副捕头看到斯普林菲尔德先生提供的地图回忆起他和他率领的印捕及华捕开枪的位置。

问:你下令开枪了吗?

答:是的。

问:你听到斯普林菲尔德先生的证词了吗?

答:听到了。

问:如果你没有开枪,你认为会发生什么?

答:正如我所说,我认为消防车会被砸烂,包括我在内的所有在街角的人都会被杀害。

问:这场暴乱后你看过南京路吗?

(证人认出了梅特兰递交的两张开枪地点附近的照片)

(以上是麦克吉利瓦里副捕头的证词)

万国商团队员威廉·约翰·费格森（William John Ferguson）的证词

问：你拘捕了第六名被告？

答：是的。

问：什么时候？

答：下午两点的时候。

问：他有没有反抗？

答：我警告了他三次……

问：当你第三次作出警告之后，他做了什么？

答：我让他回去，他推了我一下并用中文骂我。

问：你听懂了吗？

答：听懂了。

问：你什么时候拘捕他的？

答：我没有拘捕他。他骂我，但我没有搭理他，然后他跑到一条小巷里，威胁我如果我跟着他，他就会杀了我。

问：你有没有跟他进小巷？

答：我追着他跑了几码，他跑掉了。然后他又跑回来再次向我挑衅。当时他的身后站了很多人，有其他巡捕过来帮助我追上并抓住了他。

（以下为江律师诘问）

问：他有没有反抗？

答：是的，他试图挣脱。

问：你对中国人非常了解。你在中国多久了？

答：12年。

问：那么你很熟悉下层阶级常用的脏话，是吗？

答：是的，所以我没有搭理他。

问：你说"如果你过来我会杀了你"吗？

答：不，是他说的。

问：他殴打你了吗？

答：没有。

问：他有没有对你造成伤害？

答：没有。

问：只是语言谩骂？

答：是的。

会审官：你跟他说中文还是英文？

答：两种语言都说了。他一开始跟我说中文，我用英文回复他。第二次我说的是英文，第三次我说的是中文。

问：你有没有告诉他为什么他不能穿行南京路？

答：我告诉他这是我收到的命令。具体原因我自己也不知道。

（以上是费格森的证词）

第一名被告的证词

张瑞卿，24岁，宁波人。以前是一名侍者，现在自己做生意

问：你于6月1日在南京路上被捕？

答：是的，上午10点左右。

问：你当时在做什么？

答：当天我离开位于西门的家搭乘五号电车，在浙江路和南京路的街角处下车。我准备去拜访四川路上的一个朋友。我没有等到下一班电车，所以我准备走过去，路上我看到了一个西捕。我想到路的另一侧，当我准备过马路的时候，这个西捕用手枪指着我。我觉得非常危险，于是退回到了路边。我看到有一辆汽车停在那里，我绕过汽车并且走到了人行道上。

问：你是否试图截停车辆？

答：没有。

问：你有没有把汽车的车篷扯下？

答：没有。对天发誓，我只是走过车尾而已，我在人行道上被捕。

问：你有没有听到巡捕的证词，他说你试图阻拦电车并且损坏一辆汽车。你否认以上的行为吗？

答：我完全没有做过上述行为。我凭良心说实话。

梅特兰：两名巡捕声称看到你撕扯汽车的车篷并且截停电车。

答：不。我没有撕扯汽车的顶篷。街对面有个人用手枪指着我。

问：我郑重地告诉你，你被捕前没有人拔枪。

答：有人举着枪对着我，我以为我不能在那里走。

问：那你为什么被捕？

答：我不知道。当我走上人行道时，我就被捕了，我也不知道为什么。

问：你没有问吗？

答：他没有回答，他把我拘捕起来，并没有告诉我为什么。

问：你有问他吗？

答：我没有。

问：难道你不想知道你为什么被捕吗？

答：他们并不想和我沟通。巡捕用枪柄打我的头。

问：当时有很多人聚集在那里吗？

答：是的。

会审官：你说你看到了这部汽车？

答：是的，汽车停在那儿。我绕过车的尾部走上了人行道。

问：是不是有很多人站在车周围？

答：当我走上人行道的时候旁边没有人。他们都走掉了。

问：汽车仅仅停在路上？

答：我没有看到任何人。

问：你没有看到汽车被损坏？

答：我没有看到。当时人很多，我自顾不暇。

问：你要讲真话。巡捕可能抓错了人，但是你不能说你没有看到很多人聚集在那里，也不可能没有看到汽车被损坏，或者是什么都没有看到。

答：当我从车尾走过的时候，我真的没有看到周围有任何人。

问：巡捕两次拿枪指着你，你两次试图穿过马路，你当时没想到此地不宜久留吗？

答：当时我想回到人行道并往四川路方向走。

问：你觉得这值得你冒被枪指着的危险吗？

答：当我在马路上的时候我觉得很危险，所以回到了人行道。

问：你两次试图回到人行道，然后绕到车尾？

答：我没有，我从车旁绕过。

问：当一个西捕拿枪指着你的时候,你没有意识到事态很危险吗?

答：我开始以为他们不允许我走到车的前面,但是我可以从车的尾部绕过。

会审官：他的故事听上去非常不能令人信服,在过马路的时候看到正在发生的麻烦,巡捕的枪也指着自己,一个明白事理的人都会意识到事态十分危险,并且不会再次尝试过马路。当一个警官对他挥舞手枪的时候,他肯定会意识到有了麻烦,他自然会退回,避免麻烦。他不会再次试图过马路的。九年前,也就是1917年,我在北京经历了一次骚乱,当时我经常去公园散步,有一天突然有个士兵举起了枪。我没有问任何问题并且离开了。我没有与他争辩。我想让你记住我的话,因为我不相信你刚刚说的话。如果你不想制造骚乱,那么你不会再次过马路的。

（以下为江律师诘问）

问：当时有很多人聚集在街上吗?

答：当时有很多人聚集在南京路的南侧。北侧人不多。当我看到巡捕拿枪指着我的时候我没法后退到南侧,所以我从车后绕过。

问：当转身回去并从车后绕过的时候,巡捕警告你了吗?

答：没有,他们没有阻止我。

（法庭休庭午休）

第二名被告厨师俞加明的证词,23岁

问：6月1日早上十点半你被巡捕拘捕了,是吗?

答：是的,当时我背的一捆稻草掉在地上了,别人将稻草拾起,我把稻草收起来的时候被捕了。我当时走在南京路上,另一个车夫帮我担着稻草。当我到事发现场的时候,很多人涌过来并试图拾起稻草,我告诉他们:"不要动它,这是我的。是我的东家订购的,花了两元呢。"当时车夫已经逃去,我被巡捕抓了起来并被殴打了两次。

问：购买稻草是厨师的任务吗?

答：是的。

问：你的口袋里有什么东西吗?

答：没有一分钱。

问：你有火柴吗？

答：没有，我不抽烟。

问：你可以认出是谁打你吗？

答：一个便衣巡捕。

（以下为梅特兰诘问）

问：你在对面的那家店工作？

答：我在九江路的三泰客栈里工作。

问：从对面的三泰客栈到电车轨道是不是一路上都没有落下稻草？

答：稻草被运到马路对面，车夫没有把稻草绑紧。

问：电车铁轨的两侧都有稻草堆？

答：其他人把稻草扔到边上，我跑过去把稻草收集起来。

问：是你把稻草放在铁轨上的吗？

答：不，我买稻草是为了用来烧饭。

会审官：你工作的地方离事发现场很近吗？

答：不远。

问：你从哪里买的稻草？

答：老闸桥。

问：你为什么沿着南京路走。

答：那条路最便捷。我穿过南京路福建路的街角时稻草掉到地上了，之后我被巡捕拘捕了起来。

问：这是返回的最近路线吗？

答：是的。

问：为什么稻草恰巧在电车铁轨那儿掉了下来。

答：当时有几千个人聚集在那里。车夫从他们中间穿过，捆绑的绳子松了开来。旁边的人把稻草拾了起来并且到处乱扔。我试图把稻草收集起来，这个时候巡捕过来了，其他人跑开了，就剩我一个人在拾稻草。

正会审官：你从哪里买的稻草？

答：从一艘船上，我的东家仍要我赔两元。

被告告诉会审官说没有客栈的人来法庭。他的东家不知道他被捕了。他的东家可能怀疑他带着两元钱逃跑了。

会审官：我认为如果他说的是真的，那么他的东家会前来作保让他出狱。他被拘捕了好几天了。

答：他不知道。

问：你有家人在上海吗？

答：我在这里没有家人，我是第一次被捕。我月薪只有四元，我没有钱结交朋友。

（以上是此证人的证词）

第四名被告陈炳恒①的证词，20岁，黄包车行老板

问：你什么时候被捕的？

答：6月1日上午十点多。我母亲让我出门收照会费。我在兆丰路搭乘电车前往浙江路南京路街角。当时有很多人聚集在那里。有人踩到了我的鞋，我的鞋带散了开来。我弯腰系鞋带，人群从后面往前涌，我被人推挤着并摔倒在地。然后一个巡捕走了过来把我拘捕起来，并说我躺在电车前。

问：你是故意躺在电车轨道上来截停电车的吗？

问：你是傻子吗，你不要命了吗？

正会审官：你当人力车夫多久了？

答：二十多年了②。这位老先生（拉威尔副捕头）非常了解我。我们有很多人力车。

问：你的家人在上海吗？

答：是的，我的母亲在上海。

问：你是否合法经营生意？

答：是的。

问：你之前来过捕房吗？

---

① 与前文陈炳恒的个人信息矛盾，但原文如此。——译者注
② 原文如此。——译者注

答：没有，我只因为一些执照的纠葛去过捕房。

会审官：你确定你去南京路不是因为想制造骚乱吗？

答：不，绝没有。我不是傻瓜。

会审官问拉威尔副捕头：你认识他吗？

答：是的，他是人力车夫。

（证人的证词结束）

第六名被告铜匠胡宝根的证词

问：你于6月1日因为违抗巡捕的命令，想通过南京路而被控告。你用脏话辱骂巡捕并且说你想杀了他们，你为什么要这么做？

问：我当时站在浙江路和南京路的街角，想搭乘向东的七号电车。我没有等到电车，于是我往东走，想去福建路和南京路的街角上等电车。当我走到邮局前面的时候，我看到一名日本巡捕，他把我的帽子打落在地。我什么都没说，只想捡起我的帽子，但他不让我这么做，他拘捕了我并把我押送到了捕房。在南京路和浙江路的街角处，其他巡捕用脚踢我。我上次出庭的时候身上还有伤痕，现在没了。他们用警棍打我。

梅特兰：你上次出庭的时候为什么没有展示你的伤痕？

答：因为我上次出庭的时候被人命令离开被告席。

问：你用脏话辱骂了西捕？

答：不，我没有骂他。他拘捕了我，我怎么可能骂他。我很害怕他。

问：他三次令你离开？

答：没有。

问：那你为什么会被捕？

答：我也不知道他为什么拘捕我。

问：当他让你离开的时候，你顺从地离开了？

答：他抓住了我并把我押送到捕房。

问：你不想去捕房？

答：当他让我停下的时候，我停下了。他没告诉我让我去哪儿。

问：你走进了一条小巷又再次出来？

答：我没有走进小巷。我在入口处被捕。

会审官：你是铜匠。我想知道那天白天你在南京路上做什么？你为什么不在工作？

答：我的一个朋友让我去商务印书馆修一部机器。我修完就离开了宝山路。我想搭乘七号电车，但是直到我走到浙江路桥这边都没等到电车。我一直没等到电车，所以我走到了南京路浙江路路口。

问：你走路是因为想省钱吗？

答：两个原因，第一我想省钱，第二可能那里有电车。

会审官：你当时没有看到南京路空无一人吗？你不觉得奇怪吗？

答：我不知道为什么。我想去福建路搭乘电车，然后我就被捕了。

（以上是证人的证词）

日本纱厂中文教师沈定忠的证词，30岁

（以下为冈本律师诘问）

问：你能够向法庭解释6月1日你为什么被捕吗？

答：早上7点的时候我搭乘电车去纱厂。我差不多在7点30分到达。我在7点40分签到的。我和纱厂经理聊了几句。当时杨树浦有人罢工，经理让我过去看看发生了什么。我先搭乘电车回家，然后乘八号电车前往外滩，又换乘七号电车到山西路。电车不直达山西路，我下车后走到了福建路上。当时有很多人从福建路那边冲了过来，我还看到了很多携带武器的巡捕。我不知道发生了什么。我的帽子掉地上了，我弯腰想把帽子拾起来，但有人把我的帽子踢走了。当我想转身走开的时候，一个西捕拘捕了我。我不知道发生了什么。

问：你戴了顶什么样的帽子？

答：一顶草帽。

问：有人称你向巡捕扔石头。

答：我从来没有扔过石头。我怎么可能扔石头？

问：你有没有后退到南京路上的一条小巷里？

答：我在小巷的入口，邮局那里。我没有走进去。

问：你当时在人群前面吗？

答：不，不是这样的，当我走着的时候，很多人从浙江路那边冲了过来。我的帽子掉了，我想弯腰捡帽子。

问：其他人也同时被捕了吗？

答：没有。

（以下为梅特兰诘问）

问：如果你不在人群的前排，为什么巡捕要从人群中拘捕你？

答：很多人在我后面跑。我在弯腰捡帽子，所以我处于人群的前面。

问：你看到有人投掷石头了吗？

答：我不知道。我没有关心这个，因为我有事情要做。

问：地上有石头吗？

答：我没有看到，那是南京路附近的一条水门汀街道。那里地上没有石头。

问：有人称你用脏话辱骂巡捕并恐吓要杀了他们？

答：不，我没有。

问：你用英语辱骂过他们吗？

答：我是老师，我从来不辱骂他人。

梅特兰：你当时在小巷做什么？

答：我因日本纱厂差事从电车上下车并走到了我的帽子掉落的地方。我当时在捡帽子。

问：之前你见过拘捕你的两个西捕吗？

答：我没注意。我当时只是想捡起我的帽子。

问：这不是拘捕你的理由。

答：我不知道我为什么被捕。

问：你确定你没有拾石块吗？

答：我为什么要拾石块？我的帽子丢了。

问：你会说英语，是吗？

答：我学过英语，但是我说得不好。

问：你知道"我要杀了你"的英语怎么说吗？

答：不，我不知道。

问：你在学校教什么？

答：我教语文和数学。我是江西中学的数学老师。

问：你教英语吗？

冈本律师说他可以代表日本纱厂证明被告的品行，但是法庭说这不需要。

第五名被告南京路519号Yui Shun Li Chang Kaung Hong①的店员余德义的证词，19岁

（以下为裴斯诘问）

问：你记得6月1日早上发生了什么吗？

答：是的，我们商行的谭先生令我去Nyan Fun Loong②取一点东西。我大概在10点15分的时候离开商店。我被告知要取几个大包裹。到达小巷的入口时，我看到很多人聚集在那里，有几个女学生在往地上扔传单，我拾了起来。

问：你拾了几张？

答：几把，我不知道具体有几张。

问：你为什么把它们捡起来？

答：因为我不知道发生了什么。我想看一看。

问：然后发生了什么？

答：然后西捕过来了。

问：然后你被拘禁在捕房里？

答：我没有看到巡捕过来了，所以我被捕了。

（以下为梅特兰诘问）

问：你为什么拾起一整捆传单？

答：因为所有传单都被捆着。

问：你有没有分发传单？

---

① 商号名，中文名字不详。——译者注
② 里弄名，中文名字不详。——译者注

答：不，我没有。

问：你想拿传单做什么？

答：我只是因为好奇才捡的。

问：当时有很多人聚集在马路上吗？

答：是的，很多人。

问：有没有发生骚乱？

答：我没有听到。

问：你确定你并没有想分发传单？

答：是的，很确定。

问：那你为什么要拾起40张传单。

答：我没有数。我不知道总共有几张。

问：你为什么拾起那么多传单？

答：因为传单被捆成一捆。

问：一张足够了。

答：因为那有一捆。

Chang Kaung Hang[①]副经理戴熙之的证词

问：你记得6月1日上午发生了什么吗？

答：是的，我记得。

问：你可以告诉法庭吗？

答：大概10点15分的时候我让这个男孩（第五名被告）去别的商行取包裹。

正会审官：他在你的店里工作多久了？

答：三年。

问：他是个激进的布尔什维克主义者还是个安分的人？

答：他是个安分的人。

问：他识字吗？

---

① 商行名，中文名字不详。——译者注

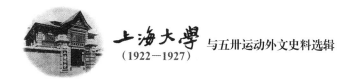

答：他认识一些字。

第六名被告棉花中间商张永绥①的证词，30岁

（以下为陈律师诘问）

问：你是6月1日被捕的吗？

答：6月1日我从南汇县回来。我在穿过南京路的时候被万国商团的一个队员拘捕。

问：你知道当时这一行为违反了章程吗？

答：我不知道有这样的章程，我那天刚从南汇县回来。

问：你有没有大声喊叫？

答：我没有。

问：当时有很多人聚集在那里吗？

答：人数不多。

（以上是此证人的证词）

江律师为第一名、第二名、第四名和第六名被告到庭辩护。江律师称显然这些被告当天有正当的事情要做，他们是被错捕的。就第一名被告的情况他想说几句话：对他的控告可分为两点：一是他躺在电车铁轨上试图截停电车，二是损坏汽车。他躺在电车铁轨上，这显然是因为人数众多——其他被告证人、控方证人也证实了这一点——也就是说他当时离开电车轨道十分困难。关于损坏汽车的问题，三名原告证人的证词互相矛盾。第一个证人说被告扯下车篷，但并没有看见有人殴打汽车夫，并且只有汽车夫在车里。第二个证人说被告损坏车的侧身并且有两人在车里。之后比勒先生作证说汽车唯一被损坏的地方是尾部。他没有提及车的侧面。他并不认为原告证人在说谎，当时人多，每个人都匆忙慌乱，每个人的观察都不同。所以很可能这名被告被错捕了。

关于另外一名被告，法庭说任何心智正常的人都不会往正在挥舞手枪

---

① 按照庭审顺序，张永绥应为第七名被告。另，其年龄与前文介绍矛盾，但原文如此。——译者注

的巡捕的方向走去,冈本律师说他要补充几点。当时人数众多,慌乱之时巡捕很可能拘捕错人。几百人大声喊叫,制造骚乱,巡捕的注意力无法集中。总的来说,真正的罪犯早已逃之夭夭,只有没有散去的无辜者被拘捕。暴乱一事实为十分严重。但就证据而言,诸被告均无重大过失,真正的罪犯不在其中。蓄意扰乱、投掷石头的人早已逃脱。原告的证词可能是真实的,但是在拘捕的过程中错抓了人,所以他希望法庭能够释放当事人。

裴斯称他想提出一个法律上的观点。他的委托人被指控违反《出版法》第154条和第二部分B款。就这条指控而言,捕房无法证明该被告有扰乱治安的行为。如法庭判其有罪,那么捕房须证明其试图集会暴动。法庭听取的来自原告方的关于该被告在南京路旁的小巷里暴动的证词并不属实,他当时只是从商行出来并走到小巷里。第二项控告现在被频繁地作为控告理由而提出,他说纵使法庭认为被告有散发传单的嫌疑,他也没有违反《出版法》第二部分,这部分只针对作者、出版商和印刷商。如果《字林西报》发表了这样的文章并且让差役分发报纸,那么差役不应该被控诉。这是很显然的。他的言论源于英语翻译。他并没有想责问证人是否诚实,尤其是他的同事芒赛尔·里斯(Mancel Reece)先生,但是他的雇主看上去不像是一个煽动者、示威者或者布尔什维克主义者。

陈霆锐律师说对他的雇主的控告是向电车轨道投掷稻草。根据证人的证词,他的雇主被万国商团的两名队员拘捕,但是这两名队员没有出庭,只有一个特别巡捕①作了有关他被拘捕的证词,因此所有证人的证词都是间接的。关于第二名被告,他声称他那天刚从南汇县回来,并不知道上海发生了暴乱。由于没有事先被告示,他那天当然不知道南京路上的交通规则。第三项指控是在街上高声喊叫。原告证人说被告用中文高声喊叫,但是他们没有听懂。有两百多人聚集在街上,所以不能确定是不是被告喊的。综上他希望法庭能够撤销此案。

梅特兰说就第一名被告一案,法庭应该记得贝彬彬巡捕称在被告损坏汽车的时候将其拘捕。他想把被告拉开。他不可能认错人。对于那名戴着草帽的人,他不想再说更多。法庭已经听到他的证词了。

---

① 原文如此。——译者注

关于第三名被告,其身份肯定不会有问题。他穿着西装并且他的长相十分出众,两名证人确切地说他们看到他拾起石头并且投掷。他挑衅巡捕,要在小巷里杀死他们,他们进入小巷并且立即逮捕了他。

就裴斯的委托人一案,如果他协助分发传单了,那么应和分发传单者同样有罪。任何一个参与骚乱的人都应被判有罪。在骚乱发生的时候,他无疑身处暴乱分子之间,罪有应得。无罪之人应该远离骚乱现场。

判决

第二名和第四名被告无罪释放。

第一名被告从被捕之日算起关押两周或者罚款二十元。

第五名被告被要求签具结书。

第三名被告从被捕之日起关押两周或者罚款二十元。

第六名和第七名被告被要求签具结书。

物证

5月30日和6月1日山东路仁济医院关涉老闸区暴乱的报告书。

5月30日下午,二十名在暴乱中受伤或者中枪的伤者被送往本医院。伤者先由值班的华人医生诊治,随后交给穆尔医生、希尔(Cieh)医生、帕特里克医生和里德尔医生诊治,他们和四名住院华人医生一起继续实施必要的手术。

三名伤者不治身亡。其中一人胸口中枪,一人腹部中枪。第三个人的伤势没有记录。

八名立即接受手术治疗的伤者中有六名死去。其中五人胸口或者腹部中枪。一人上臂中枪。

剩下的九名伤者中六名已出院,剩下三人腿部截肢,还在接受治疗中。

6月1日早上,二十几名伤者在浙江路南京路暴乱中受伤或者中枪而被送往本院。他们的情况如下:

(1)三人在简单医治后就回家了。

(2)一人因头部中枪而死去。

(3)四人接受手术,其中三人死去。一人头部中枪,三人腹部中枪。

一名腹部中枪的伤者伤势已有好转,仍在接受治疗。

(4)六人已出院,已完全或者基本康复。

(5)仍有七人在病房接受治疗,他们情况良好。其中三人手臂和肩膀中枪,两人大腿中枪。他们没有截肢的必要。

参与诊治的医生,即穆尔医生、帕特里克医生、希尔医生、里德尔医生和达文波特医生都认为几乎所有被子弹射中的伤者都是从正前方或者侧前方中枪的。

但一名伤者除外。他肯定是从背后中枪的,子弹造成的危害不大,射中他时子弹应是强弩之末,子弹嵌在他左肩胛骨里。

有几名伤者被子弹侧面射入并穿透身体,穿过腰部和盆骨。

四名伤者只受了轻微伤,他们可能是从前面或者后面中枪的。

总结:

a. 一名伤者可以确定是背后中枪的。

b. 两名伤者被子弹侧面射入并穿透身体。

c. 四名伤者可能是后面或者前面中枪。

d. 一名伤者的伤势没有记录。

e. 五名伤者仅为轻微擦伤。

f. 据我们的判断,二十七名被子弹射穿的伤者都从前方或者侧前方中枪。

(签名)希瑟尔·达文波特
仁济医院医疗总监
1925年6月11日

六、《字林西报》有关上海大学与五卅运动的报道

田 蕾 编译

上海的布尔什维主义大学[1]

以前本报报道过的记者邵力子是位于西摩路132号的上海大学的副校长,他被控为不良分子,上周五在会审公廨接受马丁(Martin)先生和关(炯之)谳员的审讯。

梅特兰(Maitland)先生(控方律师)说,他申请销毁警方在上海大学查获的这些书籍。他还提出申请,将被告作为不良分子驱逐出租界。关于《出版法》[2]的适用性,他非常感谢中国的谳员寄给他的一份相关法律的副本。从书中可以清楚地看出,报纸被归为出版物。他不希望据此再次指控被告,他只希望没收这些书,驱逐被告出租界。

科威(Covey)先生(辩护律师)说,如果没有人提出新的指控,就不能指望将被告驱逐出租界。《出版法》根本不是法律,而是袁世凯颁布的一个条例。因为袁世凯想当皇帝,他确实也当了一段时间皇帝,为此制定了这个法律,因此这个法律完全是出于自私的目的。大多数的法令都没有在国会通过,并且在第二年就被黎元洪全部取消。任何针对报纸的刑事案件都只能依据临时刑法处理。在这个法庭上所有的案件都是这样。

---

[1] 本文为《字林西报》对邵力子被控案的报道。——译者注
[2] 1914年12月北洋政府公布。——译者注

《出版法》依然有效力

会审官:"我想这是法庭第一次审理这个案子,梅特兰先生确实提到了日本会审官审理的一个案子和另外两个案子。"

梅特兰先生说,这件事非常清楚,虽然《报纸条例》[①]已经被废除,但《出版法》仍然有效。这些法律当然是由租界以外的上海地方法院执行的,如果这些法律被废除了,就不会执行了。

法官席[②]:"是的,《出版法》仍然有效。"

梅特兰先生接着谈到了布尔什维克书籍的性质。申请没收书籍的依据是《出版法》第13条,即因触犯《出版法》第11条,警察应没收所有书籍和印刷设备。这些书籍内容符合第11条中的三项:第一,淆乱政体者;第二,妨害治安者;第三,败坏风俗者。

《共产主义ABC》

关于第一个问题,中国目前的政体是共和制。这些书在很大程度上是宣传布尔什维克主义的。其中一本书包含布尔什维克领导人列宁、托洛茨基和其他许多人的照片。还有一些书含有关于革命政府的文章。有一本书叫《共产党的计划》,建议工人应该联合起来,推翻一切,消灭一切资本家。梅特兰说,显然,这个思想是让劳苦大众来管理政府。列宁写过六本关于恐怖主义的书,如《共产主义ABC》,还有列宁的讲话。另一本书名为《京汉工人流血记》。总共大约有200本这种内容的书。

在道德问题上,梅特兰提到了一本名为《共产主义与基督教》的书。书中的漫画,主教被画成一群被狗围着的箭猪。下面写道:"他为异端邪说而发怒,但是如果不损害正统,房子无法容纳它。"

大量发行的书籍

吉本斯(Gibbons)警官随后被传唤。他说,他协助执行对上海大学和

[①] 1914年4月北洋政府公布。——译者注
[②] 应指会审公廨谳员关炯之。——译者注

位于慕尔鸣路一位教授的住所的搜查令。上海大学由苏利文(Sullivan)探长搜查。然而,他在这些书真正被查获之前就到了现场。他们发现了七本《新青年》。总共有300多本鼓吹布尔什维克主义或以学术方式论述这个主题的书。此前,警方雇用的一名中国翻译曾到上海大学附属的一家书店买了不少这类书。他买了《中国青年》,还买了《每周评论》,这才是真正的案件的始作俑者。在12月24日的《每周评论》上出现了一篇描述巡捕突袭上海大学的文章。这篇文章把事件夸大了10倍。

副本和译文都已经交给法官席,并由会审官大声宣读。

杂志称该租界是由"残暴的怪物"所统治的。他们不敢说话,因为他们会受到帝国主义分子镇压。

尚处于幼年的极端分子愤怒了

"当学生们在阅读时,"该杂志接着写道,"他们的书被英国人抢走了,英国人说:'你们为什么读这样危险的书,而不读正经的文学作品?'"他们把书用报纸包起来,放在一辆汽车里——他们还以非常蔑视的态度嘲笑学生,说:"你们不过是弱小的青年,你们懂什么道理?我们就好像是你们的父母。如果你们读了这样的书,将来有一天你们会拿刀杀人。我们来这里是要告诉你们不要动刀子。"接着英国人说:"你们是危险的人。不要再说话了——工部局见意味着谁再说话就会被逮捕。"他们还说:"工部局监狱非常大。"而学生们的回答是:"监狱再大,能容得下我们四万万同胞吗?"

会审官:"你说工部局监狱很大吗?"

证人:"没有,法官大人。"

梅特兰先生:"大学里的这些人是什么态度?"

证人:"他们非常有敌意。搜查之后,学生们威胁迫使我们在那里待了一个多小时。"

科威先生:"我反对,这个证据不能用来指控被告。"

书籍的影响

梅特兰先生:"不,但这说明了书本的作用。"

证人接着说:"学生们对随巡捕而来的中国人特别敌视,称他们为'洋人的奴隶'。"

会审官:"这些书似乎比布尔什维克的宣传更能引起人们的兴趣。"

证人还说:"学生要求保留这些书,理由是要得到大学代理校长邵力子的许可,巡捕才能带走这些书。"

梅特兰先生:"除了布尔什维克的宣传工作外,大学里还从事过别的工作吗?"

证人:"是的,我认为他们教了其他的科目,包括俄语。"

犯人的记录

科威先生:"你有没有想办法查清邵力子的情况?"

证人:"是的,据巡捕了解,他此前曾因在《民国日报》上发表不雅文章而被判有罪,罚款50元。"

梅特兰先生说,他确信上海大学曾是布尔什维克宣传的大本营。相当清楚的是,它是布尔什维克主义的温床,无疑敌视目前的中国政体。在目前的麻烦处境下,因共产主义宣传而再起冲突是不可取的。租界是为外国人设立的。如果这些人想进行这种宣传,就让他们在中国政府管辖的地方去实施,让他们在租界的安全范围内进行他们的工作是不对的。如果他们想让劳苦大众领导中国政府,就让他们在租界之外进行。这就是布尔什维克主义的意思。

科威先生说,上海大学是一个学习的地方,在他看来,学生应该自由地学习自己喜欢的东西。我们自己也经常研究一些可能对自己不利的东西。

保留判决。

——选自《北华捷报》1925年2月14日。

学生在南京路暴动,几个中国人死亡

中国学生和纱厂工人长期以来的骚动,在上星期六(五月三十日)举

行的一次愤怒而激昂的示威中达到了最高峰,造成了极其严重的后果。有九名中国人被枪杀,三名在记者执笔时正躺在医院里,奄奄一息,命在旦夕。还有很多人受伤。这是中国人与租界巡捕斗争的结果,为近年来发生的一次最严重的暴动。说实在话,自从一九○五年中国人大举袭击并烧毁老闸捕房以来,上海的历史还没有受过类似这样严重的事件的扰乱;老闸捕房又一次成为暴风雨的中心。

学生群众早已对内外棉纱厂发生的罢工事件表现出积极而密切的关注,特别是最近一两个星期来,学生有撇开纱厂工人的任何正当的经济的不满而引入各种各样政治问题的趋势,以致事情发展到这个地步,骚动已经变得具有明显的排外色彩了。

星期六(五月三十日)发生的疯狂暴乱是由会审公堂审讯案件直接引起的。有学生六名因参加一家纱厂暴动,一直在被拘押;他们因为找不到保,没有被开释而被拘押这一事实,是燃起具有政治头脑的学生们的愤怒的第一个火星。当这六个犯人在星期六被提到会审公堂要在日本陪审官田岛先生和陆襄讞面前受审时,有大批学生聚集在公堂外面等候审判结果。

可是这仅是一次属于程序性质的审讯,被告再一次还押,等候特别审理。他们可交保银一百元在外听候传讯,但他们都付不出,因此必须继续扣押。他们被押回到老闸捕房一事就成为产生这样不幸的后果的暴动的信号。

富有煽动性的旗子

当被告们被从老闸捕房押解出去时,全体学生都跟随在他们的后头。学生们对此次审讯的心情可从他们所持旗子上边的词句中清楚地看出来。今举数例如下:"日本人撕毁我国的国旗","反对增加码头捐","取消治外法权","反对越界筑路","反对印刷附律","援救被捕学生","取消一切不平等条约,收回外人在华一切租界"。可以看出,这些口号与纱厂工人提出的所受的不公正待遇脱离得很远。这些口号实际包括像全国学生总会、上海学生联合会之类团体所特别卖力的鼓动工作的全部领域。在游行队伍中,几乎上海每个中国教育机关都有代表在内,其中突出的团

六、《字林西报》有关上海大学与五卅运动的报道

体有上海宣讲团、上海法政大学、南洋大学及上海大学等。上海大学在数月前因被公认为"布尔什维主义的学校"而闻名。国民党上海执行部也有不少人参加在内。

老闸捕房进行拘捕

当学生群众沿着浙江路游行时,参加游行行列的人自然地愈聚愈多。及至他们走到南京路时,示威群众已达数千人之众,其中大多数人显然不知道自己为什么参加游行,也不知道游行是为了什么。游行队伍的首领们一到老闸捕房门口,他们就立刻向捕房大门冲去。当时门口仅有少数华捕和印捕守卫。巡捕以同样的速度拦住了冲过来的群众,中间逮捕了一些学生,把他们带进了捕房的院子。接着群众又一次向捕房大门冲去,这次又被拦住了。接着巡捕又拘捕了一些人。捕房急忙向总巡捕房告急,而集结于浙江路西藏路之间的群众,这时情绪已非常激昂。在几个西捕头的参加之下,一批印捕及华捕将群众从捕房门口赶到南京路上,一直把他们驱逐到市政厅还过去一点点。走到这里,三个西捕,史蒂芬、韦德和柯尔,遭到群众的殴击,群众还企图夺取他们所带的手枪。他们竭力挣扎,手枪未被抢走,但被中国人狠狠地打了一顿。

狂暴而激愤的群众

游行群众这时又集结起来,把巡捕的警戒线推过马路,再度到达老闸捕房门口。群众像潮水一样地汹涌澎湃,地上撒满了在斗争中失落的帽子、衣服。有一些过路人也被卷进了群众的洪流,身不由主地跟着群众一起涌向捕房大门。这时队伍中发出喊声,"杀外国人!杀外国人!"毫无疑问,如果捕房大门真被冲破,捕房院子内一定会立刻被这批如今已变得疯狂、紧张和不负责任的群众挤得水泄不通。这时求援的呼吁已得到响应,最先到达者当中有一批在运动场上打球时被唤来的捕头,他们还穿着运动衣就投入混战。但是增援的人数仍不足以驱散捕房周围的群众。及至学生再一次高呼"杀外国人"向前冲去时,老闸捕房负责人爱活生捕头(Inspector Everson)就下令开枪。印捕立刻执行命令。中国人四名当场被打死,另有多人受伤。群众听到枪声就纷纷逃命,不到几分钟,捕房门

口就杳无人迹。有些伤者由同学抬走,其余躺在马路上的伤亡者立即被抬进捕房院子里。这里呈现出一种悲惨的景象——死亡四名,重伤六名或更多些,还有一些人受了轻伤。

共有九人死亡

尸体被送到验尸所,伤者迅即被送至最近的医院。有受伤者五人在送往医院的途中或进医院不久就死去,一共死亡九人。昨天(五月三十一日)还有重伤者三人病情严重,已无生还希望。捕房统计受伤人数为十四人,但实际受伤人数一定大于此数,虽然可能是一些轻伤。

在这场灾难性的搏斗停止以后,捕房就派出了大批巡捕在南京路上各处站岗。在这条路上,现在机关枪连的铁甲车正在巡逻。万国商团也接到紧急通知,但尚不需要出动,他们整天都在待命之中。

从下午两点多钟示威开始后到三点三十五分,群众暴动已到达最高潮。但又过了好几小时,南京路这一段才有一点点恢复正常的样子。学生群众冲向老闸区的目的,无疑是想袭击捕房,营救他们的朋友。他们对待这件事的心情,可以从他们对过路的外国人所喊出的口号中看出来,许多外国妇女被饷以唾沫,他们甚至对汽车和电车吐唾沫,车上的外国人饱受毫不客气的辱骂。

"爱国运动"

有一群学生立即跑到法租界交涉员公署找陈世光先生谈话,催促他立刻提出抗议,并要求释放被拘留在老闸捕房的学生。他们还提出下列要求:立即惩办"凶手";要租界当局向中国政府及有关学校道歉;今后不再禁止"爱国运动";日本纱厂厂主接受中国工人的条件;取消对新闻出版自由的限制。各校代表又去找总商会和各马路商界总联合会的负责人,要求他们协助对伤亡同胞取得赔偿。昨天下午(五月三十一日)总商会召开了特别会议,研究目前的局势。

根据切实计算,巡捕一共射击了四十四发子弹,大部分子弹都击中。印捕使用了他们的连发式马枪,据信两支自动手枪的子弹也全部打完。站在印捕后面的华捕无法对群众开枪,他们打出的枪弹打碎了一些南京路对面房屋的砖头。有些医生认为有许多子弹是同时击中两个人的,因为伤亡者中有些人的伤口位于同一部位及离地面同一高度。内行认为四十四发打出的子弹命中率至少到百分之八十,因为除了死亡的和住在医院里的受伤者而外,还有更多的受伤者已经坐了黄包车回去。

上海大学和南洋大学的学生

据捕房调查所得,站在群众斗争前列的大多是上海大学的学生,另外是南洋大学的学生。有一个在医院死去的受伤者,自称来自南洋大学。

巡捕房总巡麦高云先生星期六晚上的大部分时间都在老闸捕房,有人看到刑事稽查处 W. 阿姆斯特朗先生较晚的时候出现在巡捕房,查看被拘留的学生,并检查了那些被保释出来的学生。

老闸捕房的后门经一整夜筑起了防御工事,有两个身穿制服、全副武装的人站在观察点后面。一个试图进入的外国人看到了枪支的寒光,迅速点燃一支烟,赶忙走开了。

——《字林西报》1925年6月1日。本文参照上海社会科学院历史研究所编《五卅运动史料(第一卷)》(上海人民出版社1981年版,第704—709页)编译并补充。

帝国主义逮捕刘华并引渡给军阀

昨晨会审公廨受审一件重要案件,受审者刘华,系一被认为是中国布尔什维克及煽动分子,其人是被称为"布尔什维克主义温床"之上海大学学生。审理者为英国陪审官马丁及中国法官关炯。案件系受中国当局之请托,因与在华界骚动有关,要求引渡。

公共租界捕房情报处捕头吉文司向公堂陈述,在五月份,刘华为闸北工会书记,四至五月份中,渠为实际之负责者。渠系一著名之煽动分子,在工人中制造许多纠纷,影响工人使之罢工。在三月份,渠曾作过五十次

以上过激性演说。渠另一化名为王本华,而以煽动者及以反对当前社会制度著称。在罢工方面,渠极为活跃。在排外反对帝国主义方面为一领袖。中国当局因其人在华界犯有种种案件,故欲其归案。

(中略)公堂判令将被告引渡与中国当局。

——《字林西报》1925年12月1日。选自上海社会科学院历史研究所编《五卅运动史料(第二卷)》,第723—724页。

刘华被秘密杀害

罪恶昭彰之工人煽动分子及罢工煽动者、上海总工会执行委员刘华,已在星期四(十七日)夜间执行枪决。其时彼在闸北中国当局拘禁中。

——《字林西报》1925年12月19日。选自上海社会科学院历史研究所编《五卅运动史料(第二卷)》,第725页。

七、其他

田　蕾　雷婷婷　选编

特派江苏驻沪交涉公署交涉员与上海领事团领袖领事往来函[①]

雷婷婷　选编

阁下：

五月三十日下午四时，据南洋、上海、复旦、同济、亚东、法政以及大夏七所大学的代表向我报告：下午二时多一点，学生们出去沿南京路演讲，他们中间有四十六人陆续被巡捕拘捕，有四人遭中央捕房枪击，当场被打死，受伤者被送往医院，要求对此事件提出抗议。

后来我曾与你会晤一次，请你查问巡捕向学生开枪伤亡多人的原因。我还请你立即通知工部局，要工部局令捕房释放被捕学生。我发觉这些学生都很年轻、体力不强、又手无寸铁。为了治安，巡捕采取必要的步骤是应该的。但怎么竟开枪，打死打伤二十多名学生和过路人来了。除当场被打死四人外，六名受伤的学生在医院里已有二人死亡，十七名过路人在医院里已有三人死去。其余受伤者和一些奄奄一息的人情况也非常可怜。兹接省长提出强烈抗议的电令，本人当须照办。今附上在医院里的受伤者名单，望通知工部局令捕房先释放全部学生，以平民并严惩有责任的巡捕。对被打死者还得发给令人满意的恤金。

[①] 原标题为《外事交涉员陈世光等为抗议工部局巡捕枪杀学生与领袖领事德罗西往来函》。

请尽速作复。

陈世光（盖章）

一九二五年五月卅一日

在仁济医院

已死亡的名单：

唐良生　江苏　过路人

尹景伊　山东　同济大学学生

石松盛　过路人

邬金华　十四岁　江苏　学生

王纪福　过路人

受伤者：

徐全岳　宁波　过路人

魏春廷　镇江　过路人

蔡诰春　绍兴　过路人

陈韵秋　苏州　过路人

周义福　常州　过路人

陈富才　浙江　过路人

钱石山　苏州　过路人

胡长生　　　过路人

俞茂怀　安徽　过路人

陈兴发　苏州　过路人

谈金福　江苏　过路人

陈虞钦　江苏　十七岁　南洋大学学生

范张宝　过路人

何念慈　四川　上海大学学生

陈铁梅　浙江　学生　同济大学

在宝隆医院

陈宝骢　广东　学生　同济大学

在中国红十字会医院

马彩忠　北京　过路人

石珠宝　过路人

——选自上海市档案馆编《五卅运动（第一辑）》，第308—310页。

美国驻沪总领事克银汉致国务卿凯洛格电[①]

（1925年6月10日上午11时，上海）

田　蕾　选编

谨将我馆六月三日下午五时电告以后所发生的事件撮要报告如下：

美国教会学校继续开门，虽然大多数班级停课，听凭学生随意来去。只有圣约翰大学例外，该校于二日停闭，因为学生都是风潮的煽动者。圣约翰大学的行动值得赞许。

与教会学校完全无关的上海大学，是新近设立的一所纯粹布尔什维克学校，于六月四日由捕房封闭。

六月六日，上海工部局的华顾问"鉴于上星期六悲惨而残暴的事件和数日来陆续发生的伤亡事件，且上海工部局毫无惩办凶手，并对中国人公平处置之意"，因而提出辞职。

又六月六日，领事团在致交涉员的复文中说："有关系当局对于有关捕头之行为，加以调查；此外，相当法庭现准备受理任何诉讼。"

六月七日，华商上海总商会发出指示，要求在政府特派员调查期间维持现状，这种指示影响良好。三日和四日，危险局势达到高潮。此后，除罢市罢工问题外，各方情况显然好转。工潮更加深入和扩大，工人有的复工，另一些人新加入罢工。商店照旧罢市，钱庄也停业。五日，法租界商店罢市，七日复业。

按照六日的记录，海军登陆部队计有：美军三百三十五人，法军三百人，日军四十五人，英军六十人，意军一百十人。这些陆战队担任警卫工作，在水电厂等公用事业中接替罢工者。在会审公廨未结束本案审讯以

[①] 原标题为《克银汉致凯洛格电》。

前,此项兵力如果大量减少,那是极端危险的。

减少兵力的问题,本日下午由工部局及领事当局考虑。租界华捕仅有百分之十五罢工,万国商团已有百分之十五复员。

六月八日,捕房发现新传单十八种,都有排外思想。各团体的抗议,和传单一样,对英日特别激烈。其他各团体坚决认为此番运动不是排外,而是抗议捕房的行动,并且针对英国和日本……　　克银汉

——选自上海社会科学院历史研究所编《五卅运动史料(第三卷)》,第1062—1063页。

上海公共租界工部局董事会会议录

(1925年6月4日)

田　蕾　选编

会议日期:一九二五年六月四日(星期四)上午十一时四十五分

出席者:总董费信惇、董事倍克、贝尔、亨富礼、莱门、麦赛、柏德生、樱木、梯斯台、总办鲁和。

总董报告:本人已授权特鲁曼上校为保证足量的食品供应得动用必要的经费,请董事会追认。全体董事同意照准。

总董报告:有人代表有声望的中国人强烈要求工部局宣布对上星期六(五月三十日)开枪事件进行正式调查。他本人认为调查将促成目前局势的和缓。他曾与美国领事讨论这个建议,以便获得"五强"对于本案的看法。他正在等待领袖领事的电话。他估计一般中国人也可能提出进行调查的要求,因此工部局最好在此之前主动宣布组织调查。接着会议就应否立即宣告以及如何组织调查委员会一事展开讨论,有人建议征询特纳爵士(Sir Skinner Turner)[①]的意见,也许他愿意主持调查事宜。总

[①] 据梁敬錞著《在华领事裁判权论》(商务印书馆,1934年版)第78—79页所载,特纳为英国在华高等法院的正裁判官。按H. B. M. Supreme Court for China,直译为"英国在华高等法院",但抗战前上海字林洋行历年印行的上海行名簿,在该英文条目下载有当时所使用的汉名,即"大英驻华按察使衙门"。

办答复说,就他所知,为调查工部局下属人员的行为而设立外界调查委员会,过去尚无先例。柏德生先生提到今晨报纸刊登了外交部的照会,从这个文件的片面性的语调,他怀疑目前进行调查是否适当。麦赛先生建议,如果举行正式调查,应该邀请北京方面派员出席法庭,以便他们取得关于本案审讯的第一手材料。正在这时,德罗西先生(Mr. de Rossi)①来电话说,按照领事团各领事的意见,现在还不宜宣告进行调查。总董认为,在目前局势下,工部局与领事团之间的密切合作极端重要,对于上项建议决定暂不采取行动。

这时万国商团司令到会报告一天来局势演变情况。"迪奥米德"号(Diomede)上有海军一分队一百三十名于今晨登陆,"卡莱尔"号(Carlisle)上也有人数相近的海军于下午登陆。从军事观点看,局势并无变动。上海大学的学生已经全部迁出,学校现由美国海军部队驻扎。总董报告说,在他授权商团司令采取行动以后不久,接到方椒伯先生的秘书的电话,请求工部局容许安分守己的学生照常住在校内。商团司令为了防止学生与驻守海军发生接触,特别是在占领该校时,在校内截获大批富有煽惑性的宣传文件,而反对这个建议。梯斯台先生报告说,捕房律师通知说,已向会审公廨提出封闭该校的申请(梯斯台先生相信,尚有另一所大学也将被封闭)。申请是由总巡授权提出的,梯斯台先生认为,像这样一件关系当前紧张局势的大事,应该由工部局批准。总董说明工部局对此不作具体决定,而由总巡相机处理;然而总董准备与总裁商谈,以便将来同样的行动由工部局正式授权处理。

亨富礼先生认为派员守卫浦东方面的石油库非常紧要,因此询问可否特派人员守卫。万国商团司令答称,目前尚无力派员守卫,俟其他海军部队登陆后,就可对浦东一带各重要事业派兵驻守。

亨富礼先生又说,罢工鼓动者正在强迫尚在工作的工人参加罢工,若能派更多的巡捕予以制止,将是有好处的。他指出,三五成群的学生队伍上

---

① 德罗西,意大利总领事,兼任上海领事团领袖领事。当时上海领事团主要成员,除德罗西外,尚有英国驻沪总领事巴敦(Sir Sydney Barton)、美国总领事克银汉(Edwin S. Cunningham)、日本总领事矢田七太郎(Shichitaro Yada)、法国总领事梅里(Jacques Meyrier),等等。

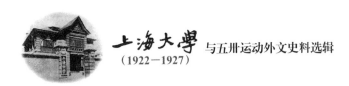

街对中国工人宣传,看来相当成功,原因是附近一带没有外国巡捕。他特别提到在外滩停车场一带,学生们明显地胁迫汽车司机和其他工人。万国商团司令说明现在值勤的海军约有八百名,等到人数确实增加了,就有可能调派一些巡官来满足上述需要。总董知道领事团正在全力调集海军,全体董事一致同意,必须尽力防止罢工鼓动者对尚在工作的工人进行威胁。亨富礼先生认为:如果不是害怕罢工鼓动者,罢工工人中有许多人是愿意复工的。同时,尚在工作的工人,对于要不要参加罢工也在犹豫。如果能派遣更多的西捕,使工人不受罢工鼓动者侵扰,这将有力地鼓励留厂的工人。

(万国商团司令退席)

某董事针对中国民众只能听到罢工鼓动者的宣传这一情况,提议工部局除昨天发出的布告外,应该发动一个活跃的宣传活动。应该物色一些会讲本地方言的人,在公共场合简要地讲明工部局的方针政策。这样做,将会收到良好的效果。全体董事赞成这个意见,决定号召会讲中国话的外国人,最好是现在穿着军服的外国人,能以简要的词句讲清工部局的做法是为了中国民众的利益。有人曾提出英美烟草公司的某些职员对宣传运动有专门知识,可以邀请来协助。莱门先生报告下午将开会讨论宣传办法,认为英美烟草公司的莫利斯先生(Mr. Morriss)和巴赛特先生(Mr. Bassett)是要物色的适当人选。

某董事报告,按照他的理解,某些有声望的同外侨友好的中国人士,普遍希望为结束罢工、罢市举行非正式的讨论。但他们不愿意作为发起者,因为他们觉得这样做会损害他们的尊严,同时也不愿公开与罢工鼓动者对立。曾经有人提出试探性的建议:即由美国、英国、中国的商会开会讨论采取措施,以减轻罢工、罢市对外国及中国公众所造成的不便。如果这一建议得到采纳,将有可能导致对其他事项的非正式讨论,并有助于将来的正式谈判。总董说明这个建议是由美国商会会长[①]和前任工部局董事平治门先生(Mr. Maurice Benjamin)向他提出的。经讨论后,全体董事赞成这个建议。但有一个前提,即不能因此使工部局的地位受到任何损害。有人建议,这事应该由美国商会发起。莱门先生说明美国商会下午

---

① 驻华美国商会会长是大来(Harold Dollar)。

将开会,届时他将与该会会长谈论此事。

麦赛先生接着宣读今晨接到的工务处代理处长关于罢工对工务处影响的情况报告,及所采取的预防办法和应付措施。

午后十二时四十五分散会。

——《工部局董事会会议录》第35册,第61—64页。选自上海社会科学院历史研究所编《五卅运动史料(第三卷)》,第810—814页。

上海法租界公董局警务处治安科情况简报

(6月1日)

雷婷婷　选编

昨日上午十时,四十余名本地著名的共产党人在西摩路132号上海大学开会。恽代英主持了会议,并报告了前天下午的南京路事件。会议结束时决定:

1. 对何秉彝的死,采取必要的措施;
2. 通电全国各学生会,求得他们的同情和支持;
3. 向外事交涉员重提要求;
4. 号召所有商店从六月一日起罢市;
5. 派党员去租界宣传,赢得华商的同情和支持;
6. 向各团体募捐,来救护伤员和抚恤殉难者家属。会议至中午结束。学生们动员天潼路和山东路上的商店从六月一日起停业。

昨日下午一时一刻,十一名学生在南京路被公共租界捕房逮捕,经警务处总巡麦高云审讯后,于四时四十分释放。傍晚四时许,近百名学生聚集在老闸捕房门口,被巡捕用水龙冲散。公共租界巡捕共逮捕四十六名学生,其中二十七人交保洋五元后释放。

一九二五年六月一日

——选自上海市档案馆编《五卅运动(第一辑)》,第319页。

编后记

本书所收资料,其档案原件多收藏于上海市档案馆,在本书编译过程中上海市档案馆给予了大力支持,在此特别致谢!

本书具体编译工作由张智慧(上海大学历史学系副教授)、甘慧杰(上海社会科学院历史研究所助理研究员)、周益佳(德国拜罗伊特大学文化与社会学系本科生)、雷婷婷(上海大学历史学系硕士研究生)、田蕾(上海大学历史学系硕士研究生)承担。全书由徐未晚(上海市档案局局长、上海市档案馆馆长)、王敏(上海大学历史学系教授)统稿。

因资料来源、形式不同,加之编译者水平所限,错讹之处难免,敬请学界方家指正。

编译者

2021年6月